beck'sche
reihe

b sr

Was wird man mit Fug und Recht von einer *Kleinen Kulturgeschichte des Mittelalters* erwarten dürfen? Geschichten von Rittern und Edelfräulein, Beispiele der Minnedichtung, Beschreibungen der Lebensverhältnisse in Burgen und Klöstern? Gewiss – diese Aspekte gehören dazu. Doch der Kreis, der auszumessen ist, um die Kultur dieser Epoche zu erfassen, reicht viel weiter und umschließt buchstäblich alle Lebensbereiche des Menschen: den Körper, seine Funktionen, Krankheit und Medizin, Ernährung und Versorgung, Kleidung, Bildung, Wissen, Kommunikation, Kunst, Vergnügungen und Askese, Wohnen, Handwerk, die dörfliche Welt ebenso wie die der Städte und der gestalteten Landschaft, Vorstellungen von Schönheit, Recht, Religion, Gottesferne und noch vieles andere mehr – einschließlich der Idee vom Paradies. Der Mittelalterforscher Karl Brunner lädt mit diesem informativen, lebendig geschriebenen Buch seine Leserinnen und Leser ein, die Kultur des Mittelalters neu zu entdecken.

Karl Brunner lehrte bis zu seiner Emeritierung als Professor für Mittelalterliche Geschichte und Historische Hilfswissenschaften an der Universität Wien; von 2002 bis 2009 war er Direktor des Instituts für Österreichische Geschichtsforschung.

In gleicher Ausstattung liegt im Verlag C.H.Beck vor: *Klaus Bringmann*, Kleine Kulturgeschichte der Antike (2011).

Karl Brunner

Kleine Kulturgeschichte
des Mittelalters

C.H.Beck

Mit 32 Abbildungen

Originalausgabe
© Verlag C.H.Beck oHG, München 2012
Satz, Druck u. Bindung: Druckerei C.H.Beck, Nördlingen
Umschlagentwurf: malsyteufel, Willich
Umschlagabbildung: Der von Suonegge auf der Hirschjagd,
Codex Manesse, Cod. Pal. germ. 848 fol. 202v., 1310,
Universitätsbibliothek Heidelberg. akg-images, Berlin
Printed in Germany
ISBN 978 3 406 63715 5

www.beck.de

Inhalt

Vorwort   9

I Der kulturell geformte Körper   13
Mikrokosmos   13
*Organe und Körperfunktionen – Körpermetaphern –
Elemente und Säfte – Typologie – Affekte – Gefühle –
Arbeit*
Lebens-Mittel   23
Essen – Trinken
Habitus   29
Schönheit – Kleidung
Lebenskreis   34
*Zeugung, Schwangerschaft, Geburt – Kleinkind – Ausbildung – Rollenmuster – Krankheiten und Heilungen – Erbe
Heirat, Alter und Tod*
Minne   43
Ritter – Dichter – Dame

II Haus und Hof   56
Bauernhof – Dorf – Markt – Burg – Versorgung, Abgaben und Dienste – Leben auf der Burg – Ausstattung
Unterhaltung: Klassische Stoffe und andere Dichtungen   72
*Artus und Gral – Táin – Rinderraub – Nibelungenlied –
Kudrun – Tristan – Herrscherkritik – Dietrich von
Bern – Antike, Rom und Orient – Geistliche Dichtung –
Geschichtsdichtung und didaktische Literatur – «Bauern»-
Satiren*

Vermittlung und Publikum 92
Eine Kulturlandschaft in der Provinz

III Kirche und Kloster 98
Die Räume 99
Innenräume – Sinn(en)-Räume
Das christliche Leben und seine Bauten 107
Spätantike Traditionen und Grundbegriffe – Renovatio Imperii: Romanik – Kirchenorganisation – Eine neue Sicht: Gotik – Klosterbauten – Askese – Frauenbewegungen – Kloster und Welt
Lateinische Schriftkultur 122
Schreibstoffe – Antikes Erbe – Diskurse der «Wahrheit»: Dialoge – Gebirge der Gelehrsamkeit – Briefliteratur – Predigten – Geschichtsschreibung – Biographien – Fachliteratur – Pragmatische Schriftlichkeit
Die Kirche und die «Anderen» 139
Heiden – Mission – Juden – Muslime – Neuerer, «Häretiker» und «Ketzer»

IV Die Stadt 147
Mauern, Tore und Türme – Flüsse und Umland – Der «ökologische Fußabdruck» – Straßen, Märkte, Plätze
Handel und Gewerbe 153
Zeit – Geld – Kreditwesen – Fernhandel – Gewerbe – Unterschichten und Randgruppen – Sondergruppen – Bürger – Der Dichter und Beobachter
Das Mittelalter der Bürger 168

V Fest – Turnier – Krieg 171
Kirchenfeste 171
Die Messfeier, der Spiegel aller Feste – Jahreskreis – Reliquien – Lebenskreis

Höfische Feste 188
Musik – Das Muster-Fest – Jagd – Hunde und Katzen
Turnier und Kampf 200
Zweikampf und Gottesurteil – Fehde
Krieg 205
Opfer – Romzug – Kreuzzüge – Abenteuer

VI Kultur-Landschaften 216
Landschaft und Weltbild – Römisches Erbe – Karolingische Reform – Millennium und ottonische Renovatio – Wald und Wildnis als Orte der Kultur
Das werdende Land 225
Netzwerke – Kirchenhoheit – Gerichte – Marken und Länder – Kolonisation – Bergbau und Landschaft – Akzente und Zeichen – Pilgerwege – Reisende und Straßen – Wasserwege
Das Paradies 242
Wege zum Paradies – Der Garten – Wiedergeburt und Neue Zeit

Literaturhinweise 248
Bildnachweis 255
Register 256

Vorwort

«Das» Mittelalter gibt es nicht, aber viele Klischees davon. Zuerst wollte man sich mit humanistischem Pathos oder aufgeklärtem Schaudern von der «Barbarei» der Vorfahren abheben. Dann träumten sich die Menschen in eine romantische Welt, wo all das, was sie von ihrer Gegenwart abstieß – vor allem die Folgen des Kapitalismus und der Industrialisierung –, noch nicht entfaltet war. Heute leben Jugendliche und solche, die es bleiben wollen, ihre manchmal gewalterfüllten Phantasien bei Computerspielen oder bei der Lektüre von Geschichten aus, die ihre Requisiten aus einem vermeintlichen Mittelalter entlehnen.

Der Epochenbegriff – von den Humanisten ursprünglich abwertend gemeint – hat sich nun einmal für das Jahrtausend zwischen 500 und 1500 n. Chr. eingebürgert. Der Historiker Jacques le Goff fand in dieser Zeit die Geburt Europas. Die Spuren des Mittelalters sind vielfältig und widersprüchlich, je nach Regionen, sozialen Ebenen und Interessen. In einem schmalen Bändchen eine «Kulturgeschichte des Mittelalters» zu schreiben, anstatt in dicken Bänden eine Vielzahl von Fachleuten zu bemühen, scheint auf den ersten Blick schwer zu bewältigen.

Da ist einmal nach dem Zeitraum zu fragen. Die Transformationen am Ende der Antike auf der einen Seite und zu Beginn der Frühen Neuzeit auf der anderen wären eigene Bücher wert. Die klassische Einteilung in Früh-, Hoch- und Spätmittelalter ist für die Sozial- und Kulturgeschichte wenig brauchbar. Eine westeuropäische Tradition kennt ein Erstes und ein Zweites Mittelalter. In Frankreich dauern aber Haut Moyen Âge und Bas Moyen Âge streng je 500 Jahre, und der Übergang wird meist mit dem Beginn der Dynastie der Kapetinger 987 markiert. Ich setze, mitteleuropäischen Gegebenheiten entsprechend, eine längere Übergangsphase zwischen Erstem und Zweitem Mittelalter im 13. Jahrhundert an. Im Ersten Mittelalter in diesem Sinn geht es vor allem um konkrete Netzwerke von Personen, im Zweiten erneuern sich unter schweren Geburtswehen die politischen Institutionen. Was das für die Kultur der Menschen bedeutete, wird zu zeigen sein.

Die zweite Frage, diejenige nach dem Raum, hat nicht bloß mit geschichtlichen Strukturen zu tun. Die Verlagerung des Schwerpunkts der Macht vom Mittelmeerraum in das Zentrum des europäischen Kontinents gibt den Ton an. Andere Kulturen wie die von Byzanz und den islamischen Ländern würden besondere Kompetenzen verlangen und eigene Bücher füllen. Die Sprachen der Quellen setzen dem Historiker Grenzen, denn nicht alles kann den Texten in der mittelalterlichen Universalsprache Latein entnommen werden.

Die Fachliteratur für alle in Frage kommenden Kulturen ist nahezu unüberschaubar. Die Untersuchung der Kulturgeschichte in den romanischen Ländern trug reiche Früchte; sehr viele dieser Bücher liegen auch in deutscher Übersetzung vor. Gerade für den durch die Erweiterung des gemeinsamen Europa wieder nahe an das Zentrum gerückten slawischen Bereich sind, ebenso wie für Ungarn, solche Übersetzungen unverzichtbar.

Schließlich stellt sich die Frage nach dem Gegenstand – Kultur: Ist das der Teppich, den sich die Menschen über den harten Boden des Alltags legen, um ihren Lebensraum bewohnbar zu machen? Oder ist der Alltag selbst, der von den meisten Menschen die ganze Lebenskraft verlangt, die menschliche Kultur schlechthin? Kultur steht sicherlich in einer konkreten Spannung zwischen diesen beiden Aspekten. Der Mensch gab den Wesen ihre Namen (Gen 2, 20), d. h., er erfüllte die Welt mit Bedeutung. Dann folgen in der Metaphorik der Bibel, die im Mittelalter vorherrscht, die Begründung des Geschlechts, die Erlaubnis, sich die Schöpfung dienstbar zu machen und sie zu hegen – das Wort Kultur kommt von lat. *colere* (bebauen, pflegen) –, sich zu vermehren, und schließlich der Sündenfall. Damit sind auch die Leitbegriffe der «Cultural Studies» angedeutet: Identität und Differenz, Gender und Sexualität und, wenigstens indirekt, Community.

Was dann von den Kulturen erhalten blieb, ist auch eine Frage der Macht. Mächtige setzen für Handelnde und Betroffene Zeichen der politischen und sozialen Orientierung und sorgen dafür, dass ihre Sichtweise aufgezeichnet wird. Die kulturelle Repräsentation richtet sich bei einer gesellschaftlichen Gruppe zugleich stabilisierend nach innen wie legitimierend nach außen. Kultur als Medium der Herrschaft kann zwar elitär angelegt sein, sie muss aber für viele beobachtbar sein und von vielen in ihren Grundzügen verstanden werden. Die meisten Quellen führen dementsprechend zu Kulturen der Oberschichten. Das reicht im weltlichen Bereich von den Kaisern und Königen über den Adel bis zu den Bauern, die in ihrem begrenzten Umfeld ja auch Macht ausübten. Der kirchliche Bereich ist zwar anders organisiert und hat andere Aufgaben, aber seine Funktionsträger gehören derselben Oberschicht an.

Bekannt ist die Brecht'sche Frage: Hatte Caesar nicht einen Koch dabei? Eine sorgsame Lektüre der Quellen fördert erstaunlich viele Informationen über die «Köchinnen und Köche» zu Tage, die politisches Handeln erst möglich machen. Aber man kann das Paradigma versuchsweise auch einmal umdrehen. Sind die Menschen, die uns als Akteure vorgeführt werden, nicht oft geradezu Marionetten am Draht der Interessen größerer, oft anonym bleibender Personengruppen?

In jedem Kapitel habe ich mich bemüht, zu Beginn jenen Faktoren nahezukommen, die alle oder wenigstens viele Menschen betreffen. Ich beginne daher mit den materiellen Voraussetzungen. Daraus erst erwächst und darauf ruht die «Hochkultur», z. B. die höfische oder die der Gelehrten und Künstler. Die durch sie gesetzte symbolische Ordnung beeinflusst ihrerseits wieder den Lebensalltag, nicht nur für die Eliten.

Der Umfang des Bändchens ist beschränkt, aber diese Beschränkung macht Sinn, wenn es gelingt, einen Text zum Lesen und nicht bloß zum Nachschlagen zu gestalten. Wer dann noch nicht genug hat, wird die weiterführende Literatur aufsuchen oder ein paar Jahre warten müssen, bis ich alle meine Fundstücke mit dem entsprechenden wissenschaftlichen Apparat in einem umfangreicheren Werk ausbreiten kann.

Es gibt nur eine Methode, komplexe Zusammenhänge in überschaubarer Form vorzulegen: Man muss sie erzählen. Dabei ist mir bewusst, dass es auch dieses Mittelalter, von dem ich berichte, nicht wirklich «gibt». Man kann das meiste sicher auch ganz anders und mit anderen Beispielen darstellen. Dieser Text ist die Frucht einer lebenslangen Auseinandersetzung mit mittelalterlichen Quellen sowie der Forschungsliteratur und des lehrreichen Austauschs in Gesprächen. Was ich damit für die Leserinnen und Leser zu gestalten hoffe, sind – im Sinne Max Webers (Wissenschaftslehre 181) – idealtypische Bilder. Vielleicht macht ihre Betrachtung einfach Vergnügen. Vielleicht lassen sich mit ihrer Hilfe aber auch altes Herkommen und Überreste, Vorstellungen und Vorurteile kritisch einordnen und verstehen.

Es gilt noch zu danken, einerseits den zahlreichen Wegbegleiterinnen und -begleitern im Laufe einer langen akademischen Tätigkeit, andererseits jenen, die mir durch kritische Lektüre bei diesem Buch geholfen haben: allen voran meiner Frau, den treuen Vor-Leserinnen und Lesern Eva Cescutti, Andrea Griesebner, Georg Hauptfeld, Bernhard Kuschey, Christina Lutter, Luzian Paula, Herwig Weigl – dem ich besonders viele Anregungen verdanke –, Alexander Weiger und, last but not least, dem kundigen Lektor Stefan von der Lahr.

I Der kulturell geformte Körper

Der erste Schauplatz der Kultur ist, wie wir von den ältesten Kunstwerken der Menschheit wie der Venus von Willendorf (um 25 000 v. Chr.) und aus eigener Erfahrung wissen, der Körper selbst. Er wird von Zeit, Ort und sozialem Umfeld vielfältig geprägt: Nahrung, Erziehung und Lebensumstände schreiben sich in den Körper ein, die Vorstellungen von den Organen beeinflussen sogar indirekt ihre Funktionen. Menschen versuchen, ihn durch Übung zu einem tauglichen Werkzeug zu machen und zeitgenössischen Schönheitsidealen nahezukommen, nicht zuletzt mit Hilfe von Kleidung, allerlei Schmuck und Zierrat.

Mikrokosmos

Mittelalterliche Gelehrte sehen im menschlichen Körper einen Mikrokosmos, in dem sich die Umwelt widerspiegelt: Aus der Erde hat er das Fleisch, aus dem Wasser das Blut, aus der Luft den Atem und aus dem Feuer die Wärme. Wie in der Natur befinden sich die Elemente im lebendigen Körper in einer wechselvollen Spannung. Des Menschen Kopf ist rund wie die Himmelssphären, die Augen glänzen wie Sternenlichter. Die Luft dient dem Hören, die Winde dem Riechen, der Tau wird mit dem Geschmack in Verbindung gebracht. Im Körper arbeiten die verschiedensten *officinae*, Werkstätten, die ihm das Leben ermöglichen. Nach außen gleicht er einer Stadt, wehrhaft und gut ausgerüstet.

Organe und Körperfunktionen

Als die vier wichtigsten Organe gelten das Gehirn mit den Nerven, das Herz mit den Arterien, die Leber mit den Venen – ohne diese drei kann der Mensch nicht leben – und die Geschlechtsorgane, ohne die ein Einzelner zwar leben kann, aber nicht die Menschheit als Ganzes.

Die Persönlichkeit wird zumeist in Herz, Seele bzw. Willen und Verstand aufgefächert. Das Herz gilt als Sitz des Verstehens, die Seele wird mit dem Willen verbunden, der die Sinne zügeln soll, und der Verstand beruht auf dem Erinnern, der *memoria*. Das biblische Bild von Herz und Nieren, die Gott am Menschen prüft (Ps 7, 10 und 26, 2), ist weit verbreitet. Die Nieren galten als Ausgangsort der Körpersäfte (vgl. S. 17) und waren in manchen Vorstellungen Sitz des Denkens und Empfindens, aber auch Orte des Leidens.

Die körperlichen Unterschiede der Geschlechter hat man zumeist stark vereinfacht, unter anderem bis hin zu einem Ein-Geschlechter-Modell (Laqueur): Was der Mann außen hat, habe die Frau innen. Die Menstruation galt als Reinigung, der Mann muss stattdessen schwitzen. Frauen galten nach der Säftelehre als eher «feucht», Männer als eher «trocken».

Die Funktion des weiblichen Eis bei Säugetieren und damit auch bei Menschen wurde erst 1828 von Karl Ernst Baer entdeckt. Bis dahin stellte man sich die Befruchtung nach dem Modell der Aussaat vor: Der männliche Samen werde in den Leib der Frau wie in einen Acker gelegt und bekomme von ihr das Fleisch. Diese Denkfigur legitimierte scheinbar die Überbetonung der männlichen Abstammungslinien. Um «aufzugehen», benötigte der Samen die nötige Feuchte, d. h., die Frau musste bei der Vereinigung Lust empfinden. Das mag auf den ersten Blick positiv klingen, hatte aber auch schreckliche Konsequenzen, die bis ins 19. Jahrhundert nachweisbar sind: Eine Frau, die bei einer Vergewaltigung empfangen hatte, habe dabei Lust empfunden, glaubte man und verachtete dafür das Opfer noch. Auch in der Theologie kam die Samen-Metapher zur Anwendung: Jesus, meint z. B. Hildegard von Bingen († 1179) ganz im Sinne der herrschenden Lehre, bekam das Fleisch von seiner Mutter, das Wesen aber hatte er vom Heiligen Geist.

Dennoch wurde die Schuld für Unfruchtbarkeit meistens den Frauen angelastet. Der «Samen» des Mannes – dessen Zusammensetzung man nicht kannte – war ja merkbar geflossen. Dass auch er unfruchtbar sein könnte, zog man kaum in Betracht. Entgegen dem kirchlichen Scheidungsverbot versuchten daher Adelige und Herrscher bis ins 12. Jahrhundert, sich von vermeintlich unfruchtbaren Frauen zu trennen. Wir kennen einige Fälle, bei denen dann die Frau mit einem anderen Mann durchaus Kinder bekam.

Körpermetaphern

Zahlreiche politische Metaphern bedienten sich des Konzeptes, das man von der Natur des Körpers hatte. Die berühmten antiken Beispiele wirkten im Mittelalter nach. Menenius Agrippa verglich, so der Historiograph Livius († 17 n.), in einer Rede 494 v. Chr. den Staat mit einem Körper, der nur funktionieren könne, wenn alle seine Teile, die arbeitenden Glieder wie der verarbeitende Magen, zusammenspielten: So seien auch die verschiedenen Stände aufeinander angewiesen (II 32). Ähnlich verglich der Apostel Paulus die Kirche mit einem Leib, dessen Glieder «einträchtig füreinander sorgen» sollten (1 Kor 12, 12–30). Nicht alle könnten Apostel, Propheten oder Lehrer sein. Diese Bilder begründeten eine Tradition, in der das jeweils herrschende politische System als «natürlich» legitimiert wird; der jeweilige Herr ist dann der *dominus naturalis*.

Der Blick auf die Natur war wiederum stark von den politischen Vorstellungen geprägt. Nach antikem Vorbild glaubte man beispielsweise, das Bienenvolk werde von einem König regiert. Obwohl die Imkerei zu einem der ältesten nachweisbaren Gewerbe zählt, hat man der Bezeichnung «König» den Vorzug gegeben, ohne das Geschlecht zu untersuchen. Bis heute heißt die Bienenkönigin in der Imkersprache «der» Weisel.

Im erwähnten Korintherbrief findet sich auch die berühmte Aussage, der Mann sei das Haupt der Frau (11, 3). Wie so oft, muss man den ganzen Satz lesen, um den Sinn zu verstehen: «Ihr aber sollt wissen, dass Christus das Haupt des Mannes ist, der Mann das Haupt der Frau und Gott das Haupt Christi.» Im letzten Satzteil liegt die Lösung verborgen, denn Gott und sein Sohn sind wesensgleich, dementsprechend auch Mann und Frau. Das wurde zugunsten der Legitimation einer «natürlichen» Herrschaft der Männer über die Frauen gerne übersehen. Die Bibel wurde von Männern so gelesen, dass sie eine geringere Stellung der Frauen rechtfertigte; solche Interpretationen standen im Mittelalter im Vordergrund.

Dennoch ist es aufschlussreich, zu sehen, dass es nicht nur diese Sichtweise gab. Aus dem bekannten zweiten, aber älteren Schöpfungsbericht, in dem Eva aus der Rippe Adams geformt wird (Gen 2, 21–23), schließt der bedeutende Lehrer der Kathedralschule in Paris, Petrus Lombardus († um 1160), in guter Tradition, die bis auf den Kirchenvater Augustinus († 430) zurückgeht, das sei ein Zeichen der Liebe: Dem Adam sei weder eine Herrin noch eine Magd, sondern eine Gefährtin gegeben worden (Sentenzen II 18, 2), denn die Rippe stehe dem Herzen nahe. Kein Geringerer als der Dichter Wolfram von Eschenbach († um 1220) legt dem Lehrer Parzivals, Gurnemanz, folgende Botschaft in den Mund:

man und wîp diu sint al ein;	Mann und Frau sind ein Leib. Das ist
als diu sunne diu hiute schein,	so wie die Sonne, die heute aufgegangen
und ouch der name der heizet tac.	ist, und der Name, der Tag heißt. Das
der enwederz sich gescheiden mac:	eine kann sich nicht vom andern
si blüent ûz eime kerne gar	scheiden, das sind zwei Blüten aus
	einem und demselben Kern.

Wolfram, Parzival 173, 1–5

Einen bekannten Witz überliefert auch die Schriftstellerin Christine de Pizan († 1430): Für den Mann habe der Lehm genügt, für die Frau musste es edleres Material sein. Dazu passt der hintergründige Scherz, für Evas Verführung habe sich der Teufel persönlich bemüht, bei Adam genügte seine Frau.

Elemente und Säfte

Die von der antiken Medizin geprägten Erkenntnisse und Vorstellungen über Arbeitsweisen und Funktionen der verschiedenen Organe des menschlichen Körpers blieben – wenigstens in gebildeten Kreisen – im Mittelalter weiterhin Standard, wurden aber zumeist stark vereinfacht: Wie die Welt insgesamt besteht auch der Körper, wie bereits gesagt, aus den ursprünglichen vier Elementen, also Feuer, Luft, Wasser und Erde, die aber stets in einem speziellen Mischungsverhältnis auftreten und sich durch Verdichtung und Verdünnung ineinander verwandeln können. Dazu kommen die Qualitäten trocken, kalt, feucht und heiß.

Alle Körperfunktionen werden bestimmt von den vier Körpersäften, die schon in der Antike in der hippokratischen Schule aus einer Vielfalt von Wirkkräften als die wichtigsten herausgehoben wurden: das Blut, *sanguis*, die roten Gallsäfte, *cholera rubea*, die schwarzen Gallsäfte, *melancholia*, und die Schleime, *phlegmata*, die erst nach dem Sündenfall entstanden. Ist der Mensch gesund, sind diese Säfte maßvoll vorhanden und in rechter Weise gemischt. Auf dieser Vorstellung beruht die Lehre von den «Temperamenten» (*temperare*, mäßigen, in das richtige Maß setzen).

Typologie

Aus dieser Säftelehre ergibt sich eine Typologie, die wir noch heute verwenden, ohne viel über den kulturgeschichtlichen Hintergrund nachzudenken: Die Sanguiniker (heiß und feucht) sind nach Hildegard von Bingen heiter, barmherzig, geschwätzig, lachen gerne und sind sexuell aktiv. Die Choleriker (heiß und trocken) sind mager, gefräßig, schnell, tapfer, jähzornig, agil, aber weniger sexuell aktiv. Die Melancholiker (kalt und trocken) sind standhaft, schwermütig, sittenfest, aber auch arglistig. Die Phlegmatiker (kalt und feucht) sind träge, schlaftrunken und vergesslich.

Sanguinikerinnen, so Hildegard weiter, neigen zu Beleibtheit und haben weiches und zartes Fleisch. Sie haben ein helles und weißes Gesicht und sind gute Liebhaberinnen und Künstlerinnen. Ihre Monatsblutung ist leicht und sie sind fruchtbar, allerdings bekommen sie nicht sehr viele Kinder. Phlegmatikerinnen haben ein strengeres Gesicht und dunkleren Teint. Sie sind tüchtig und nützlich und etwas männlich. Auch sie leiden nicht an übermäßiger Blutung, empfangen leicht und sind auch gerne bei Männern. Cholerikerinnen sind bleich, klug und gutmütig. Sie leiden leicht unter Blutfluss, sind fruchtbar, Männer mögen sie, und die Frauen brauchen sie ebenso. Melancholikerinnen sind mager und haben eine blaugraue Haut. Sie sind unbeständig, leiden unter ihrer Menstruation, sind eher unfruchtbar und besser nicht verheiratet. Sie neigen im Alter zu Gicht und Podagra, Geschwüren und Kopfweh. Hildegard sah sich selbst als Melancholikerin. Das war eine vornehme Art, konnte man in der ins Lateinische übersetzten Schrift «Problemata physica» (Naturprobleme) lesen, die Aristoteles zugeschrieben wurde. Unter anderen zählte man Herkules, Plato und Sokrates dazu. Auch die Habsburger sahen sich als Melancholiker; daher finden sich an der Wiener Hofburg so viele Herkules-Statuen.

Diese Lehre war offenbar nicht nur Gelehrtenwissen, sondern wurde auch in volkssprachlichen Dichtungen verbreitet:

Mikrokosmos

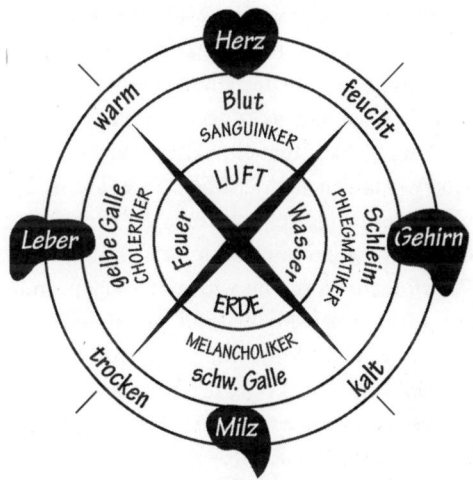

Abb. 1: Skizze nach Robert Herrlinger (1961)

Ich bin haiz und feuchte,
an miner menschait alsus
bin ich der art sangwineus;
colera regiert auch mich,
diu ist haiz und trucken: ditz besich
an der kunst visica!
an mir regiert auch flema,
diu kalt ist und vueht;
ob es min wunder schueht,
so woelt ich daz ich vrie
waer melancolye,
diu trucken ist und dabi kalt.

Ich bin heiß und feucht an meinem menschlichen Wesen also bin ich von der Art Sanguiniker; Cholera regiert auch mich, die ist heiß und trocken, das sieh an der Kunst der Medizin! An mir regiert auch das Phlegma das ist kalt und feucht; falls es ein Wunder verscheucht, so wollte ich, dass ich frei von der Melancholie wäre, die trocken ist und dabei kalt.

Johann von Würzburg (Anf. 14. Jh.),
Wilhelm von Österreich 3308–3319

Mit dem heutigen medizinischen Wissen im Hintergrund können viele Menschen solche Vorstellungen nicht ernst nehmen. Andererseits erfreut sich ein strukturell ähnlich aufgebautes System, das der traditionellen chinesischen Medizin, zunehmender Beliebtheit.

Ich habe mich mit dem folgenden Bild beholfen (Abb. 1): Stellen Sie sich eine Art Koordinatensystem vor, mit jeweils einem Bestimmungswort an den Enden der vier Achsen, zwischen denen die Temperamente angeordnet sind, wie in dieser schematischen Grafik. Im Idealfall steht ein Lebewesen in der Mitte. Gibt es deutliche Abweichungen von der Mitte, ist es krank. Nahrungs- und Arzneimittel können jeweils einzelne der Elemente, Säfte oder Qualitäten fördern oder hemmen. Nimmt man sie zu sich, kann sich die eigene Position zur Mitte hin verlagern – dann sind sie heilend – oder aus der Mitte hinaus, dann sind sie schädigend. Die in sich logische Kohärenz eines Vorstellungssystems trägt wesentlich zum Erfolg der Selbstheilungskräfte des Körpers bei, betont auch die moderne Sozialmedizin. Das machte wohl den Erfolg der Lehre von den Temperamenten (siehe S. 17) über Jahrhunderte aus.

Affekte – Gefühle

Schwieriger wird es, wenn man in die historische Welt der Gefühle einzutauchen versucht. Es ist ja schon bei lebenden Personen zu unterscheiden zwischen den Ausdrucksmitteln von Gefühlen, die ein Mensch wissentlich oder unwissentlich zulässt, und dem, was in ihm wirklich vorgeht. Keinem Menschen des Mittelalters können wir ins Gesicht schauen. Was wir in den schriftlichen Quellen erfahren, auf Bildern und an Statuen sehen, folgt einem höchst kunstvollen Code, der wohl von Zeitgenossen anders «gelesen» wurde als von uns. Dieser Code wurzelt auf der einen Seite in den gesellschaftlichen Vorstellungen, andererseits in textuellen Konventionen, auf die sich ein Künstler bezog, in der Hoffnung, sein Publikum verstünde auch diese Referenz.

Während heute kaum jemand in den Ausbrüchen eines Schauspielers den unmittelbaren Ausdruck seiner «wahren» Gefühle sehen wird, lesen wir in mittelalterlichen Quellen oft recht naiv von emotionalem Überschwang und halten das für echt und spontan. Wie im Theater aber jede emotionelle Äußerung übertrieben werden muss, damit sie auch die Leute in der letzten Reihe wahrnehmen, so müssen in der Welt eines Fürstenhofes Zorn, Unterwerfung, Versöhnung oder Trauer noch bei den Fernstehenden nachvollziehbar sein. Auch Prediger oder Dichter treiben in ihrer Rhetorik die «Gefühle» auf die Spitze.

Man muss also bei der Lektüre verstärkt auf Rituale aufmerksam werden: Rituale der sprachlichen Darstellung, Rituale als Medien in einer gesellschaftlichen Situation und Rituale als politische Botschaften. Aus diesem Blickwinkel wird deutlich, dass Worte von «Zorn» bis «Liebe» nicht unmittelbar auf die Lebenswirklichkeit verweisen und nicht dasselbe bedeuten, was wir dabei, aus unserer Sozialisation heraus, empfinden.

Einerseits wird auch bei den Affekten nach Maß und Ordnung gerufen. Andererseits ist der Verstoß dagegen z. B. in der Literatur ein probates Kunstmittel. Kriemhilts Rache und Tristans Liebe sind gute Beispiele. In der Politik kommt die maßvolle *serenitas* erst dann so richtig zur Geltung, wenn sie sich vom gelegentlichen Übermaß abhebt. Die Affekte werden als Rosse beschrieben, die den Lebenswagen feurig lenken. Wenn sie nicht am Zügel gehalten werden, reißen sie verhängnisvoll aus. Menschen in exzessiver Trauer, denen wir in der Dichtung immer wieder begegnen, sind völlig handlungsunfähig. Menschen im Bann der Minne sind krank. Was herauskommt, wenn man die Zügel fahren lässt, zeigen die klassischen Stoffe der Dichter.

Entsagung und Askese (vgl. S. 117) erscheinen zuerst als negative Kategorien. Das Gegenteil ist angestrebt: Menschen machen sich frei von ihren weltbezogenen Gefühlen. Durch Übung und Eifer – *studium* – möge man nicht zu einer Vielwisserei, sondern zu einer Bescheidenheit, Einfachheit – *simplicitas* – kommen. Das ist aber nicht schon das Ziel, sondern erst ein Schritt darauf zu. Er führt zwar im Wesentlichen ins Jenseits, in die himmlische Freude, wird aber für manche im Voraus empfindbar in einer heiligen Ekstase.

Der Heilige Ambrosius († 397) mahnt im Zusammenhang mit Emotionen, kein Arzt sage, du sollst nicht fiebern, sondern bemühe sich, das Fieber zu mäßigen. So liegt wie in der Säftelehre die Mitte nicht im Wegfall der Emotionen, sondern im Ausgleich der Spannungen. Feuer und Wasser, Luft und Erde liegen genauso in Spannung wie Hoffnung und Angst, Freude und Schmerz, Zorn und Liebe etc. Die Mitte ist nicht ein Zusammenbruch, sondern ein dialektisches «Aufheben» der Gegensätze in die höhere Ebene des rechten Maßes.

Arbeit

In einer ähnlichen Spannung zwischen der täglichen Mühe und dem Weg zum Heil liegt auch der mittelalterliche Begriff von Arbeit. Er hat sich, wenigstens in der Oberschicht, gegenüber der Antike grundsätzlich verändert. Einen positiven Begriff von Muße wie das lateinische *otium* gibt es nicht mehr. Das galt als steril; *labor*, Arbeit oder Mühe, hingegen als fruchtbringend, ja mehr noch: Sie erst stellte die gottgewollte Ordnung wieder her.

Auch Studium und Kontemplation galten als Arbeit, ja als Kampf der *milites Christi*, der Ritter des Herrn. Die Mahnung Jesu, sich nicht so sehr um das tägliche Leben zu sorgen (Mt 6, 25), schien nicht mehr aktuell. Benedikt von Nursia († um 550) stellte in seiner Mönchsregel fest: Müßiggang ist der Seele Feind (48, 1). Der Spruch *ora et labora*, bete und arbeite, stammt zwar nicht von ihm, fasst aber seine Lehre gültig zusammen. Den Mönchen und Nonnen war klar, dass sie sich der Kontemplation nur dann widmen konnten, wenn sie sich vorher um die Erfordernisse des Alltags gekümmert hatten. «Wenn es die Ortsverhältnisse oder die Armut erfordern, dass sie [die Mönche] die Ernte selber einbringen, sollen sie nicht traurig sein» (48, 7). Das gilt für alle Tätigkeiten, die anfallen können: sei es, ein Haus zu bauen, eine Mühle anzulegen oder Holz zu schneiden.

Auch für Adelige, ja sogar für Helden, galt es, *arebeit* zu tun: Wer zuhause hinter dem Ofen oder im Bett seiner Frau zu lange verweilte, musste mit dem Vorwurf rechnen, *daz er sich sô gar verlac, daz niemen dehein ahte ûf in gehaben mahte*: dass er sich so sehr «verlag», dass niemand mehr Achtung vor ihm empfand (Hartmann, Erec 2971–73). Schweiß und Schmutz und wohl auch die dabei unvermeidlichen Gerüche waren nicht grundsätzlich negativ konnotiert. Die Wohlhabenderen konnten sich derer immerhin entledigen, im Zuber oder in den Bädern. Aber durch Spenden wurde selbst den Armen zu heiligen Zeiten ein Bad ermöglicht.

Zwar ist nicht jede Arbeit positiv belegt: Am kalten Meeresstrand Wäsche zu waschen ist für eine Prinzessin selbstverständlich demütigend (Kudrun, vgl. S. 80), und ein Küchenjunge hat ein schweres Leben. Aber auch schweißtreibende und mühevolle Arbeit, besonders für Männer, war nicht nur ein unvermeidbarer Bestandteil des irdischen Lebens, sondern im Prinzip akzeptierte Grundlage eines jeden Erfolgs. Damit wird einer der Bausteine für den «europäischen Sonderweg» sichtbar, wie sie im Mittelalter zugrunde gelegt wurden. Wir werden noch weitere finden (vgl. z. B. S. 57).

Lebens-Mittel

In einer Welt, die keine direkt eingreifenden Medikamente wie Antibiotika kennt, ist die Diätetik besonders wichtig, und die ist im täglichen Leben ganz wesentlich Frauensache, auch wenn viele Männer darüber geschrieben haben. Gesundheit beginnt in Küche und Keller. Für eine gezielte Vorratshaltung sind entsprechende Kenntnisse notwendig. Auch für Wohlhabende steht nicht alles, was man wünscht, zu jeder Zeit zur Verfügung. Den Winter zu überleben, war alles andere als selbstverständlich, der Frühling eine Erlösung. Das Gefühl der Befreiung in so manchem Frühlingsgedicht, ja auch in der Osterfeier, hat einen ernsten, lebensweltlichen Hintergrund.

Essen

Niemand, sagt Hildegard von Bingen († 1179), schlägt absichtlich eine Gitarre so an, dass die Saiten reißen. Dementsprechend sollten wir uns dem Körper gegenüber verhalten. Die Ernährung hat viel mit der Kultur zu tun. Allerdings ist der Speiseplan im Alltag stark reduziert: Der tägliche Speisezettel beinhaltet Kraut und Grütze, manchmal Grieben (Grammeln), und das für alle Stände, wenn auch in unterschiedlichen Mengen.

Die Wohlhabenderen hatten Gewürze, konnten das Kraut auffetten und dazu Fleisch essen, zwar selten frisches, aber immerhin geräuchertes oder gepökeltes. Bauersleute hingegen sahen selten *vîgen, hûsen, mandelkern*, Feigen, Hausen (ein großer Fisch) und Mandeln, sondern mussten mit *rüeben kumpost*, eingemachten Rüben, zufrieden sein oder mit *birnkumpost und rüebelîn*, Birnenkompott und Rüben (Hugo von Trimberg, Renner 9815 f. und 9839, vgl. S. 90; Heinrich von Neustadt, Apollonius 11 407, vgl. S. 86).

Hunger guot ze muose ist (Kleiner Lucidarius I 1059, vgl. S. 95; *muose*, heute «Mus», allgemein: Speise). Heute würden wir sagen: Hunger ist ein guter Koch. Das ist kein leeres Wort: Bis ins 13. Jahrhundert, als sich das Nahrungsangebot und die Transportmittel verbesserten, erlebte jede Person, ob arm oder reich, statistisch gesehen wenigstens zwei ernsthafte Hungersnöte. Zählen kann man jedoch nur jene Katastrophen, die es bis in die Chroniken brachten, nicht die vielen kleinen Engpässe.

In der ersten Hälfte des 14. Jahrhunderts gab es europaweit schwere Hungersnöte, weil das Wetter mehrere Jahre zu feucht war und die Menschen mancherorts sogar das Saatgetreide aufgegessen hatten (vgl. S. 245). Die Feuchtigkeit regte die Entstehung von Mutterkorn an, einem gefährlichen Pilz, der wie ein dunkles Korn an den Ähren von Roggen und Weizen wächst. Wird es vor dem Mahlen nicht sorgfältig ausgelesen, führt es zu einer schweren Vergiftung mit Fieber, dem sogenannten Antoniusfeuer. Seinen

Namen hat es bekommen, weil sich besonders der Antoniter-Orden der Erkrankten annahm. Erst im 17. Jahrhundert verbreitete sich die Erkenntnis über den Zusammenhang zwischen der Krankheit und dem Mutterkorn, aber es gab in Dresden noch 1716/17 einen späten Ausbruch.

Die Kultivierung von Roggen und Hafer, in der Antike nur Ackerbeikräuter (Unkraut), ermöglichte nördlich der Alpen eine agrarische Revolution. Beide Getreidesorten sind widerstandsfähiger als Weizen und Dinkel und können daher auch in klimatisch weniger begünstigten Regionen angebaut werden. Roggenbrot ist auch bedeutend haltbarer als Weizenbrot. Die Verbreitung ging mit der Expansion des Frankenreiches einher. Roggen war in der Dreifelderwirtschaft – einer Abfolge von Winter-, Sommersaat und Brache – als Wintergetreide, Hafer als Sommergetreide recht gut geeignet.

Jeder, Burgherren ebenso wie Stadtbürger und einfache Leute, hatte seinen Krautgarten vor der Tür. Erst die aus der Neuen Welt eingeführte Kartoffel brachte eine wesentliche Umstellung der Ernährungsgewohnheiten. Sie wurde im späten 16. Jahrhundert zunächst als Zierpflanze angebaut, denn die Früchte sind ja unbekömmlich. Erst im 17. und 18. Jahrhundert wurden die Wurzelknollen als Nahrungsmittel propagiert, um den Getreidemarkt zu entlasten. Ihren Vorläufer als Hackfrucht im Fruchtwechsel stellte die Rübe dar.

So wenig angesehen sie als Speisen waren, Kraut und Rüben blieben im Keller lange genießbar, und Bohnen, sprichwörtliches Armeleute-Essen, waren im Winter wohl auch einem Adeligen nicht zu minder, vielleicht mit ein wenig mehr Speck. So kommen sie sogar in einem Spottlied Walthers von der Vogelweide († um 1230) zu Ehren:

Waz êren hât frô Bone,	Wie ehrenvoll ist Frau Bohne,
daz man sô von ir singen sol?	dass man so von ihr singen soll?
Si rehtiu vastenkiuwe!	Sie rechter Fastenfraß!

S'ist vor und nâch der nône	Sie ist zum Mittag- und zum Abendessen
wol fûl und ist der wîbel vol	gleicherweise faul und voll von Maden,
wan êrst in der niuwe.	auch wenn sie noch jung ist.
...	...
Vrou Bône – sed liberâ nôs â	Frau Bohne – Aber erlöse uns von dem
mâlô, âmen.	Bösen, amen.

Walther L. 17, 25, Übersetzung nach Reichert

Getreide versuchte man vor Schädlingen zu schützen, so gut es ging, aber in einem guten Speicher hielt es sich. Katzen waren allerdings selten, und die Mäusefallen nicht sehr effektiv. Milchprodukte konnte man nur frisch genießen oder als meist harten und oft geräucherten Käse. Butter hielt sich länger nur ausgelassen in Form von Schmalz.

Tiere wurden nur in bestimmten Jahreszeiten geschlachtet: im Herbst, wenn sie gut im Futter standen und man sie ohnehin nicht alle über den Winter bringen konnte, und im Frühjahr, wenn man einen Teil der Jungtiere aussonderte, damit die Muttertiere die verbliebenen besser aufziehen konnten. Die Federn der Gänse waren als Abgaben zu Martini (11. November) fällig, und die Tiere wurden meist beim Rupfen geschlachtet. Nur bei den Hühnern konnte man, wenn man genug Futter hatte, eine Ausnahme machen, indem man rechtzeitig vor bekannten Festterminen eine größere Zahl von Küken großzog.

Fische gab es in den unregulierten Gewässern zu jeder Jahreszeit. Ein Drittel des Jahres war ohnehin Fastenzeit, z. B. vor Ostern, vor Pfingsten, im Advent, an den Freitagen und vor bestimmten weiteren Feiertagen. Der eintönigen Fastenroutine konnte man nur entkommen, indem man kräftig würzte oder besonders delikate Fischsorten herbeischaffte; beides war teuer. Die Reichen entwickelten eine regelrechte Feinschmecker-Kultur, auch die Klöster. Meeresfische wurden, eingesalzen oder lebend in Wasserbottichen, weit ins Land gebracht; der Donau-Hausen beispielsweise war bis über Bamberg hinaus berühmt. Diese Störart, die im Schwarzen

Meer lebte und bis zu einer Tonne schwer wurde, kam zum Laichen bis in die österreichische Donau herauf.

Das «Wasserrecht» hatten nur die Herrschaften. Das galt nicht nur für professionelles Fischen, sondern vor allem für die Mühlen, deren Betreiber zusätzlich ein Wegerecht brauchten. Daher zerstießen einfache Leute das Getreide im Mörser oder kochten es zu Brei. Dafür kamen alle Getreidesorten in Frage; am wenigsten angesehen war die Gerste. Das weiße Mehl, aus Weizen oder Dinkel, war den besseren Leuten vorbehalten. Die Oberschichten ernährten sich nicht unbedingt gesünder.

Trinken

Getrunken haben die Adeligen bevorzugt Wein, und das in großen Mengen, was im Alter nicht selten für Gicht sorgte. Ungeheure Summen wurden für Wein höherer Qualität ausgegeben, z. B. den schon in der Antike beliebten Falerner. Die älteren Klöster hatten ihre besseren Weingärten in Südtirol und Oberitalien, die jüngeren in der Wachau, aber es wurde auch Wein in Gegenden angebaut, an die wir heute nicht einmal denken würden; die Qualität war dann auch danach. Da die Weine zumeist stark gewürzt und bis zur Hälfte gewässert wurden, fiel das vielleicht weniger auf.

Fährt man das niederösterreichische Kamptal hinauf, sieht man noch weit oben im Gelände die ehemaligen Weinterrassen. Der «staubtrockene» Oberpfälzer Wein in der Gegend von Regensburg wurde gegen Ende des Mittelalters allmählich vom Bier verdrängt, erfreut sich aber in der letzten Zeit erneuten Interesses.

Bier wird bekanntlich aus Getreide gebraut, dem Grundnahrungsmittel schlechthin. Nur wenn genug davon vorhanden war, war Bier erschwinglich, obwohl man in der Regel minder angesehenes Getreide wie Gerste verwendete. Arme Leute mussten aber oft auch Gerstenbrot essen. Das damalige Bier hielt nicht lange; das Lagerbier wurde erst im 19. Jahrhundert erfunden. Als

«Nahrungsmittel» brach es das Fasten nicht, und darum brauten die Mönche in diesen Zeiten speziell hochprozentiges Bockbier, das heute noch vor Weihnachten oder in der vorösterlichen Fastenzeit getrunken wird.

Moraz (Maulbeerwein), *wîn* und *lutertranc* (vermutlich eine Art Gewürzwein oder Obstsaft) werden oft bei repräsentativen Mahlzeiten erwähnt. Obstsäfte, ob vergoren oder nicht, waren wegen der schwierigen Konservierung eine Kostbarkeit. Branntwein ist für das Mittelalter nicht nachweisbar.

Mit dem Met hat es eine eigene Bewandtnis. Honig war nicht billig und das einzige effektive Süßmittel. Ein Fässchen Met konnte in Gegenden, wo es aufgrund des Klimas weniger Honig gab, sehr teuer werden. Zwei Phänomene aber verschafften dem Met unverdiente Popularität: Sagenhafte Helden trinken immer Met, den sich ein Dichter auf dem Pergament ja auch leisten konnte. Und als Grabbeigabe, als symbolische Wegzehrung für die Reise ins Jenseits, findet sich häufig ein Honigtrank, der wegen seiner speziellen Zusammensetzung relativ leicht nachweisbar ist. Abgesehen davon wird es wohl ein ziemlich seltenes Getränk gewesen sein.

Sauberes Wasser zu bekommen, war nicht überall so einfach. Das mag auch eine Ausrede für den hohen Alkoholkonsum der Oberschichten gewesen sein. Stehendes Wasser war schnell verdorben, die unregulierten Flüsse waren organisch verschmutzt. Die antiken Techniken beim Zisternenbau beherrschte man nicht mehr. Der antike Baumeister Vitruv (Ende 1. Jh. v. Chr.), dessen Werk «Über die Architektur» noch im Mittelalter als Handbuch herangezogen wurde, erwähnt die Zisternen nur knapp (VI 14 f.). Für die Versorgung von Burgen wurden oft aufwändige Wasserleitungen gelegt, die aber wegen ihrer Holzröhren archäologisch nicht leicht nachzuweisen sind. In Städten war die Wasserversorgung ein ernstes Problem, weil die Brunnen leicht verschmutzt wurden (vgl. S. 150). Der «Brunnen vor dem Tore» war im Idealfall eine fließende Quelle; das mittelhochdeutsche Wort *brunne* meint meistens fließendes Wasser.

Habitus

Mittelalterliche Texte beschreiben das Äußere von Personen zumeist als Abbild ihres Charakters und ihrer gesellschaftlichen Stellung. Schön sind der Herr und die Dame, die formelle Anrede lautete im Französischen *biaux sire* und *bele dame*, «schöner Herr» und «schöne Dame». Schön und gut, καλός καὶ ἀγαθός, zu sein war schon in der Antike ein Ideal und blieb es auch noch Jahrhunderte danach. Schönheit war eine soziale Kategorie, die sich durch das privilegierte Leben sichtbar in die Körper einschrieb. Sie wird von der eingeübten Haltung und der repräsentativen Kleidung unterstrichen. Menschen, die sich am Hof bewegen sollten, bekamen eine besondere Ausbildung, die von einfachsten Gebärden bis zum zeremoniellen Tanz reichte. Maßvoll sollten alle Bewegungen sein.

Der Habitus adeliger Männer lässt die Ausbildung zum Krieger deutlich erkennen; adeligen Damen sieht man an, dass sie sich wenig körperlich anstrengen mussten. Auf vielen Bildern haben sie ein kleines Bäuchlein, als ob sie schwanger wären, denn Fruchtbarkeit war ein hohes Gut.

Schönheit

Ich zeichne ein Idealbild, aus vielen Quellen zusammengesetzt. Zeitlose Stereotype mischten sich mit zeitbezogenen Vorlieben. Eine schöne (und meist sehr junge) Frau hat eine weiße Haut als ein *liligen blat*, wie ein Lilienblatt; sie muss sich ja nie ungeschützt der Sonne aussetzen. Die Haare sind wohlgekämmt, fein und seidig, auf Bildern sieht man Locken seitlich am Gesicht, und manchmal trägt ein Mädchen Zöpfe. Für viele Autoren, vor allem im Süden, ist sie blond, es gibt aber auch dunkle Schöne. Unterwegs sind ihre Haare immer bedeckt. Es ist eine besondere Geste, wenn sie Kopftuch oder Kapuze abnimmt.

Ihre Stirn ist (nicht zu) hoch, glatt und rund, die Augenbrauen sind schmal, wohlgezeichnet und stehen nicht zu eng beisammen, die Augen sind klar, fröhlich und stehen gut zu Gesicht. Sie sind Spiegel und Fenster der Seele. Die Wangen sind wie Milch und Blut, *wîplîch* eben, weiblich. Ohren, Nase, Kinn und Mund – der natürlich rosenrot ist – sind *minnechlîche*, lieblich, und nicht zu groß. Sie hat weder Puder noch Schminke nötig und sie hat gesunde Zähne von *snêwîzem beine nâhe bî ein ander cleine* (Wolfram, Parzival 130, 11 f.): schneeweiß, nahe beieinander und nicht zu groß. Sie hat schlanke Hände, Arme und lange Finger. Sie ist schlank, der Leib *wol geschaffen unde smal unde wîblîch genûch* (Heinrich von Veldeke, Eneas 146, 37 f.). Ihre Taille ist wie die einer Ameise; was unterhalb ist, wird nur angedeutet. Ihre *brüstlîn* sind klein, zart und weiß und ragen wohlgerundet hoch, wie gedrechselt, man kann sie mit einer Hand umfangen.

Aber auch Männer, junge vor allem, sollten schön sein und waren es in den Augen ihrer Zeitgenossinnen und Zeitgenossen – wie David im Alten Testament (1 Sam 16, 12) oder wie einer der Helden aus den Ritterromanen. Selbst Äbte werden im Nachruf gerühmt, dass sie schön anzusehen waren, und ein junger Musteradeliger kann gar nicht anders, als seine schöne Seele mit einem wohlgeformten Körper zu zeigen. Eine der angebotenen Etymologien für «Held» wird auf indogermanisch **kel*, schön, tüchtig, zurückgeführt.

Vor allem aber sollten sie stark sein, schnell und behände. Wenn möglich, zeigen sie schlanke Waden und schöne Beine. Während bei Ovid um die Zeitenwende *forma viros neglecta decet* (Ars amatoria I v. 503), nachlässige Schönheit den Männern steht, muss der adelige junge Mann im Mittelalter mehr auf seinen Körper achten. Lässigkeit kann sich nur ein Ausnahmeheld wie Gahmuret, der Vater Parzivals, leisten (63, 14), und auch er nimmt sich wieder zusammen, wenn er merkt, dass ihm hohe Damen zusehen.

Tristan hat bei Gottfried von Straßburg († um 1215) schönes Haar, das er als Knabe hinter die Ohren zurückstreicht (2848 f.). Er hat einen wohlgeratenen Körper, mit rotem Mund, heller, rosenfarbener Haut, klaren, ja brennenden Augen, das Haar ist *brûnreideloht* und *gecrûspet* (3336 f.), braun und gelockt, die Arme und Hände sind wohlgeformt, an seinen Füßen und Beinen zeigt sich seine Schönheit am allerbesten (3341 f.). Die Damen am irischen Hof, unter ihnen Isolde, müssen zugeben: *zewâre, dirre man der ist ein menlîch crêatiure* (10854 f.): tatsächlich, dieser Mann ist ein überaus männliches Geschöpf.

Vermutlich waren die meisten jüngeren Männer rasiert, mit einem Bärtchen je nach Mode. Rasiermesser waren allerdings teuer, und der Gang zum Barbier war auch nicht umsonst. Ein würdiger Vollbart zeichnet in der Regel erst das Alter aus; er ist ohnehin unpraktisch unter dem Helm. Adelige trugen die Haare lang, Bauern sollten eher kurz geschoren sein. Auch Geistliche sollten sich in der Regel rasieren, mit Ausnahme der *fratres barbati*, der bärtigen Laienbrüder. Die Mönche hatten eine Tonsur, eine mehr oder weniger große kahlgeschorene Stelle am Kopf.

Kleidung

Zum sozial bedeutsamen Spiel mit dem Körper gehört in der Regel auch die Kleidung, zumindest bei den Schichten, die es sich leisten konnten. Details waren der Mode unterworfen wie zu allen Zeiten; auf sie kann hier nicht ausführlich eingegangen werden. Das hervorstechendste Merkmal der Kleidung der Oberschicht ist einfach, dass sie extrem teuer ist. Der Wohlstand der Trägerinnen und Träger zeigt sich nicht nur in der Wahl der Stoffe, sondern auch an den damals sehr kostspieligen Farben. Bei den bildlichen Darstellungen ist allerdings zu beachten, dass die Farben Symbolwert haben, aber auch künstlerischen Gestaltungsprinzipien unterworfen sein können.

Als Untergewand tragen feine Leute ein Leinenhemd. Die Herstellung ist so mühsam, dass eine Bauersfrau nur eines im Jahr als Abgabe, als Steuer zu liefern hat. Oft schaut es unter der Oberkleidung hervor, um zu zeigen, dass man sich so etwas leisten kann. Ganz besonderer Luxus war ein Hemd aus Seide, das aber wohl meist nur in der Dichtung vorkommt.

Hemden aus Wolle kratzen spätestens nach mehrmaligem Waschen auf der Haut. Darum benutzt die angeberische Figur Trimalchio im Roman des Petronius Arbiter (1. Jh.) die Handtücher nur einmal. Die Äbtissin Héloise (Näheres zu ihr S. 120) beschwert sich über die Vorschrift für Nonnen, als Büßerinnen wollene Hemden tragen zu müssen. Sie seien sie für Frauen während der Menstruation besonders unpraktisch.

Nur mit einem Hemd und ohne standesgemäße (Ober-)Kleidung galt man als «nackt». Wir wissen daher nicht, ob die Menschen, wie es aus manchen Quellen hervorzugehen scheint, im Mittelalter wirklich ganz entkleidet geschlafen haben, und ich bezweifle es. So ist es auch für den heiligen Franz von Assisi überliefert, er sei nackt gewesen, als er sein Rittergewand dem Vater zurückgegeben hatte; sein Hemd wird er dabei wohl getragen haben. Als er dann vom Bischof mit dessen Stola bekleidet wurde, trat er in eine Art geistlichen Stand ein. Wenn eine Dame jemanden noch privat empfangen wollte und ihre Standeskleidung schon abgelegt hatte, warf sie einen Mantel über.

Von einem Höschen ist in keiner Quelle die Rede, Monatsbinden kommen schon in der Bibel vor, aber darüber schreibt man im Mittelalter kaum. Der Herr hat einen *bruoch*, eine – je nach Zeit und Mode – mehr oder minder knappe Unterhose, die manchmal auch in Badeszenen abgebildet ist. Mönche führen Streit über ihre Verwendung, weil die Regel des heiligen Benedikt so etwas nicht nennt.

Eine Stützung der Brust durch Binden wird in der spätmittelalterlichen Literatur als besondere Eitelkeit gegeißelt: Junge Damen brauchen so etwas nicht. Die Oberkleidung ist meist anliegend gestaltet und oft weit ausgeschnitten. Auch seriöse Dichter berichten mit Freude über den verstohlenen Blick auf die hübschen *epfel* aus dem Paradies. Dafür sind die Frauenkleider zumeist bodenlang, während der adlige Herr möglichst viel Bein zeigen sollte, in teuren, bunt gefärbten Strümpfen.

Darüber konnten Männer eine Art Tunika tragen, mit Ärmeln und eventuell Kapuze, Hosen, bei denen es sich oft um Beinlinge aus zwei Teilen handelte, unterwegs eine Joppe mit Ärmeln und möglichst aufwändiges Schuhwerk. Wichtig war für Männer wie für Frauen der Gürtel – ein Statussymbol. Daran hing beim Mann zumindest eine Waffe, bei der Frau ein Schlüsselbund, bei geistlichen Personen oft ein Säckchen mit Schreibgerät. Die Gürtelschnalle war schon seit vorgeschichtlicher Zeit ein wichtiges Element der Repräsentation.

Die wichtigsten Schmuckstücke sind bei Frauen Ohrringe und Halsketten, bei beiden Geschlechtern der Ring, der auch ein Symbol des Ranges sein konnte und ein beliebtes Freundschaftsgeschenk war. Das Obergewand wurde am Hals durch eine wertvolle Brosche zusammengehalten, den «Fürspan». Dazu kamen neben den Stickereien, oft mit Gold- und Seidenfäden, Tüchlein, Quasten, Fältchen und – nicht nur bei Narren – Schellen am Gewand.

Das repräsentative Kleidungsstück schlechthin für beiderlei Geschlechter war der Mantel, nicht selten einfach ein großes, halbkreisförmiges Stück Stoff. Er war möglichst pelzbesetzt, wobei der Preis nach oben keine Grenzen hatte. Eine Mantelgabe – wie jene vom Passauer Bischof für Walther von der Vogelweide (S. 48) – war Auszeichnung und Anerkennung.

Der Auftritt von Damen kann in Dichtungen viele Strophen füllen, aber auch in der Realität – bei Hoftagen etwa – so manches Haushaltsbudget sprengen. Eine Ausstattung für den Hof konnte durchaus ebenso viel kosten wie eine Rüstung. Der Handel mit Tuchen, Stoffen und Pelzen verlief quer über den europäischen Kontinent und reichte im Falle der Seide bis nach China.

Aber auch einfache Leute brauchten Mäntel, die in der Nacht als Decken dienten. Im 13. Jahrhundert wird erwähnt, dass ein Knecht ein halbes Jahr arbeiten musste, um sich einen Mantel zu kaufen. Ordentliches Schuhwerk besaß ein Großteil der Bevölkerung nicht, wenigstens im Ersten Mittelalter. Man behalf sich in der schlechten Jahreszeit mit Fußwickeln. Mönche – und wohl auch Nonnen – sollten einmal im Jahr neues Schuhwerk bekommen und besaßen einfache Mäntel mit Kapuze; auch einer aus Lammfell ist für einen Heiligen überliefert.

Der Kopf einer verheirateten Frau war mit dem «Gebände» bedeckt, sie war «unter der Haube». Mit Material und Fältchen konnte man dabei allerlei Luxus betreiben, darüber auch noch einen Hut tragen. Auch Männer trugen Hüte in verschiedenen Formen. An den Händen hatte man Handschuhe, oder man steckte sie in der kalten Jahreszeit in einen Muff, womöglich mit Innenpelz.

Lebenskreis

Zeugung, Schwangerschaft, Geburt

Im Ersten Mittelalter, also etwa bis zum 13. Jahrhundert, war jedes Kind, das man durch die gefährlichen ersten Jahre mit ihren damals unbeherrschbaren Krankheiten bringen konnte, eine Kostbarkeit. Für die unteren Schichten waren Kinder billige Arbeitskräfte und die einzige Altersversicherung, für die oberen sicherten sie die Fortsetzung der Familie und stellten durch ihre Ehen wichtige politische Verbindungen her oder festigten sie. Wenn ein Kind eine geistliche Laufbahn einschlug, schuf das eine direkte Verbindung zur mächtigen Instanz der Kirche, aber auch zu Gott, vor dessen Gericht man nach einem nur allzu kurzen Leben, in dem man ständig vom Tod umgeben war, bald stehen würde.

Dementsprechend wurde früh geheiratet, und für eine junge Frau war Schwangerschaft fast der Normalzustand. Das Heiratsalter lag im Ersten Mittelalter bei Mädchen knapp über 12, bei Knaben etwas über 15 Jahren, erst im Zweiten Mittelalter, als man wegen der besseren Überlebenschancen nicht mehr so viele Kinder bekommen musste, stieg es. Die vielen Geburten schwächten, unter anderem durch den Blut- und somit Eisenverlust, die Gesundheit von Frauen, wenn sie nicht ein ausreichendes und ausgeglichenes Nahrungsangebot bekamen.

Eine geschlechtliche Vereinigung ohne die Absicht, ein Kind zu zeugen, war von kirchlicher Seite verboten, und damit auch jede Form von Empfängnisverhütung. In den Gesetzesbüchern und Beichtspiegeln liest man aber von abtreibenden Tränken und Zaubermitteln, deren Verwendung selbstverständlich ebenfalls streng verboten war. Allerdings galt der Fötus erst als beseelt, wenn er menschliche Gestalt angenommen hatte; man rechnete etwa mit 40 Tagen. Ab diesem Zeitpunkt galt eine Abtreibung als Kindestötung im eigentlichen Sinn. Kindesweglegung und Aussetzung waren durchaus ein soziales Problem.

Die Geburt und das Wissen darum waren ausschließlich Frauensache. Nur in den Klöstern gab es medizinische Handschriften, deren Inhalt bis in die Antike zurückgeht. Unter dem Namen einer historisch nicht recht fassbaren Ärztin Trotula aus Salerno (11. oder 12. Jh.) gibt es spezielle Handschriften zur Frauenmedizin, die weit verbreitet waren. Ein männlicher Arzt sollte Frauen nicht anrühren.

Unter den Mitteln, die einer Frau bei der Geburt helfen sollten, finden sich auch solche, deren Funktion wir heute nur mehr schwer nachvollziehen können, wie z. B. bestimmte Edelsteine, denen besondere Kräfte zugeschrieben wurden. Vermutlich haben sie wirklich geholfen: Man muss sich nur vorstellen, welch besonderes Gefühl es einer hochschwangeren Frau geben musste, wenn ihre Familie für sie und das Kind einen solchen Aufwand trieb.

Kleinkind

Frauen der Oberschicht stillten ihre Kinder selten selbst, sondern vertrauten sie dazu Ammen an, deren Stellung im Haushalt angesehen war. Das hat mit dem mittelalterlichen Schönheitsideal zu tun, das kleine Brüste vorzog, aber auch damit, dass Adelige ständig unterwegs waren und ihre Frauen bei wichtigen Anlässen möglichst dabei sein sollten.

Es wurden aber immer wieder regelrechte Kampagnen dafür geführt, dass Frauen ihre Kinder selbst stillen sollten, und man hielt ihnen das Beispiel der Gottesmutter vor, wofür es allerdings keine rechte biblische Evidenz gibt. Das herangezogene Zitat (Lk 11, 27) ist ein allgemeiner Segenswunsch: «Selig die Frau, deren Leib dich getragen und deren Brust dich genährt hat.» Bilder der stillenden Madonna (*madonna lactans*) waren im Mittelalter häufig. Ihr Typus geht bis auf die Darstellungen der ägyptischen Göttin Isis mit dem Horusknaben zurück. Sie haben nicht nur eine tiefe religiöse Bedeutung, sondern zeigen auch, dass der Anblick einer stillenden Frau keinesfalls als anstößig gelten konnte. Im Gegenteil: Auf manchen Bildern bekommt Bernhard von Clairvaux († 1153), einer Legende entsprechend, die Milch Mariens in den Mund geträufelt. In Texten ist davon die Rede, dass Christus und Äbte symbolisch mit Rat und Lehre die ihnen Anvertrauten nährten.

Während der ersten sechs Jahre ihres Lebens wuchsen die Kinder der Oberschicht wohlbehütet in der Umgebung der Frauen auf. Mädchen und Buben waren bis zu diesem Alter gleich gekleidet, was zum Teil bis ins 19. Jahrhundert galt. Erst danach begann die geschlechtsspezifische Ausbildung.

Die Idee, der Eigenwert der Kindheit sei erst im 19. Jahrhundert entdeckt worden, hat in der historischen Forschung zeitweise Fehlinterpretationen hervorgerufen. Daher lohnt es zu betonen, dass wir viele Geschichten über Mutter- und Vaterliebe aus allen sozialen Schichten kennen. Die Vaterrolle wurde allerdings eher in der strengen Erziehung gesehen, was Körperstrafen einschloss.

Ausbildung

Eine Entwicklungsstufe allerdings, die wir heute als «natürlich» ansehen und die entscheidend der individuellen Entwicklung junger Menschen dient, fiel tatsächlich weitgehend aus: die Pubertät.

Denn mit Beginn der Geschlechtsreife, wie erwähnt mit 12 bzw. 15 Jahren, wurden Mädchen und Buben abrupt in die ihrer jeweiligen Herkunft entsprechenden Erwachsenenrollen geworfen.

Die Ausbildung ging durchaus weiter. Für die große Mehrheit der Menschen bestand sie vor allem im Vorbild innerhalb der Familie. In der Oberschicht konnte man sich eigene Lehrmeister und Lehrmeisterinnen leisten, die die jungen Menschen oft bis weit ins Erwachsenenleben begleiteten. Einige Kinder, Mädchen wie Knaben, wurden früh einem Kloster zur Erziehung übergeben, wobei nicht alle von vornherein zu einer geistlichen Laufbahn bestimmt waren. Die Klöster bekamen für die Zeit ihres Aufenthaltes von den Familien ein «Stipendium» zugesichert, worüber wir aus Verträgen Bescheid wissen. In einigen europäischen Kulturen des Mittelalters war es auch üblich, dass junge Menschen in fremde Haushalte zur Ausbildung gegeben wurden. Im Zweiten Mittelalter kamen dann regelrechte Schulen auf, von Markt-, Stadt- und Domschulen bis zu den Universitäten (vgl. S. 99). Diese waren nur Knaben zugänglich.

Aber in der Oberschicht lernten auch Mädchen lesen und wohl auch schreiben und beschäftigten sich regelmäßig mit Büchern. Es sind vielfach Szenen überliefert, in denen Mädchen vorlesen. Es gibt, wie erwähnt, Hinweise darauf, dass Mädchen, auch wenn sie nicht für ein Nonnenleben bestimmt waren, in Klöstern, klosterähnlichen Gemeinschaften oder bei älteren Frauen ebenfalls eine Art schulischer Ausbildung erhalten konnten. Außerdem finden wir Berichte darüber, dass Mädchen bei den Hauslehrern ihrer Brüder mitlernen konnten oder – wie die spätere Äbtissin Héloise – eigene Hauslehrer bekamen.

Rollenmuster

Für junge Damen waren Kenntnisse in der Haushaltsführung inklusive Medizin und Diätetik notwendig. Ein größerer adeliger Haushalt erforderte auch die Fähigkeit zur Personenführung, zumal die Männer lange Zeit nicht zuhause waren, sondern z. B. auf Hoftagen oder Kriegszügen. Außerdem waren die Damen die wichtigsten Bezugspersonen für die Geistlichen und hatten Aufgaben im sozialen Netzwerk im Umfeld des Haushalts.

Die drei «K», die noch im 19. Jahrhundert für Frauen «reserviert» wurden – Küche, Kinder und Kirche –, gerieten im Laufe der Zeit zu eher einschränkenden, ja abwertenden Markierungen. Im Mittelalter aber hing von diesen drei Bereichen das Überleben der Familie ab – was die Kirche betrifft, im metaphorischen Sinn.

Die mühsame Herstellung der Textilien lag in den Händen einfacher Frauen, vor allem der Bäuerinnen und ihrer Mägde. Im frühen Mittelalter gab es auf den Herrenhöfen Frauenhäuser für die Textilherstellung, und in hochmittelalterlichen Ritterromanen finden sich immer noch Reflexe davon. Die gehobene Textilbearbeitung und -veredelung war hingegen adeligen Damen und ihrem Gefolge vorbehalten, schon deshalb, weil die verwendeten Materialien und Farben sehr teuer waren. Die vornehme Handarbeit brachte eine hohe Wertschöpfung und diente der weltlichen und geistlichen Repräsentation. Dazu kommt, dass die Aufbewahrung von Textilien angesichts der Allgegenwart von Schädlingen eine verantwortungsvolle Aufgabe darstellte.

Das Rollenmuster für den adeligen Mann war vor allem das des Kriegers. Noch Kaiser Maximilian, der «letzte Ritter», trainierte hart, um diesem Rollenbild zu entsprechen, und ließ sich dabei abbilden. Für junge Männer aus besseren Häusern konnte sich an die ritterliche Ausbildung dann auch eine Adelstour zu verschiedenen Turnierstätten anschließen (vgl. S. 201f.).

Krankheiten und Heilungen

Infektionskrankheiten konnte man nicht heilen, sondern bestenfalls die Symptome lindern. Wenn sich die Krankheit äußerlich zeigte, fürchteten sich die Zeitgenossen vor Ansteckung. Eine als «Aussatz» bezeichnete Krankheit war nicht immer Lepra, auch andere Hautkrankheiten konnten zur Isolierung von der Gesellschaft führen, z. B. in Aussätzigenhäusern (Leprosorien).

Hebammen und Bader hatten auch medizinische Aufgaben. Zur Regelung des Blutkreislaufes – zumindest von Hildegard von Bingen wissen wir, dass seine Grundlagen bekannt waren – oder zum Ausgleich der «Säfte» (vgl. S. 17) waren Aderlässe beliebt. Dabei wird durch Einschnitte an bestimmten Körperstellen Blut entnommen, was die «schlechten Säfte» verringern sollte. In speziellen Kalendern konnte man nachlesen, zu welchen Zeiten sie am nützlichsten wären. Chirurgen waren wenig angesehen, was angesichts des Fehlens von entsprechenden Betäubungsmitteln nachvollziehbar ist. Die akademisch gebildeten Ärzte hatten für die alltägliche Heilpraxis der meisten Menschen wenig Bedeutung.

Eine furchtbare Qual waren Zahnschmerzen, die man weitgehend hilflos ertragen musste. Wallfahrtsorte (vgl. S. 235f.), deren Heilige gegen Zahnweh halfen, konnten dementsprechend viel Kundschaft anziehen. Die Wallfahrt um der Gesundheit willen war bei Männern und Frauen gleichermaßen beliebt. Oft genügten die «Auszeit» und das soziale Erlebnis, um die Heilung zu erleichtern. Der schmerzende Zahn war unter Umständen längst abgestorben, bis man das Ziel erreichte. Es gab an vielen Wallfahrtsorten Möglichkeiten der medizinischen Behandlung oder wenigstens Beratung durch Geistliche.

Heilungswunder können aus heutigem medizinischem Verständnis oft als psychosomatische Erscheinungen erklärt werden, wie viele der Krankheiten auch. Überraschend zahlreiche der überlieferten Symptome deuten für Mediziner auf Stresskrankheiten, die besonders dann entstanden, wenn eine Person die in sie gesetzten Rollenerwartungen nicht erfüllen konnte. Auch dabei konnten eine Wallfahrt und die für uns kaum vorstellbar dichte Glaubenserwartung in der sozialen Gruppe Wunder wirken.

Einen Sonderfall stellte die Pest dar. Eingeschleppt vermutlich über Hafenstädte wie Genua, verbreitete sich die Infektion in wenigen Jahren über ganz Europa, so vernetzt war damals die Ge-

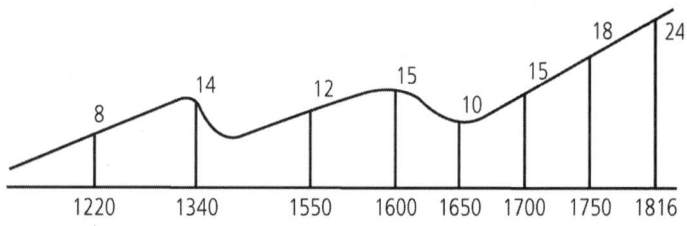

Abb. 2: Bevölkerungsentwicklung in Deutschland (in Mio.), geschätzt

sellschaft schon. Die Preise für Getreide gingen durch den geringeren Absatz zurück. Dadurch öffnete sich besonders für Agrargebiete eine Preisschere, denn die Löhne für Hilfskräfte, von denen ja viele zu den Opfern zählten, und die Kosten für Arbeitsgeräte stiegen.

Erbe, Heirat, Alter und Tod

Der Tod war immer in der Nähe: auf der Reise durch Räuber oder politische Gegner – was manchmal dasselbe war –, am Hoftag durch verdorbenes Essen, beim Turnier durch einen Unfall und schon gar im Krieg, wo sich die Gegner keineswegs immer an den angeblich schützenden ritterlichen Ehrenkodex hielten. Schon eine verhältnismäßig unbedeutende Wunde konnte durch Sepsis (Blutvergiftung) zum Tode führen. Glaubt man den zahlreichen Schilderungen der Kämpfe in den Dichtungen, erlitten die «Helden» ständig Erschütterungen durch Stürze vom Pferd und Schläge auf den Helm. Ob und wie sie das ohne bleibenden Schaden ausgehalten haben, bleibt fraglich.

Gab es beim Tode eines Familienoberhaupts keine Erben oder waren diese noch zu jung, sollte die Witwe relativ rasch einen neuen Ehepartner suchen, denn «eine Frau weiß keinen Schild zu tragen, noch weiß sie mit der Lanze umzugehen» (Chréstien, Yvain 2096 f., vgl. S. 75). *Lant* und *êre* kann nur ein Mann bewahren

(Hartmann, Iwein 1824 f., vgl. S. 71). Einige Herrscherinnen konnten noch eine Zeit lang als Vormünder ihrer Söhne regieren. Ähnliches galt für Handwerkerinnen oder Bäuerinnen, die sich um den Betrieb bzw. den Hof kümmerten.

Erben konnte, wenn die Gefolgschaft und der Familienclan dahinterstanden, auch die Tochter; das galt auch ohne spezielles Privileg wie in dem «Privilegium Minus» von 1156, mit dem die österreichische Mark Herzogtum wurde und das für seine Fürsten einige Vorrechte enthielt. Die englischen Könige z. B. kümmerten sich sorgsam um Witwen und Erbtöchter und behielten sie gerne am Hof, um aus gezielter Verheiratung politisches und finanzielles Kapital zu schlagen.

Söhne und Töchter wurden nach politischen und gesellschaftlichen Gesichtspunkten verheiratet. Jüngere Söhne wurden ganz verschieden «abgeschichtet», d. h., sie erhielten für ihr Auskommen mehr oder weniger Mittel, aber keinen Anteil an der Herrschaft. Nicht selten wurde einer von ihnen für ein geistliches Amt vorbereitet. Eine Tochter konnte auch mit dem «himmlischen Bräutigam» verheiratet werden, also ins Kloster gehen. Söhnen standen außerdem Laufbahnen in der Weltkirche zur Verfügung.

Bis zum 12. Jahrhundert wurde der Ehefrau vom Mann eine «Dos» überschrieben, die bis zu einem Drittel seines Vermögens betragen konnte, was ihr ein Mitspracherecht bei wichtigen ökonomischen Entscheidungen brachte und eine eventuelle Witwenschaft absicherte. Später wurde in der Regel ein «Wittum», eine Versorgungsleistung, vereinbart, aber die junge Frau hatte eine Mitgift mitzubringen – übrigens auch beim Eintritt ins Kloster –, was es unter Umständen recht teuer machte, allzu viele Töchter zu haben. Die Morgengabe war ein symbolisches Geschenk für die Braut – oft ein Schmuckstück – nach der Hochzeitsnacht.

Das Alter war nicht schön, und es begann früh. Ab 30 Jahren konnten sich die ersten körperlichen Abnützungserscheinungen einstellen. Mitglieder der Oberschicht konnten sich zur Alters-

Abb. 3: Älteste erhaltene Bronzegrabplatte Mitteleuropas: Gegenkönig Rudolf von Rheinfelden

versorgung in ein Kloster einkaufen. Ab dem Zweiten Mittelalter wurden Spitäler eingerichtet, wo man im Alter je nach eingebrachtem Vermögen mehr oder weniger gut versorgt wurde (S. 159f.). Wer aber von so zäher Natur war, die Fährnisse dieses Lebens zu überstehen, konnte durchaus alt werden. Eleonore von Aquitanien († 1204), die Frau zweier Könige, galt mit 60 Jahren noch als äußerst attraktiv.

Ein plötzlicher Tod ohne Empfang der Sakramente wurde als Strafe Gottes angesehen. Im Idealfall war auch das Sterben ein öffentlicher Akt im Kreise der Familie bzw. der Mitbrüder oder -schwestern im Kloster. Die Sterbenden ordneten ihre Verhältnisse, bei Heiligen wird von letzten Visionen berichtet. Das Begräbnis war eine Gelegenheit, bei der sich die Mitglieder des gesamten familiären und politischen Netzwerks noch einmal öffentlich präsentierten.

Der Ort der Grablege war normalerweise durch die Pfarrzugehörigkeit festgelegt. Menschen, die es sich leisten konnten, richteten sich eigene Begräbnisstätten an Kirchen oder bei Klöstern ein. Gründer von Kirchen oder Kapellen konnten dort bestattet werden. Sie hofften auf die Pflege der Erinnerung und die Fürbitten durch Geistliche. Seit dem 11., aber vermehrt ab dem 13. Jahrhundert wurden auf Grabplatten Figuren der Toten dargestellt, seltener im Alter ihres Sterbens, wie bei Eleonore von Aquitanien († 1204), als in einem blühenden Alter um die 30, von dem man dachte, dass man so im Himmel auferstand.

Minne

Saget mir ieman, waz ist minne?
weiz ich des ein teil, sô west ichs gerne mê.
Der sich baz denn ich versinne,
der berihte mich durch waz si tuot sô wê.
Minne ist minne, tuot si wol.
tuot si wê, sô enheizet si niht rehte minne, sus enweiz ich wie si danne heizen sol.

Ob ich rehte râten künne,
was diu minne sî, sô sprechet denne «jâ»:
Minne ist zweier herzen wünne;
teilent si gelîche, sô ist diu minne dâ.
Sol si aber ungeteilet sîn,

Kann mir jemand sagen, was Minne ist? Wenn ich auch einen Teil dessen weiß, so wüsste ich gerne mehr. Wer es besser als ich versteht, der möge mir erklären, warum sie so weh tut. Minne ist Minne, wenn sie wohl tut. Wenn sie weh tut, so heißt sie nicht richtige Minne. Wie sie dann heißen soll, weiß ich nicht.

Wenn ich richtig raten könnte, was die Minne ist, so sprecht dann «ja»: Minne ist die Wonne zweier Herzen; wenn sie gleich miteinander teilen, so ist die Minne da. Wenn sie aber nicht

sô enkan si ein herze aleine niht enthalten.	geteilt werden soll, so kann sie ein Herz allein nicht fassen. O weh,
Ôwê, woldest dû mir helfen, vrouwe mîn!	wolltest du mir helfen, meine Herrin!

Walther L. 69, 1 und 8, Übersetzung
nach Reichert

Seit Walther von der Vogelweide († um 1230) haben sich zahllose Menschen gefragt, was denn Minne sei bzw. gewesen sei. Die Grundkonstellation ist scheinbar einfach und zeitlos: Ein Mann wirbt um eine Frau und ist dabei bereit, die seiner gesellschaftlichen Rolle entsprechenden Ideale zu verwirklichen. Im Mittelalter wurde eine Kunst daraus, die in der Geschichte wenig ihresgleichen findet. Diese Kunst gab der Dichtung Stoff, aber formte auch das höfische Leben.

Wundervolle Liebesgedichte gibt es auch aus der Antike, und die zumindest lateinischen kannte man im Mittelalter recht gut. Mit den mittelalterlichen volkssprachlichen Gedichten entstand aber ein neuer Diskurs. Ein Poet antwortete auf den anderen, versuchte ihn zu überbieten, und ein verständiges Publikum hatte seine Freude daran. Diese Gedichte wurden gesungen. Oft kennen wir die Melodien oder können sie erahnen. Da eine aktive Musikerziehung zur Ausbildung junger Adeliger gehörte (S. 191), dürfen wir uns auch auf diesem Feld ein kundiges Publikum vorstellen. Es bestand aus Kämpfern und ihren Frauen, deren Fähigkeiten in der Dichtung zur Tugend sublimiert wurden. Aus den Kriegern wurden Ritter, aus den Frauen Herrinnen des Hofes.

Ritter

Daher sei noch eine berühmte Frage gestellt, die Wolfram von Eschenbach Parzival in den Mund legt (126, 4): *Du nennest ritter: Was ist daz?* Die lange Geschichte, kurz erzählt, klingt fast wie ein Märchen. Sie ist aus Dichtungen abgelesen, die zwar die Realität nicht direkt widerspiegeln, aber dem Selbstverständnis ihres Publikums entgegenkommen mussten. Was sich aus historiographischen Quellen und Urkunden entnehmen lässt, lautet etwas vereinfacht so:

Zur Abwehr feindlicher Reiterkrieger stiegen die Franken im Frühmittelalter aufs Pferd. Der Kampf zu Pferd in Formation erforderte ausgiebiges Training, und geeignete Tiere zu halten war teuer. So kam es zu einer Arbeitsteilung: Die einen blieben bei der Landarbeit und wurden Bauern (vgl. S. 221 f.), die anderen sollten den Frieden sichern, nach außen im Krieg und nach innen bei Gericht.

Die Adeligen bekamen zu ihrer Versorgung von höhergestellten weltlichen und geistlichen Mächten Lehen, die meist aus Herrenhöfen und Bauernstellen bestanden; auch Einkünfte aus Zoll- und Mautrechten konnten verliehen werden. Solche Lehen minderten die Freiheit nicht, weil ja gerade der Waffendienst dafür erwartet wurde. Von den Abgaben der Bauern, dem Ertrag des Herrenhofes und weiteren Einnahmen, auch aus Eigenbesitz (Allod), bestritten die Adeligen Unterhalt und Ausrüstung für sich und ihre Leute. Die Belehnung erfolgte in einer feierlichen Zeremonie, bei der der Lehensmann dem Herrn in die Hand versprach, ihm mit Rat und Hilfe beizustehen. Die Verpflichtung zur Unterstützung galt auch umgekehrt, vom Herrn zum Lehensmann. Im Laufe des Mittelalters wurden die Lehen erblich. Dabei kommen die verschiedensten Formen des Erbrechts zum Tragen. Am häufigsten erbte entweder eine Person, zumeist ist es der älteste Sohn, oder der Besitz wurde unter die Erben geteilt. Das Erbe der Mütter ging nicht selten an die Töchter.

Die öffentliche Anerkennung als Ritter aber erforderte zunächst Bewährung im Kriegs- und Hofdienst. Bewährte Männer, die längere Zeit als Knappe (das Wort kommt von «Knabe», lat. *puer*) gedient hatten, wurden zeremoniell von einem hohen Adeligen, einem Fürsten oder König, in den Ritterstand aufgenommen, durch Ritterweihe und Ritterschlag.

Die Grundform einer Ritterweihe ist z. B. im Eneas-Roman Heinrichs von Veldeke († vor 1200) beschrieben (171–174): Ein König will seinem Sohn im Rahmen der Vorbereitung für einen Feldzug *geben swert,* das Schwert geben, d. h. in diesem Fall, das Rittertum verleihen. Er lässt verkünden, *daz sîn sun Pallas, der im vile lieb was, gewâfen nehmen solde,* dass sein Sohn Pallas, den er sehr liebte, die Waffen nehmen sollte, um *ritterschaft* zu tun. Dazu lädt er ein, *swer ritter werden wolde,* alle die Ritter werden wollten, zu Hof zu kommen, um von ihm *ros, gewant unde schat* (Schatz) zu bekommen.

Die Ritterweihe wurde mit einer kirchlichen Feier verknüpft, meist mit Nachtwache und Gebet. Darauf folgte ein Fest, oder die Ritterweihe war, wie in Mainz 1184 (S. 193), ihrerseits Bestandteil einer festlichen Inszenierung. Folgende Elemente kommen also zusammen: einer oder mehrere hochstehende ältere Akteure, darunter auch höherer Klerus, die den formellen Akt vollziehen und bezeugen, eine Gruppe von jungen Männern, die ausgezeichnet wird, und eine möglichst distinguierte Öffentlichkeit.

Der viel berufene und dargestellte Ritterschlag ist dabei wie der Backenstreich bei der Firmung die am wenigsten bedeutsame, aber vielleicht die am ehesten von weitem sichtbare Zeremonie. Das Anschnallen des Waffengürtels ist demgegenüber wichtiger. Durch die Verleihung der ritterlichen Waffen werden alle Beteiligten miteinander in einer Art Gefolgschaft verbunden, die, wenigstens offiziell, einem christlich bestimmten Ethos verpflichtet war.

Rittertum und Minnedienst haben auch mit Disziplinierung in einem großen adeligen Haushalt zu tun. Zu ihm gehörte eine größere Anzahl von jungen Männern und Frauen, die es bei der Stange zu halten galt. Die besten darunter würden die Gelegenheit bekommen, einen eigenen Hausstand zu gründen. Bis dahin wurden sie auf vielfältige Weise praktisch und rituell an den Herrn und die Dame gebunden. Mit deren Erlaubnis konnten die jüngeren Leute fallweise besondere Bindungen eingehen. So konnte z. B. ein junges Fräulein einem jungen Mann eine symbolische Gabe spenden, etwa ein Tüchlein, das er dann ihr zu Ehren sichtbar in Turnier und Kampf trug.

Dichter

In dieses Spiel tritt nun der Dichter, selten eine Dichterin. Aber neben dem *trobador* in Südfrankreich, wo diese mittelalterliche Liebeslyrik ihre Wurzeln hat, gibt es auch einige *trobairitz*, im Norden auch Skaldinnen. Aus dem deutschen Sprachraum kennen wir dagegen keine Minnedichterin.

Dichter konnten verschiedener Herkunft sein, Fürst wie Wilhelm IX. von Aquitanien († 1126), ja Kaiser, wie der Staufer Heinrich VI. (†1197), Bischof oder einfacher Kleriker, ab dem 13. Jahrhundert auch bürgerlichen Standes; aber die meisten waren wohl kleine Adelige. Sie mussten in jedem Fall Bildung haben: Die Texte sind aufwändig gebaut, die Dichter beziehen sich aufeinander, d. h., man musste die Lieder der anderen kennen, und es war sehr oft der Dichter selbst, der auch die Melodie für seine Lieder geschaffen oder wenigstens ausgewählt hat.

Ebenso vielfältig wie die Herkunft der Dichter war ihre Motivation: Vom höfischen Hobby bis zur Bettelei um Lohn gab es alle Spielarten. Der Lohn konnte aus Geld bestehen, der Finanzierung des Aufenthalts – besonders über den Winter begehrt – bis zur Schenkung eines kleinen Gutes, auf dem man sich notfalls zur Ruhe setzen konnte. Berühmt sind die Zeilen Walthers von der Vogelweide:

Ich hân mîn lêhen, al die welt,	Ich habe mein Lehen, alle Welt,
ich hân mîn lêhen!	ich habe mein Lehen.
Nû enfürhte ich niht	Nun fürchte ich nicht mehr
den hornunc an die zêhen,	den Februar an den Zehen
und wil alle bœse hêrren	und werde alle schlechten Herren
deste minre vlêhen.	umso weniger anbetteln.

Der edel künec, der milte künec hât mich berâten ...	Der edle König, der freigiebige König hat für mich gesorgt ...

Walther L 28, 31, um 1220, Übersetzung nach Reichert

Vom Passauer Bischof Wolfger, den Walther in einer seiner Dichtungen als großen Förderer bezeichnet (L. 34, 34), hatte er 1203 auf einer Reise nach Wien in Zeiselmauer im Tullner Feld jene berühmten 5 Schillinge *pro pellico*, für einen Pelzmantel, bekommen, deren Vermerk in einem Rechnungsbuch das einzige Lebenszeichen außerhalb seiner Dichtung bleiben sollte. Ein Mantelgeschenk war ehrenhaft, denn als Adeliger hätte er schnöden Geldlohn eigentlich nicht annehmen dürfen, aber wofür er das Geld wirklich verwendet hat, wissen wir nicht.

Ein Lehen aber, ein von einem geistlichen oder weltlichen Großen verliehenes Adelsgut, versprach einen Ruhepol und eine Altersversorgung. Der Tannhäuser, ein Dichter des 13. Jahrhunderts, hingegen klagt (XIV, Str. 3), dass er mit Wein, Weib und zweimal in der Woche baden – was offenbar auch Luxus war und teuer kam – sein Gut vor lauter Schulden bald verlieren würde.

Dame

Auf den 1. Mai 1174 datiert ein Autor, der in einigen Handschriften Andreas Capellanus genannt wird, ein Schreiben von Marie, Gräfin der Champagne, Tochter der Eleonore von Aquitanien und König Ludwigs VII. von Frankreich. Ein edles Paar habe die große Gönnerin der Dichter brieflich um ein Urteil über das Verhältnis von Minne und Ehe gebeten. Sie soll geantwortet haben, «dass die Liebe ihre Kräfte nicht zwischen zwei Ehegatten entfalten kann. Denn Liebende schenken einander wechselseitig alles umsonst ohne Zwang durch eine begründete Notwendigkeit. Eheleute aber sind schuldig und verpflichtet, den gegenseitigen Wünschen zu gehorchen und einander nichts zu verweigern» (De amore VI 397, Übersetzung nach Knapp).

Diese Quelle wurde für viele Forscher und für lange Zeit sozusagen zum Credo, und daher sei hier ein kleiner Exkurs erlaubt. Eleonore, die Mutter Maries, hatte den französischen König verlassen – offiziell wurde die Ehe 1152 wegen zu naher Verwandtschaft annulliert – und noch im selben Jahr König Heinrich II. von England geheiratet; ihre Töchter aus erster Ehe blieben mit der Mutter in Verbindung. Die genaue Identität des Dichters Andreas kennen wir nicht; sie ist wegen des alltäglichen Namens nicht leicht zu erschließen. Es könnte, so die gegenwärtig vertretenen Theorien, entweder der fiktive Kaplan eines «Minnekönigs» gemeint sein, oder er war tatsächlich ein Kaplan des französischen Königs. Ich vermute, dass beide Motive bei dieser Autor-Konstruktion kunstvoll und legitimierend miteinander verwoben sind.

Für einen Kaplan des französischen Königs wäre Marie von Champagne, obwohl Königstochter, als Tochter der am Hof nicht mehr gerade beliebten Eleonore aber eine eher negative Figur. Ihre «Expertise» wäre dann satirisch gemeint. Das gilt meines Erachtens für das ganze Werk «De amore», das wohl eher als hochstilisierte Satire aufzufassen ist denn als reale Aussage über das zeitgenössische Liebesverständnis. Dann fügt sich übrigens auch das dritte Buch, das *de reprobatione amoris*, von der Verwerfung der Liebe, handelt, und in dem die ganze Liebeslehre ins Negative gekehrt wird, besser in das Gesamtkonzept.

In der epischen Dichtung spielt die Ehe eine viel größere Rolle, als man glauben wollte. Bald nach 1200 findet sich in einem Streitgespräch des provençalischen Trobadors Elias von Uisel das Argument, die eheliche Liebe sei vorzuziehen, weil man seine Liebste ohne Wächter, Rivalen oder Herrn besitze. Darauf geht offenbar ein Lied Wolframs von Eschenbach zurück. Er schrieb eine Reihe von «Tagliedern», deren Grundthema normalerweise die leidvolle Trennung der Liebenden beim Morgenruf des Wächters ist. Nur in einem (Nr. 5) wendet er die Geschichte zu einem für diesen Liedertypus überraschenden Schluss: Das *offeniu süeziu wirtes wîp,* die legale, liebende eigene Frau – *wîp* ist im Mittelhochdeutschen ein Ehrenwort und *wirt* ist der Hausherr –, muss man am Morgen nicht heimlich verlassen.

Wir wissen: Ehen im Adel wurden aus politischen Gründen geschlossen. Das Erbe ging aber im Wesentlichen an die Männer. Darum galt ein tödliches Verbot für Seitensprünge der verheirateten und künftigen Frauen. Männer hingegen konnten ihre Sexualität straflos auch außerehelich befriedigen, selbst wenn die Kleriker von Sünde wetterten.

Einfach wäre eine heimliche Liebe nicht gewesen. In den mittelalterlichen Behausungen, egal ob Bauernhof oder Burg, gab es keine Möglichkeit zu einem unbeobachteten Stelldichein, auch wenn – was jedoch gefährlich war – das allgegenwärtige Personal mitgespielt haben sollte. Bestenfalls in den warmen Jahreszeiten konnte man sich im Freien heimlich treffen. In der Vorgeschichte über die Eltern Tristans hat Gottfried von Straßburg recht eindrucksvoll die Schwierigkeiten einer unerlaubten Beziehung dargestellt (vgl. S. 81). Den gelehrten Abaelard kostete die heimliche Beziehung zu Héloise seine Männlichkeit (vgl. S. 120).

Trotz allem, was die Geschlechtergeschichte an Differenzierungen herausarbeiten konnte, ist wohl ebenso nachvollziehbar, dass viele Frauen der Oberschicht die ihnen zugewiesenen Rollen verinnerlicht hatten: Sie dachten ebenso wie Männer vornehmlich politisch, wenn sie personale Beziehungen im Auge hatten. Manche Frauen waren wohl ganz einfach stolz darauf, der «Preis» für die Besten zu sein. Viele Frauen und Männer werden das höfische Spiel der Minne genossen haben, ohne allzu viel zu riskieren.

Dennoch blieben Wünsche und Sehnsüchte, die das reale Leben selten zu erfüllen vermochte. Dieses Ungenügen mag die höfische Minnekultur gefördert haben. Ihre Wurzeln sind weniger in der lateinischen Antike zu suchen. Die «Ars amatoria» des Ovid, die auch Andreas Capellanus kannte und die von unzähligen Mönchen und Klerikern gewissermaßen unter der Decke gelesen wurde, hat wie viele andere erotische Werke der Antike vorrangig ein Thema: das Begehren des Mannes. Bei der mittelalterlichen Minne ist aber die konkrete Frau die Hauptperson. Obwohl die Mehrheit der Lieder von Männern verfasst ist, waren Frauen nicht nur Adressatinnen, sondern auch Sponsorinnen. Ihr Lächeln und ihr Gruß wurden ersehnt, aber auch ihr Körper, wenigstens als lebendiges Idealbild.

Die poetische Schilderung des weiblichen Körpers hat besonders im Orient eine Tradition, die weit in die Geschichte zurückreicht. Die historische Wurzel der Minnedichtung führt in die islamische Welt. Es wird kein Zufall sein, dass der Minnesang seine erste Blüte im Süden Frankreichs erfuhr, wo jenseits der Pyrenäen das spanische Kalifat lag, mit dem man keineswegs nur Feindseligkeiten austauschte.

Eine wichtige Anregung bot überraschenderweise die Bibel, wo im Hohen Lied eine der schönsten Sammlungen der Liebeslyrik überliefert ist – übrigens eines der Bücher der Bibel, dessen Lektüre im Mittelalter am häufigsten Beschränkungen ausgesetzt war. Wenn es heißt: «Deiner Hüften Rund ist wie Geschmeide, gefertigt von Künstlerhand. Dein Schoß ist wie ein rundes Becken, Würzwein mangle ihm nicht. Dein Leib ist ein Weizenhügel, mit Lilien umstellt. Deine Brüste sind wie zwei Kitzlein, wie die Zwillinge einer Gazelle» (7, 2–4), dann ist kein weiter Weg zu Walthers von der Vogelweide berühmter Schilderung der Frau Venus im Bade:

Si wunderwol gemachet wip	Sie wundervoll geschaffene Frau
...	...
Ir houbet ist so wünnenrich ...	Ihr Haupt ist so wunderschön ...
da liuhtent zwene sternen abe	Zwei Sterne leuchten dort herab
...	...
got hat ir wengel hohen fliz,	Gott hat auf ihre Wangen viel Mühe verwendet,
er streich so tiure varwe dar,	er hat so kostbare Farbe aufgetragen,
so reine rot, so reine wiz,	so reines Rot, so reines Weiß,
hie roeseloht, dort liljenvar.	

Der kulturell geformte Körper

	hier rosenrot, dort lilienfarbig
...	...
ir kel, ir hende, ietweder fuoz,	Ihr Hals, ihre Hände, beide Füße,
daz ist ze wunsche wol getan.	das ist, wie man's nur wünschen kann, gestaltet.
ob ich da enzwischen loben muoz,	Wenn ich dazwischen preisen darf,
so waene ich me beschowet han.	so glaube ich, mehr gesehen zu haben.
Ich hete ungerne «decke bloz!»	Ich hätte ungern «deck dich zu»
gerüefet, do ich si nacket sach.	gerufen, als ich sie nackt sah
...	...
da si reine uz einem bade trat	als sie rein aus einem Bade stieg.

Walther, L 53, 25, Übersetzung nach Maurer

Die Körperlichkeit der irdischen Liebe, wird ungescheut als Metapher für das Verhältnis des Betenden zu Gott, die Gottesminne, verwendet. Daher kann das Repertoire der Minnedichtung auch auf die höchste Frau des Christentums angewandt werden. Gautier de Coinci, Abt von Saint-Médard de Soissons († 1236), sang:

Qui que chant de Marïete,	Wer auch immer von Mariechen singen
je chant de Marie.	mag, ich singe von Maria.
Chascun an li doi par dete	Jeder schuldet ihr als Schuld eine Reverdie
une raverdie.	(Frühlingsgedicht).
C'est la fleurs, la vïolete,	Sie ist die Blume, das Veilchen,
la rose espanie,	die aufgeblühte Rose,
qui tele odeur done et jete	die einen solchen Duft verbreitet und
toz noz rasasie.	ausströmt, dass er uns alle sättigt.
Haute odeur	Einen über jede Blume erhabenen Duft
sour tote fleur	hat die Mutter des erhabenen Herrn.
a la mere au haut seigneur.	

Mittelalterliche Lyrik Frankreichs II, XXIV, Str. 2, 114, Übersetzung nach Dietmar Rieger

Minne

In der Dichtung des gebildeten Tiroler Minnesängers Friedrich von Sonnenburg (2. Hälfte des 13. Jh.s) wurde die Verkündigung Gabriels an Maria (Lk 1, 28–33) zum Werbegesang. Das Fest Mariä Verkündigung ist am 25. März, also ganz nahe am Frühlingsbeginn.

Sich, gotes tohter, wiltu mich niht mieten, künginne, so sage ich, waz ein hoher mantelgabe mit dir begangen hat: Er nam sich dir ze dienen an in minniclicher minne, er warp ez tougen wider dich – do taete du, swes er bat. Dir gienc sin bete und siniu wort durch oren und durch ougen; al dar quam siner vröuden hort ze dir geslichen tougen: Er was dir minniclichen bi mit warheit sunder spot.	Schau, Gottes Tochter, willst du mich nicht lohnen, Königin, so sage ich, was ein hoher Mantelgeber mit dir begangen hat: Er entschloss sich, dir zu dienen in minniglicher Liebe, er bemühte sich heimlich um dich, da tatst du, worum er bat. Dir gingen seine Bitte und seine Worte durch Ohren und durch Augen. Der Hort seiner Freuden kam heimlich zu dir geschlichen: Er war liebend bei dir in Wahrheit, ohne Scherz.

Friedrich von Sonnenburg Nr. 62

Der Name «von Sonnenburg» bezieht sich wohl auf das gleichnamige Stift im Pustertal, dessen Dienstmann der Dichter vermutlich gewesen ist. Die geistlichen Damen dort werden keinen Grund gehabt haben, an einem solchen Lied Anstoß zu nehmen.

Minne war also eine lebensvolle Metapher. Was die Dichtung thematisierte, konnte für Menschen lebenswirklich werden – oder wurde wirklich (nur) gespielt. Sie ist ein Spiel der Geschlechter, aber Sexualität ist nicht ihr vordergründiges Thema. Darum konnte sie auch ein Ausdruck der höchsten religiösen Geheimnisse sein, wobei das Geschlecht nicht zurückgedrängt, sondern im dialektischen Sinne «aufgehoben» wird.

In einer Minne-Beziehung wird vorausgesetzt, dass zwei Menschen einander in ihrer Individualität wertschätzen, aber einge-

Abb. 4: Rückseite eines Spiegels mit Minne-Pärchen, 14. Jh., Louvre
(Foto Ginevra Kornbluth)

bunden in ein bestimmtes Ritual. Ziel dieser Beziehung ist die Vereinigung, aber das kann eine Utopie bleiben oder, bei Geistlichen, Symbol für die Vereinigung mit Gott sein. Seinen Ausgang nimmt dieses erotische Spiel von der menschlichen Natur. Es kann auch wieder dorthin führen. Dazwischen, weit tragend und bedeutungsvoll, findet man die schönsten Blüten der europäischen Kunst.

Die bedeutendste Sammlung von Minneliedern mit idealisierten Portraits der Dichter ist die berühmte Manessische Liederhandschrift. Die Dichtungen wurden um 1300 unter Beteiligung des Dichters Johannes Hadlaub im Auftrag des Zürichers Rüdiger Manesse und dessen Sohnes gesammelt. So wertvoll diese Überlieferung ist, so sehr muss man dabei bedenken: Das ist nicht «das» Mittelalter, sondern ein Bild davon, das man sich im Zweiten Mittelalter von vergangenen Zeiten gemacht hat.

Das bedeutet konkret, dass wir uns heute oft Bilder vom Mittelalter aus zweiter Hand machen. Es gibt viel weniger Darstellungen aus dem frühen und hohen Mittelalter, und sie sind schwerer zu deuten. Im späten Mittelalter erfolgte aber bereits eine erste Romantisierung und Heroisierung der Gestalten, die man in Geschichtswerken und Dichtungen vorfand.

II Haus und Hof

Das zweite Kleid der Menschen ist das Haus. «Festes Haus» ist auch ein anderer Name für eine Burg. In den Wohnverhältnissen spiegeln sich – zum Teil heute noch rekonstruierbar – die sozialen und familiären Rollen; Beziehungen werden dort gelebt und dargestellt. Das Haus ist innen und außen der wichtigste Schauplatz der Repräsentation, ja es heißt «Haus», wenn metaphorisch eine herrschende Gruppe gemeint ist. Das Haus – in beiden Bedeutungen – stellt das Ambiente für das höfische Spiel, und dort werden Feste und besondere kulturelle Ereignisse inszeniert. Noch der kleinste Hof bildet eine ähnliche Struktur nach wie das schönste Schloss.

Bauernhof

Bauern waren mit wenigen Ausnahmen unfrei, d. h. einem adeligen Haus zugeordnet. Frei zu sein bedeutete nach mittelalterlichem Verständnis, mit eigener Hand für sein Recht und für den Frieden kämpfen zu können, und das war nicht ihre Aufgabe. Nur manchmal, bei großer Gefahr, wurden auch sie zum Schutz des Landes herangezogen.

Aber auf dem Hof, der ihnen aus dem Eigentum der Herren «geliehen» wurde, konnten sie relativ frei schalten. Sie konnten ihren Besitz meist vererben und waren dementsprechend daran interessiert, Land und Vieh in gutem Zustand zu halten. Das gilt aber nur für Bauern mit eigenem Hof, nicht für die übrigen in der Landwirtschaft tätigen Personen. Diese hatten einen weit geringeren Status. Außerdem gab es, vor allem im Zweiten Mittelalter,

Abb. 5: Idealisierte Darstellung eines bajuwarischen Dorfes
(Zeichnung Werner Hölzl)

auch für die Bauern schlechtere, z. B. befristete Leiheformen. Mit diesem zugleich unfreien, aber im eigenen Bereich weitgehend selbstständigen Bauerntum haben wir einen zweiten Baustein für den europäischen Sonderweg vor uns (vgl. S. 23).

Die einfachen Häuser der Bauern sahen so aus wie seit vorgeschichtlicher Zeit: langgestreckte Pfostengebäude, meist mit lehmbestrichenen Flechtwerkwänden. Um 1200 schildert der *gelêrte man* Otte ein armes Haus als nieder, mit Strohbündeln gedeckt – eine Version hat Schindeln, die wären schon eine Klasse besser –, mit schadhaftem Zaun und «faulen» Wänden – wohl aus Holz –, das Dach in der Mitte von einem krummen Pfosten gestützt, welcher die Sparren trägt. Von der Tür aus sieht der Besucher eine alte Frau bei einer Glut, wohl an einem offenen Herd (Otte, Eraclius 2378 ff.).

In ein solches Haus kann man noch im Februar-Bild des Stundenbuchs «Les très riches heures du Duc de Berry», einem zu Beginn des 15. Jahrhunderts entstandenen prächtigen Gebetbuch, hineinschauen. Innerhalb der mit einem Flechtzaun umgebenen Hofstelle sieht man dort auch Wirtschaftsgebäude und einen Getreidespeicher auf Stelzen.

Der Stall befand sich vielfach unter demselben Dach wie der Wohnteil. Das war schon so bei den Häusern in der Wikingerstadt Haithabu bei Schleswig vor der Jahrtausendwende und findet sich noch im Spätmittelalter in Pfaffenschlag bei Slavonice in Südmähren. Dort allerdings waren die Wände der Stallteile schon aus Stein gebaut. Die Wohnteile standen zwar auf steinernen Grundfesten, ihre Wände bestanden aber aus festen Bohlen.

In einigen Güterverzeichnissen zählt das Bauernhaus sogar zur «Fahrhabe», zum beweglichen Gut. Das kam z. B. dann zum Tragen, wenn es in der Nähe eines Flusses stand, wo es nach den Frühlingsüberschwemmungen, deren Schlamm als Dünger willkommen war, jedes Jahr wieder neu aufgebaut werden musste.

Wichtig war der Zaun, in Flechtwerk oder aus gekreuzten Stäben, manchmal auch nur aus einer Dornenhecke. Er diente weniger zur Abwehr von Dieben und Feinden als zum Schutz des Geflügels und Kleinviehs vor wilden Tieren. Vor allem aber umgrenzte er auch bei einer Bauernhütte einen eigenen Rechtsbezirk, innerhalb dessen ein besonderer Friede herrschen sollte. Hausfriedensbruch wurde besonders schwer bestraft.

Auch Adelige hatten ein Interesse daran, die Bewohner von Höfen und Dörfern zu schonen, weil sie ja von deren Erzeugnissen und Diensten lebten. Bis ins 12. Jahrhundert war die Bindung zwischen Herrn und Bauern, die einen Teil ihrer Produkte als Abgabe (Steuer) lieferten, noch recht unmittelbar. Litten die einen Not, hatten die anderen auch nichts zu essen. Im Kriegsfall waren allerdings die Bauernhöfe erstes und leichtestes Angriffsziel.

Dorf

Ein Dorf ist mehr als eine Ansammlung von Häusern; das war es möglicherweise einmal gewesen. Aber im Laufe der Zeit wurde der Platz zu einem eigenen kleinen Rechtsbezirk. Er war in der Regel ebenfalls umhegt, oft einfach mit einem Dornengebüsch, von dem man auch Beeren und Schlehen ernten konnte.

Gemeinsame Anlagen, von den Wegen über Brunnen bis zur Kirche, und gemeinsame Regelungen wirtschaftlicher Angelegenheiten und bei der Konfliktlösung gehörten dazu, eventuell auch die gemeinsame Nutzung von Weiden, Mooren und Wäldern (Allmende). Außerdem findet man meistens die Reste einzelner Handwerksbetriebe, wie von Schmieden und Töpfern, und kleinere Häuser von Personen, die besondere Aufgaben übernehmen, wie Hirten. Es kam nicht selten vor, dass einzelne Höfe eines Dorfes wegen Erbteilungen, Schenkungen oder sonstiger Geschäfte verschiedene Herren hatten. Dann war es wichtig, dass sich in den Dörfern selbst Instanzen der Konfliktlösung in alltäglichen Fällen bildeten.

Stärker ausgeprägte Organisationsformen und dörfliche Funktionsträger (z. B. Ammann, Schultheiß) werden meist ab dem 11. Jahrhundert erkennbar. Besonders die Dreifelderwirtschaft erforderte eine Koordination der Tätigkeiten, weil besser gewirtschaftet werden konnte, wenn anliegende Fluren zur selben Zeit in Brache lagen oder besät wurden. Eine Orientierung dafür, wann was zu geschehen habe, bildeten die Heiligenfeste im Jahreskreis (S. 177).

Wurde aber eine Gruppe von Bauern, meist unter der Führung eines erfahrenen Mannes, dafür gewonnen, zu roden oder zur

Landentwicklung in ein wenig erschlossenes Gebiet zu gehen, erhielt sie zur Motivation besondere Rechte (S. 230). Der soziale Status der Leute war dort höher und die Abhängigkeiten waren geringer, wo landwirtschaftliches Personal besonders schwer zu finden war. Das galt in den Alpen genauso wie an den Küsten der Nordsee. Auch Hirten, denen für die damaligen Begriffe ein großes Vermögen anvertraut war und die, besonders in den Alpen und Pyrenäen, schlecht kontrolliert werden konnten, genossen eine gewisse Freiheit. Sie «schmuggelten» nicht nur Waren, sondern auch Informationen und Ideen. In Montaillou, einem Ort in Frankreich am Fuße der Pyrenäen, verbreiteten sie z.B. die Lehren der Katharer, die als Ketzer verfolgt wurden (S. 146).

Markt

Märkte konnten an verschiedenen Plätzen abgehalten werden. Der nicht genau lokalisierbare «Markt der Mährer» im Raffelstettener Zollweistum (903/06) war wohl nur ein Platz unmittelbar nördlich der Donau. Schon zur Römerzeit gab es solche Stützpunkte jenseits der Grenzen. Entscheidend war, dass jemand – ein König oder Fürst oder deren Beauftragte – den Marktfrieden garantieren konnte, der für die Dauer des Marktes und die Fahrt dorthin gelten sollte. Dafür wurden selbstverständlich Gebühren eingehoben.

Es gab Märkte für den Fernhandel, die nur zu bestimmten Zeiten im Jahr abgehalten wurden, und solche für die Nahversorgung, die regelmäßig beliefert werden konnten. Diese regional bedeutenden Märkte, die meistens wöchentlich ausgerichtet wurden, befanden sich in der Regel in oder bei zentralen Orten oder Städten. Aber auch Dörfer konnten Marktrechte gewinnen. Daher wurde mit der Zeit das Wort «Markt» oft zu einer Rechtsbezeichnung für den Ort selbst.

Am Niederrhein gab es eine Kette von zehn Jahrmärkten über den Sommer von Köln bis Utrecht. Zu den größten international besuchten Märkten gehörten die Messen in der Champagne im

12. und 13. Jahrhundert. Dort trafen einander regelmäßig an verschiedenen Orten Kaufleute aus ganz Europa. Das Warenangebot war vielfältig, aber im Zentrum standen flandrische und englische Tuche und andere Textilien. Auch Pietro di Bernardone, der Vater von Franz von Assisi, wird auf seinen Handelsreisen dort gewesen sein.

Burg

Die Halle eines Fürsten oder mächtigen Adeligen im Frühmittelalter sah wohl nicht viel anders aus als ein größeres Bauernhaus, nur mit dem Unterschied, dass sie auch außen prächtig geschmückt war und Platz für das Gefolge bot (z. B. Beowulf 308). Ihr Zentrum war die Feuerstelle, und der vornehmste Platz war in deren Nähe.

Von diesen Gebäuden bis zur Adelsburg, wie sie uns vertraut geworden ist, liegt ein weiter Weg. Die ersten Burgen waren aus Holz gebaut, umgeben mit hölzernen Palisaden. In der Ebene warf man oft einen Hügel auf und schützte das darauf errichtete Gebäude mit einem Wall und einem Wassergraben. In hügeligem Gelände suchte man vielfach einen Geländevorsprung und grub auf der Bergseite einen möglichst tiefen Graben. Es gab auch größere Befestigungen, die als Fluchtburgen genutzt werden konnten, vielfach aber auch Zentren der Verwaltung und des Handwerks bargen und als geschützte Lagerorte für Abgaben dienen konnten. Die Herrenhöfe standen oft mit einer nahe gelegenen Befestigung in Verbindung. Auf reicheren Höfen konnte es schon in der Karolingerzeit (Mitte des 8. Jh.s – 10. Jh.) repräsentative Steinbauten geben.

Die Festungsmauer bestand im Frühmittelalter meist nur an der Vorderseite aus trocken geschichteten Steinen, erst ab dem 10. Jahrhundert wurden sie mit Mörtel verbunden; dahinter lag eine Aufschüttung aus Erdreich und Steinen, mit gekreuzt- und quergelegten Bohlen verstärkt, wie beim sogenannten *murus gallicus* (Abb. 6), den schon Caesar beschreibt (De bello Gallico VII 23).

Abb. 6: Murus Gallicus. Modell aus dem Landesmuseum Trier
(Foto Stefan Kühn)

Die Höhenburgen, die ab dem 10. Jahrhundert aufkamen, konnten einem vermehrten Sicherheitsbedürfnis dienen – übrigens nicht nur vor Feinden, sondern auch vor den Begehrlichkeiten der eigenen Leute und Nachbarn –, hatten aber auch einen hohen Prestigewert. Ebenso wie ein gutes Heer vor allem den Zweck erfüllt, den Gedanken an einen Angriff gar nicht erst aufkommen zu lassen, ist alles an einer Burg darauf angelegt, dass es gar nicht zu einer Belagerung oder gar einem Eroberungsversuch kommt. Das heißt, die Verteidigungsanlagen müssen nicht nur funktionieren, sondern auch abschreckend aussehen. Darauf mag die bis heute anhaltende Faszination dieser Gebäude zurückgehen.

Auf den erhöhten Burgplätzen entstehen zuerst «feste Häuser» aus Stein, auch repräsentative «Saalgeschoßhäuser», zu deren Halle im Obergeschoß eine außen liegende Holztreppe führt. Einige sehr dramatische Szenen im Schlussteil des Nibelungenlieds spielen auf der *stiegen* vor dem Saal auf der Etzelsburg (Aventüre 32).

Ab dem 11. Jahrhundert kommt es zum Bau von Wohntürmen. Auch hier liegt der Eingang im ersten Stock, nur über eine Holztreppe erreichbar, die man bei Gefahr leicht abreißen konnte. Daneben gibt es innerhalb der jetzt meist aus Steinquadern errichteten Mauer eine Anzahl von Holzgebäuden, die leider bei den meisten Rekonstruktionen von Burgen fehlen. Allmählich entwickelt sich aus einer großen Formenvielfalt der klassische Typ einer Höhenburg mit Steinmauer, Burgtor, nahe daran liegender Burgkapelle, Turm- und Saalbau. Die Burgkapelle blieb als sakraler Raum am ehesten noch erhalten, wenn die Burg selbst längst außer Funktion geraten war. Sie war oft so klein, dass nur die Herrschaften darin Platz fanden.

Einige der «Söller», kleine Anbauten an den Außenwänden, dienten als Abtritt, dessen Spuren man oft auf Bildern erkennen kann. Offenbar galt das als repräsentativer Komfort, sonst hätte man sie nicht so deutlich dargestellt. Das zugrunde liegende lateinische Wort *solarium* kann einfach Obergeschoß bedeuten. In größeren Sälen gibt es häufig eine erhöhte Holzkonstruktion, also eine Art Empore, die in den Quellen ebenfalls Söller heißt. Dort saßen die Familie der Burgherren und besondere Gäste.

Im Turm kann es eine Schatzkammer geben. Auch die Burgkapelle kann einen Schatz, z. B. eine Reliquie, bergen. Neben den Zisternen, die hauptsächlich für Brauchwasser geeignet waren, hatten, wie erwähnt (S. 28), viele Burgen Wasserleitungen mit Holzröhren.

Mehrmals wird in erzählenden Quellen ein *hâltürlîn* erwähnt, eine Hintertür, vor allem fürs Gesinde (z. B. Gottfried, Tristan 9324). Vorräte befinden sich entweder in Kellern, in Anbauten an die Küchengebäude oder unter dem Dach. Dazu muss man sich zahlreiche Tiere vorstellen, nicht nur Pferde, sondern auch Kleinvieh und Geflügel. Das Leben auf einer kleineren Burg ist, besonders im Winter, nicht angenehm, wie Oswald von Wolkenstein

(† 1445) drastisch schildert. Die Ruine von Hauenstein auf der Seiser Alm in Südtirol steht noch:

Auff ainem runden kofel smal,	Auf einem Felsen, rund und steil,
mit dickem wald umbfangen,	von dichtem Wald umgeben,
vil hoher berg und tieffe tal,	viel hohe Berge und tiefe Täler,
stain, stauden, stöck, snee stangen,	Steine, Stauden, Stöcke, Schneestangen,
der sich ich teglich ane zal.	die sehe ich täglich ohne Zahl.
noch aines tüt mich pangen,	Noch eines bedrückt mich,
das mir der klainen kindlin schal	dass mir der kleinen Kinder Lärm,
mein oren dick bedrangen,	meine Ohren heftig bedrängen
hand durchgangen.	und durchdrungen haben.
Wie vil mir eren ie beschach	Was mir an Ehren je zuteil wurde,
von fürsten, künigin gefach,	von Fürsten, Königinnen häufig
und was ich freuden ie gesach,	und was an Freuden ich je sah
das büss ich als under ainem dach.	das büße ich unter einem Dach.
mein ungemach,	Mein Ungemach,
der hatt ain langes ende.	das zieht sich lange hin.
Vil gütter witz, der gieng mir not,	Viel Mutterwitz würde ich brauchen,
seid ich müss sorgen umb das brot,	seit ich um das tägliche Brot sorgen
darzu so wirt mir vil gedrot,	muss, dazu werde ich oft bedroht,
und tröst mich niena mündli rot.	und es tröstet mich kein roter Mund.
den ich ee bott,	Über die ich früher gebot,
die lassen mich ellende.	die lassen mich allein.
Wellent ich gugk, so hindert mich	Wohin ich schau, behindern mich
köstlicher ziere sinder,	die Reste kostbarer Zierde.
der ich e pflag, da für ich sich	Statt feinen Umgangs sehe ich
neur kelber, gaiss, böck, rinder,	nur Kälber, Geißen, Böck' und Rinder
und knospot leut, swarz, hässeleich,	und plumpe Leute, schwarz und
vast rüssig gen dem winder;	hässlich, im Winter ganz verrotzt, die
die geben müt als sackwein vich.	muntern auf wie schlechter Wein
	das Vieh.
...	...

Also trag ich mein aigen swer;	So trage ich meine schwere Last,
teglicher sorg, vil böser mer	tägliche Sorgen, böse Nachrichten,
wirt Hauenstain gar seldn ler.	bleiben in Hauenstein selten aus.

Oswald Kl. 44, Übersetzung nach Kühn,
an das Original stärker angeglichen.

Zu einer Burganlage gehören außerdem einige bedeutsame Landschaftselemente. Ein Kräuter- und Rosengarten befindet sich in der Regel innerhalb der Burg. Davor liegt zumeist ein (Obst-)Baumgarten, in dem zur schönen Jahreszeit auch gesellschaftliches Leben herrscht, vom persönlichen Stelldichein bis zum großen Fest. Den Flurnamen Baumgarten, der auf diese ehemaligen Obstgärten verweist, findet man bei vielen Burgstellen. Was die Dichter nicht erwähnen, weil es zu banal, wenn auch zur Grundversorgung unverzichtbar war, ist ein Krautgarten. Kraut (Kohl) kommt, wie erwähnt, unter den Abgaben kaum vor, weil alle es gewissermaßen vor der Tür hatten.

Ebenfalls vor der Burg liegt gewöhnlich ein größeres freies Feld, nicht selten «Heide» genannt, wenn möglich mit einem Brunnen bzw. einer Quelle und einem Schatten spendenden solitären Baum, z. B. einer Linde. Dort kann nicht nur das berühmte Stelldichein Walthers von der Vogelweide stattfinden (L 29, 11, *Under der linden an der heide, da unser zweier bette was ...*), sondern auch größere Versammlungen, Feste, Turniere und Gerichtssitzungen. Manchmal spielt die Zugbrücke eine Rolle für den Auftritt eines Burgherrn, der dort sozusagen zwischen «drinnen» und «draußen» steht.

Auf diesem Freigelände breiten auch wandernde Händler ihre Waren aus. Dort kann sich eine Burgsiedlung bilden, die sich unter Umständen bis zur Stadt auswächst (vgl. S. 163). Manche Dichter spielen mit den Worten «Burg» und «Bürger» auch auf diese Weise: Der Held wird zuerst von den «Bürgern» empfangen und dann zur «Burg» geleitet, wobei man meist nicht erfährt, was früher da gewesen ist: die Henne oder das Ei, die Siedlung oder die Burg.

Abb. 7: Les très riches heures du Duc de Berry, fol. 3v, Chateau de Lusignan: Man sieht deutlich die Abstufungen der geordneten Kulturlandschaft vor der Burg: im Vordergrund Acker- und Weinbau, dahinter die Weide, vor der Mauer die freie Fläche und hinter der ersten Mauer der Baumgarten. Darüber spannt sich im Kalenderteil stilisiert das Universum.

Versorgung, Abgaben und Dienste

Wenn eine Burg weiter entfernt von Siedlungen steht, wird man meist unweit von ihr einen Meierhof finden, der zur Grundversorgung der Inwohner diente und häufig auch Naturalabgaben der umliegenden Bauern aufnahm. Andernfalls wurden die Abgaben zuerst in den Dörfern auf einem vom Herrn dazu bestimmten Hof gesammelt, dessen Inhaber einen höheren Status als die anderen innehatte. Manche Naturalabgaben, die nicht so sehr saisonabhängig waren, wie z. B. Eier oder Geflügel, waren zwar zu einem bestimmten Termin fällig, wurden aber nicht auf einmal, sondern je nach Bedarf abgerufen. Insgesamt beliefen sich die Abgaben auf etwa 50% des Ertrages, was gar nicht so weit entfernt ist von modernen Steuersätzen.

Die Bauern hatten zusätzlich persönliche Dienste zu leisten: Im Vordergrund stand die «Robot», der Frondienst (mhd. *vrôn*: was den Herrn betrifft), bei den landwirtschaftlichen Tätigkeiten am Herrenhof. Daneben gab es einige Spezialisten: Die einen stellten Schindeln her, die anderen brannten Kalk. Viele hatten Tiere der Herren einzustellen und zu füttern, auch Fuhrdienste waren gefragt. Etliche wurden außerdem zum «Burgwerk» herangezogen, Arbeiten zu Bau und Erhaltung einer Burg. Im 13. Jahrhundert wurden nach und nach die Naturalabgaben in Geld abgelöst; mittlerweile gab es auch nördlich der Alpen schon genug Märkte, auf denen die Bauern ihre Produkte zu Geld machen konnten.

Schließlich gehört zu einem Aufenthaltsort des Adels in nicht allzu großer Entfernung ein Jagdgebiet. Diese Wälder und Fluren waren besonders geschützt vor anderer Nutzung. Manchmal wurden eigene Wildgehege angelegt. Es gab, wie man auch archäologisch feststellen konnte, regelrechte Jagdschlösser. Die Jagd war eher ein prestigeträchtiges Vergnügen als ein Nahrungserwerb und bescherte den herrschaftlichen Jägern höchstens das eine oder andere Festmahl. Besonders vornehm war die Beizjagd mit Greifvögeln, die auch von Damen ausgeübt werden konnte. Gefährlich war die Jagd auf Wildschweine, deren Kraft ausgeglichene Verhältnisse zwischen Mensch und Tier herstellte.

In geschützten Forsten, deren Nutzung den Herren vorbehalten war, wurde das Holz für die Bauten gezogen, das ja bestimmte Qualitäten erforderte, etwa in Länge und geradem Wuchs. Schon Vitruv widmet ein langes Kapitel dem Bauholz (II 9). Der «Forstbann» gegen unerwünschte Nutzung oder gar Rodung war in manchen Gegenden schon im 12. Jahrhundert nötig. Mit dem Aufschwung der Städte um 1200 stieg in deren Umgebung der Holzbedarf enorm. Landesfürstliche Forstmeister kennen wir z. B. im

Wienerwald seit dem 13. Jahrhundert. Sie hatten unter anderem dafür zu sorgen, dass nachhaltig gewirtschaftet werde, *untz daz im* (dem Wald) *sein holtz gewachsse und widerchome* (Urkunde Hg. Rudolfs IV. von 1359).

Die Energieversorgung war ein lebenswichtiges Problem. Wasserkraft wurde für Mühlen, Eisenbearbeitung und Lodenwalken genutzt, daneben diente die Kraft von Mensch und Tier als Energiequelle. Zur Wärmeerzeugung stand nur Holz zur Verfügung. Bauern hatten zumeist das Recht, Fall- und Kleinholz aus den Wäldern für das tägliche Herdfeuer zu entnehmen. Die Versorgung mit Brennholz war für die Burgen – und später noch mehr für die Städte – eine aufwändige Aufgabe. Für die Küche genügte wohl ebenfalls Reisig und Kleinholz, aber für die repräsentativen Feuerstellen wurden, wie schon aus einer frühmittelalterlichen Anweisung an einen bischöflichen Bediensteten im Bodenseeraum hervorgeht, eher Holzscheiter vorgezogen. Torf konnte ja nur in bestimmten Gegenden gestochen werden. Die Köhlerei lieferte den Rohstoff für Arbeiten, bei denen große Hitze benötigt wurde, z. B. für die Eisenverhüttung oder Glaserzeugung.

In den Klöstern gab es neben der Küche in der Regel nur einen einzigen geheizten Raum, das «Kalefaktorium», die Wärmestube, manchmal einen zweiten für die Laienbrüder. Der Dienst an den Öfen war mühsam und wenig angesehen.

Leben auf der Burg

Eine Burg ist also eine multifunktionale Anlage mit repräsentativem Charakter, die die Landschaft weithin sichtbar bestimmt und beherrscht. Nicht immer wohnte der Burgherr auf der Burg; reichere Herren besaßen oft mehrere. Manche Aufenthalte wurden aber mit dem gesamten Hofstaat inszeniert.

Ein prominentes Beispiel ist aufgrund von urkundlichen und archäologischen Zeugnissen sehr genau nachvollziehbar: Der letzte Babenberger, Herzog Friedrich II. von Österreich († 1246), ließ sich in den späten 30er Jahren des 13. Jahrhunderts die Burg Starhemberg bei Wiener Neustadt fürstlich ausbauen. Damals hieß sie Starkenberg und war nach der Burg Montfort im Heiligen Land benannt. Dorthin begab er sich bei besonderen Gelegenheiten mit seinem ganzen Hof. Genannt werden unter anderen der Kanzler, ein Notar, der Hofrichter, der Kämmerer und der Mundschenk. 1244 wurde z. B. dort die Stadtordnung von Wiener Neustadt verkündet. Unterhalb der Burg werden sich zahlreiche Bürger der nur einen halben Tagesritt entfernten Stadt versammelt haben. Auch zur Übergabe von Urkunden für das Wiener Schottenkloster und für das Benediktinerkloster Seitenstetten in Niederösterreich kamen prominente Adelige nach Starkenberg. Dazu kommt in dieser Zeit die Ausstellung einer Judenordnung, der Stadtrechte für Hainburg und Wien und die einer Mautbefreiung für Krems.

Die wichtigsten Personen des Herzogtums Österreich waren also innerhalb weniger Monate auf und an dieser Burg zu Gast, für deren Ausbau der Herzog einiges aufgeboten hatte. Nicht nur die besten Handwerker seines Landes und der Nachbarländer waren eingesetzt, sondern für die Burgkapelle offenbar auch Handwerker von der Sainte Chapelle in Paris engagiert worden. Der Herzog hatte vom französischen König einen Dorn der Dornenkrone Christi bekommen, die in der königlichen Kapelle in Paris aufbewahrt wurde. Für diesen Dorn wurde auf Starkenberg eine prächtige, zweigeschossige Burgkapelle nach französischem Muster gebaut. Auf dieser Burg spielte vermutlich auch der Tannhäuser († n. 1265) auf, einer der Dichter im Umfeld Herzog Friedrichs, mit seinen eher deftigen Liebesliedern.

Der Herzog hatte zu dieser Zeit allerdings bereits begonnen, in Wien eine Hofburg zu bauen. In der Folgezeit wurden die wichtigsten politischen Ereignisse dann nicht mehr an den Burgen, sondern in der Stadt ausgerichtet.

Den großen Saal einer Burg im Winter ordentlich zu heizen war schwierig, obwohl es meist eine Feuerstelle gab. In der kalten Jahreszeit war das Zentrum des gesellschaftlichen Lebens die Kemenate; der Name kommt vom darin befindlichen Kamin. Es war zwar nicht, wie manche meinen, das exklusive Frauenzimmer, aber die Damen hielten sich sehr häufig dort auf; auch, weil ihre Nadelarbeit keine klammen Finger duldete. In größeren Burgen – exemplarisch in der Burg des König Artus – haben die Frauen einen eigenen Wohnbereich, wo weibliche Gäste empfangen werden und in Ruhe baden konnten. Auch Herzog Friedrich II. hatte in seiner Musterburg Starkenberg ein Frauenquartier vorgesehen; verheiratet war er zu der Zeit jedoch nicht.

Eigene Schlafräume hatten, außer den Herrschaften, nur wenige Leute. Für fast alle Räume von Burgen werden noch in spätmittelalterlichen Inventaren Betten und Strohsäcke erwähnt. Der Geistliche der Kapelle hatte, weil er auch Schreiber war, wohl einen heizbaren Raum. Das Gesinde drängte sich in der Küche, wenn es Zeit hatte, sich zu wärmen. Schlafplätze im oder über dem Stall waren wegen der Wärme der Tiere recht beliebt. Ähnliches gilt für die Unterbringung des Gesindes auf den Bauernhöfen.

Ausstattung

Die Innenräume der meisten erhaltenen Bauten zeigen heute unverputzten Stein. Das wäre in Wohnräumen aufgrund des Raumklimas kaum auszuhalten. Man muss sich entweder Stoff- und Lederbehänge an den Wände vorstellen, oder eine innen wie eine Schachtel eingebaute Holzkonstruktion.

In vielen Quellen wird von der Bemalung der Innenräume berichtet, von der leider erst ab etwa 1200 Überreste erhalten sind. Manchmal, wie in der Kapelle des Göttweiger Hofes in Krems an der Donau, sind an der Malerei sogar die Stoffe, ihre Muster und die Art ihrer Aufhängung erkennbar. Auch dort gab es wohl davor noch einen textilen Wandbehang. Man muss sich also die Innenräume recht bunt vorstellen.

In der «Bilderburg» Runkelstein bei Bozen bekommt man auch eine gute Vorstellung davon, obwohl die Ausstattung mit Fresken

Abb. 8: Wappenreihe und Tanzszene an der Ostwand im Brunnenhof, Zürich
(Zeichnung Beat Scheffold)

zu den Sagen von Artus und Tristan erst gegen Ende des 14. Jahrhunderts von reichen Bozner Kaufleuten in Auftrag gegeben wurde. In Rodenegg am Eingang zum Pustertal wurden über einer Zwischendecke Fresken zum Iwein, der bekannten Dichtung Hartmanns von Aue (S. 77) aus dem frühen 13. Jahrhundert entdeckt. Dasselbe Thema haben auch die Bilder im Hessenhof in Schmalkalden, der ein Verwaltungszentrum der Landgrafen von Thüringen war. Ebenfalls aus dem 13. Jahrhundert stammen die Fresken in der Burg des Stadtrichters Gozzo in Krems, unter anderem mit Darstellungen zu einer Legendendichtung, die um 1225 der Dichter Rudolf von Ems verarbeitet hat, Barlaam und Josaphat (S. 89).

Mehrfach haben sich – wie beispielsweise in der Gozzoburg – Wappensäle erhalten, welche die Familie der Auftraggeber symbolisch in die Welt des Adels und der Heroen eingliedern. Dieser Art von Repräsentation folgte in den 30er Jahren des 14. Jahrhunderts auch eine jüdische Familie in Zürich, wo man Fresken zum Neidhart-Thema (S. 91) und einen Wappenfries fand; die Stichworte für den Maler waren in hebräischen Lettern vorgeschrieben. Etwa aus der gleichen Zeit stammen die Neidhart-Fresken in Wien in einem Bürgerhaus in den Tuchlauben.

Unterhaltung: Klassische Stoffe und andere Dichtungen

Nicht nur vom Schweinehändler im «Zigeunerbaron» von Johann Strauß hören wir, das Schreiben und das Lesen sei nie sein Fach gewesen. Auch einer der größten Dichter des Mittelalters, Wolfram von Eschenbach († um 1220) behauptet, *ichne kan deheinen buochstap*, ich kann keinen Buchstaben (Parzival 115, 27, nach Ps 70, 15 in der lateinischen Vulgata-Version). Das heißt nicht, dass er nicht mit Schriftlichkeit umgehen konnte, sondern dass er als Adeliger einen Schreiber hatte und sich nicht selbst die Mühe machte, schöne Schrift zu üben. Von Kaiser Karl dem Großen heißt es, er habe sich bemüht, schön schreiben zu lernen, von Kaiser Otto dem Großen aber, er habe seine Frau Adelheid gebeten, ihm einen Brief vorzulesen.

Kulturell interessierte Herren sammelten Handschriften, beauftragten Schreiber, ihnen Texte zu bestimmten Themen zu kopieren und zu übersetzen, und finanzierten auch die Herstellung kostbarer Handschriften, z.B. von Predigten oder von besonders beliebten Dichtungen. Dichter blieben gerne eine Zeit lang bei einem Gönner, um ihre Schöpfungen zu Pergament zu bringen.

Die Vermittlung von Literatur erfolgte bis ins 13. Jahrhundert vorwiegend mündlich. Erst danach entstand auch unter Laien allmählich eine Lesekultur. Damit fielen viele epische Bauelemente weg, die ein Zuhörer braucht, um dem Vortrag folgen zu können, wie die typischen Wiederholungen und Leitmotive. Die Handlung darf auch komplizierter werden, wenn man vor- und zurückblättern kann.

Die Vortragenden konnten ihre Texte den Erwartungen ihres Publikums anpassen. Das geschah z. B. durch den Hinweis, dass einer der Helden zu den Vorfahren des Hauses gehörte, in dem man sich gerade befand. Manche Dichtungen sind ohne echten Schluss überliefert, was freilich auch Absicht gewesen sein kann. Das althochdeutsche Hildebrandslied aus dem 9. Jahrhundert bricht in der einzigen vorliegenden Überlieferung vor dem Ende ab – vielleicht, weil kein Platz mehr auf dem Pergament war, vielleicht aber auch, weil man das Ende offenhalten wollte. Hildebrand war, so die Sage, mit Dietrich von Bern ins Exil gezogen und hatte Frau und Sohn zurücklassen müssen. Bei der Rückkehr trifft er auf eben diesen Sohn, Hadubrand, der inzwischen erwachsen geworden ist. Hadubrand glaubt dem alten Mann nicht, dass er sein Vater sei, und ein Kampf wird unvermeidlich. Aus einer altnordischen Fassung des 13. Jahrhunderts haben wir Hinweise auf einen tragischen Schluss, in dem der Vater als erfahrener Kämpfer den Sohn tötet. Im jüngeren Hildebrandslied, dessen erhaltene Fassungen aus der Zeit des Übergangs vom Mittelalter zur Neuzeit stammen, siegt der Vater zwar auch, aber die beiden erkennen einander noch rechtzeitig. Es ist vorstellbar, dass die Vortragenden eines solchen Heldenliedes den Schluss je nach Publikum gestalten konnten. Eine ähnliche Geschichte finden wir übrigens im irischen Prosa-Epos «Der Rinderraub» (S. 78): Darin begegnet der Held Cú Chulainn seinem Sohn Connla, der in der Fremde aufgewachsen ist, am Strand und muss ihn, weil er sich nicht zu erkennen gibt, nach dem Ehrenkodex der Sage töten.

Bei größeren Epen kann man sich die Vortragsabende wie die Folgen eines Fortsetzungskrimis im Fernsehen vorstellen; bei manchen Dichtungen erkennt man noch die Abschnitte. Die meisten Stoffe waren dem Publikum im Großen und Ganzen bekannt, und der Neuigkeitswert lag in der jeweiligen poetischen «Inszenierung», wie für uns bei den Klassikern im Theater oder bei mehrfachen Verfilmungen desselben Stoffes.

Artus und Gral

Alle Welt kennt heute König Artus und seine Tafelrunde. Obwohl die Erzählung von Helden der sagenhaften Vorzeit handelt, ist der Stoff erst seit dem 12. Jahrhundert überliefert. In dieser Fassung ist er ein Produkt der höfisch-adeligen Gesellschaft im Hochmittelalter. Die Artus-Geschichte taucht erstmals beim Waliser Geoffroy (Galfrid) von Monmouth († 1155) in seinem phantasievollen Geschichtswerk «Historia regum Britanniae», Geschichte der britannischen Könige, auf. Dort wird Artus zum britischen Nationalhelden stilisiert, der die angelsächsischen Eindringlinge um 500 siegreich bekämpft. Es hat wohl einen historischen Artus gegeben – eine Quelle des 10. Jahrhunderts nennt einen Heerführer dieses Namens, der 537 gestorben sei –, aber der König der Epen und Sagen ist ein Kunstprodukt. Geoffroy hat auch eine «Lebensbeschreibung» des Zauberers Merlin verfasst.

Der Anglonormanne Wace († nach 1174) verarbeitete wenig später den Stoff in seiner Verschronik «Roman de Brut» – die Briten führten sich damals auf den Römer Brutus zurück, was, so meinten sie, schon der Name belege. Dieses Werk wurde der «Königin der Troubadoure» Eleonore von Aquitanien gewidmet, damals Frau des englischen Königs Heinrich II. Ihm, den die Fürsten von Wales als Oberherrscher anerkannten und der die Herrschaft über die Bretagne erbte, kam die Geschichte, in der von der Wiederkehr des großen Artus die Rede war, zur Propaganda gerade recht. Er ließ sogar Ausgrabungen in der Gegend von Glastonbury durchführen, wo manche das sagenhafte Avalon vermuteten, König Artus' Begräbnisstätte, und man fand wirklich «vorgeschichtliche» Knochen. In der dortigen Abtei soll sogar der Heilige Gral eine Zeit lang verborgen gewesen sein.

Bei Wace kommt ein berühmtes, aber von Anfang an missverstandenes Motiv zum ersten Mal vor: die «Table ronde», der runde Tisch. Wace rühmt die Tafelrunde, sie sei absolut egalitär gewesen und die Helden seien im Kreis gesessen, ohne dass rangmäßige

Abb. 9: «Table ronde» aus der Tapisserie von Bayeux; Aufschrift: Und hier segnet der Bischof (der Auftraggeber der Tapisserie) Speis und Trank.

Abstufungen erkennbar gewesen wären. Das ist höfische Utopie. In der Realität verhielt es sich wohl anders. Der Platz am Tisch des Fürsten oder Königs hob zwar alle, die dort saßen, gleichermaßen aus dem übrigen Adel heraus, aber selbst dort sah jeder, wer dem Herrscher am nächsten war. Der Tisch war wohl zudem, wie ein Abschnitt aus der nach 1066 entstandenen Tapisserie von Bayeux zeigt, zumeist nicht kreisrund, sondern nur halbrund gebogen, damit die Diener die Speisen von vorne servieren konnten.

Die Verbindung der Abenteuer um König Artus mit dem Gralsmotiv stellte, soweit uns bekannt ist, als Erster einer der größten Dichter des französischen Mittelalters her, Chréstien de Troyes († um 1190), und zwar in seinem «Roman de Perceval ou Le Conte du Graal», Roman von Perceval oder die Erzählung vom Gral. In einer anderen Artus-Geschichte, dem «Lancelot oder der Karrenritter», betont Chréstien, er habe «Stoff und Sinn» von der Gräfin Marie de Champagne, der Tochter Eleonores von Aquitanien (S. 48). Der Stoff heißt seit dem 12. Jahrhundert «Matière de

Bretagne», wobei Bretagne die Britische Insel und die französische Halbinsel bezeichnet. Daneben gab es die «Matière de France», beginnend mit Geschichten um Karl den Großen (wie dem Rolandslied, S. 83), und die «Matière de Rome», beginnend mit dem Trojanischen Krieg, da ja der aus Troja geflüchtete Aeneas als Gründer Roms galt.

Den Perceval schrieb Chréstien de Troyes für «den trefflichsten Mann im Römischen Reich», den Grafen Philipp von Flandern, der übrigens von einer Pilgerreise eine Phiole mit dem Blut Christi nach Brügge mitbrachte. Das könnte ein Motiv gewesen sein, sich für den Gralsstoff zu interessieren. Der Gral gilt ja zumeist als ein Kelch oder eine Schale, in der Joseph von Arimatäa der Legende nach das Blut Christi aufgefangen habe. In einer anderen Version ist er die Abendmahlschüssel (zu Reliquien vgl. auch S. 184).

Den Stoff vom Gralssucher hat am Beginn des 13. Jahrhunderts Wolfram von Eschenbach († um 1220) übernommen und daraus eine der größten Dichtungen des deutschen Mittelalters gemacht. Parzival wächst abgeschieden von der Welt auf und tritt als «tumber Tor» in das ritterliche Milieu ein, das er erst langsam verstehen lernt. Bei seiner ersten Begegnung mit den Gralsrittern versäumt er, sich mitleidsvoll nach dem Befinden des Gralskönigs zu erkundigen. Daher muss er noch viele weitere Abenteuer bestehen, bis er reif ist, diesen zu erlösen und selbst König zu werden. Es ist eine Art mittelalterlicher Entwicklungsroman und noch heute lesenswert.

In einer Episode aus dieser Dichtung trifft Parzival Sigune, die ihren toten Geliebten im Schoß hat. Die Geschichte der Sigune wollte Wolfram noch ausbauen. Die davon erhaltenen Fragmente sind gerade wegen des Entwurfscharakters hochinteressant. In einem ersten Teil wird die Vorgeschichte zu Parzival erzählt. Dabei ist wichtig, zu sehen, dass die Tradition nicht nur über die Männer, sondern sehr deutlich auch über die Frauen weitervererbt wird. Sigune wächst bei ihrer Tante Herzeloyde, der Mutter Parzivals, auf und trifft dort den jungen Schionatulander. Die beiden empfinden noch halb kindliche Minne zueinander.

Im zweiten Teil befinden sich die beiden an einem Waldrand. Dort fängt der junge Mann seiner Freundin einen entlaufenen Hund mit einem wundersamen Halsband, auf dem eine Geschichte eingestickt ist. Während er in einem Bach fischt, beginnt sie diese Geschichte zu lesen, aber plötzlich entläuft ihr der Hund. Sie schickt ihren Freund auf die Aventüre, das Abenteuer, den Hund wieder zu fangen, damit sie weiterlesen könne. Im Verlauf dieser Aventüre aber findet Schionatulander den Tod.

Diese nach dem Vorfahren der Gralskönige benannten «Titurel-Fragmente» hat dann in den 60er Jahren des 13. Jahrhunderts ein Albrecht – wohl nicht, wie man früher meinte, der von Scharfenberg – zu einem umfassenden Gralswerk ausgebaut, das man den «Jüngeren Titurel» nennt. Dieser Text galt lange Zeit ebenfalls als Werk Wolframs und war recht beliebt, ist aber für Laien heute schon wegen seiner Länge weniger zugänglich.

Ebenso komplex, aber kulturgeschichtlich höchst wertvoll, ist ein großer Prosazyklus, der sich um die Abenteuer Lancelots, des Geliebten Ginovers, der Frau des Königs Artus, dreht. Dieses Kompendium entstand in Frankreich im ersten Drittel des 13. Jahrhunderts und wurde bald danach schrittweise ins Deutsche übersetzt. Abgesehen von der Gralshandlung ist das Grundmotiv der Lancelot-Geschichte hochinteressant: Es geht um die Liebe des Helden zu seiner Königin, die schließlich auch ihre körperliche Erfüllung findet. Chréstien hat seinen Lancelot-Roman von dieser «unmöglichen» Liebe nicht selbst fertiggeschrieben.

Schon im Kontext der Fresken (S. 71) wurde ein Thema erwähnt, das Hartmann von Aue († 1210/20) verwendet hat: Iwein. Dieses Werk folgt, wie viele der Ritterromane, einem doppelten «Cursus», also Kreislauf: Im ersten Teil erringt der Held eine Frau, Königin Laudine. Dann aber macht er sich ihr gegenüber schuldig und wird vorübergehend verrückt. Im zweiten Teil folgt die Bewährung in vielen edlen Abenteuern bis zur Wiedervereinigung des Paares.

Die heimliche Heldin dieser Dichtung ist aber die Dienerin der Königin, Lunete. Sie renkt mit ihrer Klugheit immer wieder ein, was schief zu laufen drohte. Besonders diese Figur macht die Dichtung, in der König Artus erstaunlich aktiv ist, höchst lesenswert.

Táin – Rinderraub

Wirklich in die keltische Vergangenheit führt das große irische Prosa-Epos vom Rinderraub, «Táin Bó Cúailnge» (gesprochen etwa *kūlnje*), eine Zusammenstellung verschiedener Einzelerzählungen, die sich um einen Krieg zwischen den irischen Ländern Connacht und Ulster ranken. Königin Medb (gesprochen etwa *meiv*) von Connacht hat genauso viel Vermögen wie ihr Mann, nur ein wunderbarer Stier fehlt ihr, und den will sie bei den Nachbarn rauben lassen. Ulster wird verteidigt vom Helden Cú Chulainn. Einige Motive der Weltliteratur, vom Hildebrandslied (S. 73) bis zu Shakespeares «Sommernachtstraum», tauchen hier zum ersten Mal auf. Manche Wurzeln des Dichtungszyklus reichen bis in die irische Frühzeit zurück. Wer dieses kulturgeschichtlich ungemein wertvolle Werk lesen möchte, möge dies in der englischen Übersetzung tun, denn die deutsche geht nicht auf den irischen Originaltext, sondern auf die englische Übersetzung zurück.

Nibelungenlied

Einige der historischen Hintergründe des Nibelungenliedes führen ebenfalls ins frühe Mittelalter. Brunichildis († 613) war die Tochter des Westgotenkönigs Athanagild und Frau des Merowingerkönigs Sigibert I. Sie hatte scharfe Auseinandersetzungen mit einer anderen Merowingerkönigin, Fredegunde, konnte für ihren unmündigen Sohn Childebert die Nachfolge durchsetzen und regierte noch für ihre Enkelkinder. Sie war mächtig, gefürchtet und wurde zuletzt grausam ermordet. Möglicherweise stand sie Patin für die Figur der Prünhilt, der *küneginne, gesezzen über sê*, der Meerkönigin, die der Burgunderkönig Gunther mit der heimlichen Hilfe von Siegfried gewinnt, was schließlich zu Streit und zum Tod Siegfrieds führt.

Es gibt eine Reihe nordischer Fassungen, die aber erst ab dem 13. Jahrhundert schriftlich aufgezeichnet wurden und von denen einige die donauländische Dichtung schon kannten, die unmittelbar nach der Wende vom 12. zum 13. Jahrhundert in Passau niedergeschrieben wurde. Diese Fassung eines unbekannten Autors hatte ihrerseits einen lateinischen Vorläufer.

Die Dichtung trägt einen irreführenden Titel, geformt nach dem Schluss einer der erhaltenen Textfassungen (mit der Sigle C bezeichnet), *daz ist der Nibelunge liet*. Die anderen schließen mit *daz ist der Nibelunge nôt*, das ist der Untergang der Nibelungen, was auch nicht ganz befriedigt: Die sagenhaften Nibelungen kommen in dieser Dichtung kaum vor. Die Burgunder gehen am Hofe Etzels (historisch Attila, † 453) unter, was wiederum als später Reflex des Unterganges eines Burgunderreiches im Jahre 437 gedeutet werden kann.

In den älteren Ausgaben beginnt das Lied mit den bekannten Versen: *Uns ist in alten maeren wunders viel geseit*, uns wird in alten Geschichten viel Wundersames berichtet. Das ist mittlerweile als Zusatz der Handschriftengruppe C erkannt. Die ursprüngliche Anfangszeile war vermutlich: *Es wuochs in Burgonden ein vil edel magedîn*, in Burgund wuchs ein sehr edles Mädchen auf, Kriemhilt nämlich. Noch in einer Handschrift des 14. Jahrhunderts, gefunden in der Burg Prunn im Altmühltal, steht über dem Text, der zwar mit den «alten Mären» beginnt, *Daz ist daz Būch Chreimhilden*, das ist das Buch Kriemhilt – und das entspricht dem Inhalt am besten, denn es geht vor allem um Kriemhilts Rache.

Die Frauen sind die Hauptfiguren, nicht die Männer, die einander reihenweise umbringen. Das zweite tragende Motiv ist das der Treue: Hagen tötet aus Treue den Helden Siegfried. Für viele Menschen des Mittelalters war Hagen eine positive Figur, sonst hätten sie nicht ihre Söhne nach ihm benannt. Obwohl er schon zu den älteren Respektspersonen zählt – *gemischet was sîn hâr mit einer grîsen varwe*, sein Haar war gemischt mit grauer Farbe (1731) –, ist er immer noch der stärkste Held. Die verschiedenen Treueverpflichtungen gegenüber den westlichen Königen einerseits und dem Hunnen Etzel andererseits bringen Rüdiger von Bechelâren (Pöchlarn, Niederösterreich) in schwierige Konflikte.

Ein interessantes Element in dieser Fassung ist der deutliche Bezug zu Passau, hat doch der vermutliche Auftraggeber Bischof Wolfger von Erla, der 1204 dann Patriarch von Aquileja wurde, einen seiner Vorgänger, Bischof Pilgrim († 991) in die Dichtung hinein verweben lassen, und zwar als Onkel der Kriemhilt. Zum Zeitpunkt, als das Lied entstand, war wieder einmal im Gespräch, aus dem Bistum Passau ein Erzbistum zu machen. Das hatte schon jener Pilgrim zu erreichen versucht.

Kudrun

Auf noch eine Dichtung, in deren Zentrum eine bedeutende Frau steht, ist hinzuweisen: Das vermutlich eine Generation nach dem Nibelungenlied ebenfalls im Donauraum entstandene Epos über Kudrun. Die einzige Überlieferung des Kudrunliedes stammt aus dem Ambraser Heldenbuch, das im Auftrag von Kaiser Maximilian am Beginn des 16. Jahrhunderts vom Zöllner Hans Ried zusammengestellt wurde.

In den ersten beiden Teilen geht es um die Vorgeschichte mit verschiedenen abenteuerlichen Brautwerbungen. Im dritten und Hauptteil weist der Vater Kudruns alle Werber ab. Einer der Werber erzwingt schließlich die Heirat, die aber erst nach einem Jahr vollzogen werden soll. Inzwischen wird Kudrun von einem weiteren Bewerber entführt. Sie widersteht schweren Drohungen und Demütigungen und wird schließlich befreit. Man fand in Kairo eine thematisch verwandte Erzählung, den «Dukus Horant» aus dem 14. Jahrhundert in hebräischen Lettern.

Wir finden also am Übergang vom Ersten zum Zweiten Mittelalter in der erhaltenen Dichtung zwei große Frauenromane vor. Das passt zur Minnethematik und sollte dazu führen, dass die Frauenfiguren in den anderen Dichtungen mehr Beachtung fänden. Das Publikum um 1200 konnte offenbar mit den Figuren starker, aktiver Frauen etwas anfangen. Die Lektüre der Geschichtswerke ergibt, dass es solche Persönlichkeiten in der Oberschicht wirklich gab; sie wurden anerkannt und manchmal gefürchtet.

Tristan

Herausragende Frauenfiguren finden sich auch in einem der wohl berühmtesten Stoffe, jenem von Tristan und Isolde, am besten bekannt durch die Dichtung Gottfrieds von Straßburg. Wie im Lancelot-Zyklus geht es um «unmögliche» Liebe. Im ersten Teil wird von Herkunft und Kindheit Tristans erzählt. Seine Geburt trägt den Makel, dass er von seinen Eltern schon vor der Ehe gezeugt wurde. Sein Vater stirbt noch vor, seine Mutter bei seiner Geburt. Sein Name wird darum mit dem lateinischen *tristis*, traurig, in Verbindung gesetzt. Er wird vom Marschall seines Vaters aufgezogen, dann von Kaufleuten entführt und kommt schließlich an den Hof seines Onkels Marke, der sich in die schöne Gestalt des wohlerzogenen Jünglings buchstäblich «verschaut».

Dieser homoerotische Aspekt ist neben der unmöglichen Liebe das zweite Grenzerlebnis dieser Geschichte. Schließlich mahnen die Höflinge König Marke, endlich zu heiraten, und Tristan wird für seinen Onkel zur Brautwerbung um Isolde ausgeschickt. Deren gleichnamige Mutter gibt ihrer Tochter sicherheitshalber einen Liebestrank mit, damit die Ehe gut begänne. Tristan und Isolde trinken ihn jedoch auf der Rückfahrt zu Marke versehentlich. Tristan begeht einen doppelten Treuebruch: nicht nur, dass er mit der künftigen Frau eines anderen Mannes schläft, dieser ist noch dazu sein Lehensherr. Mit vielerlei Listen halten sie ihre Beziehung aufrecht, bis sie schließlich in einer sagenhaften Liebes-

Abb. 10: Tristan-Teppich aus Wienhausen, 13./14. Jh.,
Ausschnitt (Tristan im Bad bis zur Überfahrt mit Isolde; der mittelniederdeutsche Text bezieht sich nur auf die erste Szene: DO BADDE SE ENE;
VRV ISALDE HELT DAT SVERT • BANIELE DUOCH ENE,
da badete sie ihn; Frau Isolde hält das Schwert. Brangäne wusch ihn.)

grotte landen. Der Roman Gottfrieds blieb Fragment, das noch im 13. Jahrhundert zwar romantisch, aber eher unbeholfen «fertiggedichtet» wurde.

Der Tristan-Stoff, von dem vermutet wird, dass er aus keltischem Erzählgut stammt, war im Mittelalter außerordentlich beliebt. Er gehört zu jenen Themen, von denen wir am meisten mittelalterliches Bildmaterial erhalten haben. Von derartigen Fresken in der «Bilderburg» bei Bozen war bereits die Rede (S. 70 f.). Es gibt außerdem mehrere Tristan-Teppiche. Alleine im ehemaligen Zisterzienserinnenkloster Wienhausen (Niedersachsen) erhielten sich deren drei. Der älteste vom Anfang des 14. Jahrhunderts zeigt zwischen den Bildzeilen Wappenfriese, so wie die erwähnten Wandmalereien mit dem Neidhart-Thema (S. 71 f.).

Wie in Wolframs «Parzival» und Chréstiens «Lancelot» gibt auch dieser Stoff Gelegenheit, einerseits die Ideale der höfischen Gesellschaft ausführlich zu schildern – weshalb man bei der Lektüre darüber mehr lernt als aus manchem Lehrbuch –, aber alle drei Dichter zeigen zugleich die Grenzen und die Brüchigkeit des Systems, indem sie die Handlung auf die Spitze treiben.

Chréstien hat zudem noch einen lesenswerten «Anti-Tristan» namens Cligès geschrieben, in dem sich die Heldin Soredamor zunächst keinem der beiden Männer hingibt, weder dem aufgezwungenen Ehemann noch dem Geliebten: Ihre Hofdame bereitet ihr einen Trank, der ihrem Mann nur vorspiegelt, mit ihr die ehelichen Freuden zu genießen. Sie muss erst einen Scheintod sterben, ehe sie sich mit ihrem Geliebten vereint.

Herrscherkritik

Ein weiterer Aspekt fällt bei diesen großen Themen auf: Die Könige kommen nicht besonders gut weg. Es steckt in diesen Darstellungen eine beachtliche Portion Herrscherkritik. Das mag damit zu tun haben, dass ihr eigentliches Publikum nicht die Herrscher selbst, sondern die Adeligen gewesen sind, die ihre politische Bedeutung gespiegelt sehen wollten.

Übrigens kam selbst die Gestalt Karls des Großen, die in der politischen Theorie eine so bedeutende Rolle spielt, nicht zu herausragenden dichterischen Ehren, vom Rolandslied abgesehen, dessen Hauptgestalt aber sein Paladin ist, der Markgraf zur Bretagne: Beim Rückzug Karls des Großen aus Spanien gerät dessen Nachhut unter Roland in einen Hinterhalt und verteidigt sich heldenhaft. Die mittelhochdeutsche Version des französischen «Chanson de Roland» (um 1100) stammt von einem Dichter, der sich Konrad der Pfaffe nennt (um 1170). Aus dem 14. Jahrhundert gibt es noch eine nicht besonders bedeutende niederländische Zusammenstellung von Geschichten über den großen Kaiser, genannt «Karlmeinet».

Dietrich von Bern

Eine ganz eigentümliche Sagengruppe des Ostalpenraums rankt sich um die Gestalt des Gotenkönigs Theoderich († 526), in den Sagen Dietrich von Bern genannt. Im Mittelpunkt steht aber nicht der mächtige Herrscher in seiner historischen Gestalt, sondern ein armer Dietrich im Exil. Die Verschriftlichung erfolgte erst im

13. Jahrhundert, so dass uns mit Ausnahme des Hildebrandsliedes die gesamte ältere Tradition verloren ist. Wann die Ausstattung der Sage mit Drachen, Riesen und Zwergen – am bekanntesten ist der Zwerg Laurin – erfolgte, wissen wir daher nicht. Wie prominent die Sagengestalt gewesen sein muss, zeigt sich unter anderem darin, dass Dietrich von Bern am Schluss des Nibelungenliedes auftritt. Auf den Fresken außen an der Burgkapelle von Hocheppan in Südtirol dürfte er die «Wilde Jagd» angeführt haben.

Antike, Rom und Orient

Das Interesse an Stoffen aus der Antike war sehr groß und wurde nicht nur in der lateinischen Literatur gepflegt. Hier sei nur auf einige Beispiele hingewiesen.

Eines ist der Eneas-Roman Heinrichs von Veldeke († gegen 1200), die Übertragung eines anglonormannischen «Roman d'Eneas», der seinerseits selbstverständlich auf das antike Epos des Vergil († 19 v. Chr.) zurückgeht. Die mittelalterlichen Autoren haben vor allem die Frauengestalten interessiert: so die karthagische Königin Dido, die von Aeneas auf göttliches Geheiß wieder verlassen wird und die deshalb Selbstmord begeht, und die italische Prinzessin Lavinia, Tochter des Königs Latinus, die bei Vergil nur eine Nebenfigur ist. Am Paar Lavinia und Eneas, die schließlich miteinander glücklich werden und heiraten, wird das ganze Programm der Minne ausgeführt.

Ein zweites Themenfeld stellen die mittelalterlichen Alexander-Dichtungen dar. Aus diesem antiken Helden wird ein vorbildlicher Ritter, dem Aristoteles als sein Erzieher ausführlich erklärt, wie man sich als solcher zu verhalten habe. Die Gestalt Alexanders ist zwiespältig: In einigen Versionen ist er gewalttätig und trinkt. Aus jüdischem Erzählgut wird die Legende übernommen, er habe das irdische Paradies gesucht, sei aber dort abgewiesen worden. In anderen Versionen wird Alexander zur vorbildlichen Herrschergestalt.

Die erste Verarbeitung des Stoffes stammt vom Pfaffen Lamprecht (um 1150), der sich am provençalischen «Roman d'Alexandre» orientierte. Ein Jahrhundert später dichtete Rudolf von Ems (Hohenems in Vorarlberg) einen Alexanderroman, der allerdings nach 21 000 Versen unvollendet abbricht. Für den Böhmenkönig Ottokar II. Přemysl dichtete Ulrich von Etzenbach 1285 ein Alexander-Epos.

Schon das Alexander-Thema führt in den sagenhaften Orient. Diesem widmeten sich viele mittelalterliche Dichter ganz oder teilweise in ihren Erzählungen. Gahmuret, der Vater Parzivals, reist zuerst in den Orient und findet dort eine schwarze Frau, mit der er ein geschecktes Kind bekommt, das später Aufnahme in die Gralsritterschaft findet. Mit seinem Helden Willehalm führt Wolfram von Eschenbach seine Zuhörer noch einmal in den Osten. Willehalm entführt von dort seine geliebte Frau Arabel. Aus beiden Romanen geht eine erstaunliche Toleranz des Dichters gegenüber islamischen Adeligen hervor.

Außerdem gibt es eine große Zahl an phantastischen Reiseromanen, die offenbar großes Interesse fanden. Aus den vielen Szenen und Werken seien hier wieder exemplarisch ein paar herausgegriffen.

Noch in das 12. Jahrhundert datiert man eine in Bayern entstandene Geschichte über die Brautwerbung König Rothers um die Tochter des oströmischen Herrschers Konstantin. Es haben sich zwar nur eine Handschrift und ein paar Fragmente erhalten, aber ab dem 13. Jahrhundert gehört König Rother zum Reigen der berühmten Helden, wenn solche aufgezählt werden.

Wer erwartet, darin etwas über Byzanz, wenigstens die westliche Sicht, zu erfahren, wird enttäuscht, obwohl mit den Ehen Bertas von Sulzbach, die Kaiser Manuel I. († 1180) heiratete, und Theodoras, der Frau des Babenbergers Heinrich II. († 1177), wechselseitige Verbindungen auch außerhalb der Kriegszüge der Kreuzfahrer dokumentiert sind. Außerdem führten die bayerischen Andechser, auf die es einige Hinweise in der Dichtung zu geben scheint, den Titel «Herzog von Meranien», womit man damals etliche Länder an der Ostküste der Adria meinte. Sie waren also fast «Nachbarn» des Byzantinischen Reiches. Man müsste dementsprechend in Teilen der mitteleuropäischen Oberschicht Kenntnisse der byzantinischen Verhältnisse vermuten. Aber der «König Rother» bleibt ein märchenhafter Roman, der wohl im Laufe seiner mündlichen Weitergabe zahlreiche Umformungen erlebt hat.

«Der guote Gerhart» des schon genannten Rudolf von Ems († 1254) ist ein Kölner Kaufmann, den es auf eine abenteuerliche Reise verschlägt. Demut und Klugheit des Bürgers werden ganz bewusst der höfischen Welt gegenübergestellt. Noch abenteuerlicher sind «Leben und Abenteuer des großen Königs Apollonius von Tyrus» vom Wiener Arzt Heinrich von Neustadt, um 1300 entstanden. Der Roman wurde, so heißt es im Text mehrfach, in Teilen vorgelesen. Es gibt illustrierte Handschriften davon aus dem 15. Jahrhundert.

Das Orientbild der meisten mittelalterlichen Autoren ist ungefähr so realistisch wie das eines Karl May. Auch viele Berichte von Kreuzfahrern, Pilgern und Händlern scheinen den «Touristenblick» zu repräsentieren, der nur wahrnimmt, was man ohnehin schon kennt oder erwartet. Die Stärke dieser Thematik dürfte in der Möglichkeit zur Projektion von Wünschen, Träumen und Sehnsüchten gelegen sein, angeregt durch die Luxusgüter, die aus dem Orient importiert worden sind. Insofern ist sie kulturgeschichtlich doch sehr interessant.

Geistliche Dichtung

Abschließend sei ein Blick auf die volkssprachliche Bildungsliteratur geworfen. Auch hier handelt es sich zuerst um Vortrags-, später um Lesetexte, wobei in der Praxis anzunehmen ist, dass aus den umfangreichen didaktischen Werken der Spätzeit nur Ausschnitte von Lehrpersonen vorgelesen worden sind.

Geistliche Literatur ist schon sehr früh überliefert, was auch damit zu tun hat, dass solche Themen in den Klöstern eine weit größere Chance auf Verschriftlichung und Aufbewahrung hatten als weltliche Texte. Eine erste Gruppe entstand im Zuge der karolingerzeitlichen Mission, wie das Evangelienbuch Otfrids von Weißenburg († 875). In der lateinischen Widmung dieser Dichtung hadert der Autor damit, wie schwer es sei, eine unkultivierte Sprache zur Schrift zu bringen. Was herauskam, ist nicht die Wiedergabe einer gesprochenen Sprache, sondern eine Kunstsprache, die sich eignete, von Sprechern verschiedener regionaler Dialekte verstanden zu werden.

Besonders interessant ist dabei, wie die biblische Welt an das Verständnis seiner Zeitgenossen angepasst und dafür umgewandelt wird und welche Fachbegriffe dabei verwendet werden. Daher sind geistliche Dichtungen oft wichtige Quellen für die frühmittelalterliche Kultur und Verfassung. Die im 9. Jahrhundert entstandene altsächsische Bibeldichtung «Heliand» bezeichnet z. B. Pilatus als *iro hêrron bodo fan Rûmuburg* (5125 f.), des Herrn Bote von Romburg. «Bote» ist in diesem Fall der karolingische «Missus dominicus», der Herrenbote; der «Herr» ist der Kaiser.

Nach und nach entstand ein Repertoire geistlicher Dichtungen, das in einer modernen Ausgabe für das 11. und 12. Jahrhundert drei große Quartbände füllt. Dieses war meist für Klosterinsassen, die kein Latein beherrschten, konzipiert, wurde aber auch für die Laienbildung verwendet. Dadurch können wir verfolgen, wie sich die deutsche Sprache verfeinerte, lange bevor wir weltliche Texte erhalten haben.

Diesem Zwischenfeld verdanken wir die Zeugnisse einer der ältesten Dichterinnen in deutscher Sprache, Frau Ava, die ihre Texte im Auftrag ihrer beiden Söhne – wohl Geistliche – um 1120 verfasste. Darunter befindet sich auch eine Sittenlehre ihres eigenen adeligen Standes:

Sô wirdet der vil guot rât, die die werlt gezogenlîchen hânt,	So sind die gut beraten, die die Welt in anständiger Weise besitzen,
die gotes nie vergâzen, dô si ze wirtscefte sâzen.	die Gott nie vergaßen, wenn sie beim Festmahl saßen.
doch wil ich iu sagen da bî, wie der leben sol getân sîn.	Doch will ich euch dabei sagen, wie man leben soll:
Si sulen got minnen von allen ir sinnen, von allem ir herzen, in allen ir werchen.	Man soll Gott lieben von ganzem Herzen, in allen Taten,
si sulen wârheit phlegen, ir almuosen wol geben,	man soll die Wahrheit achten, ordentlich Almosen geben,
mit mâzen ir gewant tragen,	sich nicht übertrieben kleiden, eine
mit chûske ir ê haben,	anständige Ehe führen,
bescirmen die weisen, die gevangen lôsen.	die Waisen beschirmen, die Gefangenen auslösen,
si sulen den vîanden vergeben, gerihtes âne miete phlegen,	den Feinden vergeben, bei Gericht keine Bestechung annehmen,
den armen tuon gnâde, die ellenden vâhen.	zu den Armen gnädig sein, die Fremden aufnehmen,
si sulen ze chirchen gerne gên. bîhte unde buoze bestên.	gerne zur Kirche gehen und sich der Beichte und Buße unterziehen.
Swer niht vasten nemege, der sol sîn almuosen geben.	Wer nicht fasten kann, soll wenigstens Almosen geben.

Ava, Das jüngste Gericht vv. 195–226

Besonders für geistliche Frauen, von denen weniger als bei den Männern lateinische Bildung zu erwarten war, wurden spirituell und sprachlich hoch stehende Texte verfasst, z. B. das St. Trudperter Hohelied, wohl für Nonnen des steirischen Klosters Admont. Im sogenannten Nonnberger Gebetbuch wird das Jesuskind angerufen: «O Herr, der Du Deine Mutter angelächelt hast …» Die geistlichen Frauen werden also in ihrer Spiritualität ernst genommen, aber man kommt auch ihrer Emotionalität entgegen, zumal gerade in Admont etwa ein Drittel erst in fortgeschrittenem Alter, nach dem «Familiendienst», eingetreten ist.

Der schon öfter genannte Rudolf von Ems mag nicht der größte Dichter gewesen sein, repräsentiert aber mit seinen Werken am besten das Interesse der Adelswelt, für die er schreibt, in seinem Fall der Grafen von Montfort. Wie erwähnt (S. 71), hat er auch einen Roman mit geistlichem Inhalt geschrieben. Der Stoff der Dichtung «Barlaam und Josaphat» hat eine lange Geschichte und geht – was Rudolf sicher nicht bewusst war – letztlich auf Buddha-Legenden zurück. Inhalt ist die Bekehrung eines heidnischen Prinzen durch einen Mönch gegen die Widerstände seines Vaters. Das für uns heute recht langweilige Epos scheint wegen der ausführlichen Darstellung der christlichen Lehre im orientalischen Ambiente recht beliebt gewesen zu sein.

Eine rührende Nachdichtung apokrypher biblischer Geschichten – d. h., dass sie zwar wegen ihres erbaulichen Charakters geschätzt wurden, aber nie als lehrhafte Verkündigung anerkannt wurden – hat der Ministeriale Konrad von Fussesbrunn (Feuersbrunn, nördlich der Donau auf halbem Weg zwischen Krems und Tulln) geschaffen. Das Heilige Paar kommt auf der Flucht nach Ägypten durch das niederösterreichische Weinviertel, und dabei geschehen kleinere und größere Wunder. Für uns ist diese Dichtung ungemein wertvoll, weil zahlreiche kulturgeschichtliche Details einfließen. Auf ihrem Hinweg kann der Gastgeber die Heilige Familie – die er zunächst ausrauben wollte – nicht in der Burg bewirten, weil sie dafür zu klein ist, sondern man richtet das Mahl im Obstgarten aus, der schon dafür vorbereitet ist. Der Jesus-Säugling wird gebadet und plantscht dabei. Der Schaum erweist sich als heilsam und macht die Kleinadelsfamilie wohlhabend, so dass auf dem Rückweg das Fest für die Gäste schon repräsentativer ausfallen kann.

Geschichtsdichtung und didaktische Literatur

Von der geistlichen Dichtung zur Weltgeschichte ist der Weg nicht weit, denn die meisten historischen Dichtungen beginnen mit der biblischen Geschichte. Die «Kaiserchronik» aus der Mitte des 12. Jahrhunderts setzt erst, dem Titel entsprechend, mit den römischen Kaisern ein. Hingegen geht die «Weltchronik» des Rudolf von Ems über den Tod des biblischen Salomon nicht hinaus. Dennoch sind über 100 Handschriften davon erhalten, darunter viele illustrierte.

Das früheste bekannte didaktische Werk stammt vom Friulaner Thomasin von Zerklaere: «Der welsche Gast» ist in den meisten Handschriften sorgsam illustriert, so dass man davon ausgehen kann, dass ein lesendes Publikum sowohl durch den Text als auch durch die Bilder – vielleicht mit Hilfe eines Meisters – belehrt werden sollte. In nur zehn Monaten hat Thomasin über den Winter 1215/16 die fast 15 000 Verse geschrieben und wollte damit nicht zuletzt die Reformgedanken des 4. Laterankonzils von 1215 unter Papst Innocenz III. unter die Leute bringen.

Um 1300 entstand das umfangreiche Werk Hugos von Trimberg († nach 1313), «Der Renner», das trotz seiner Länge von fast 25 000 Versen recht weite Verbreitung fand, ebenfalls vielfach illustriert wurde, aber wohl eher auf den Regalen der Lehrer zu suchen war als im Gebrauch der Schüler. Mit seinen Sittenlehren zu allen Lebenslagen beschäftigen sich heute nahezu nur noch kulturgeschichtlich interessierte Fachleute.

«Bauern»-Satiren

Zum Abschluss sei eine Gruppe von Dichtungen vorgestellt, die sich vordergründig mit der «Unkultur» der Bauern beschäftigt. In dieser Ecke begegnen wir dem «Popstar» der deutschen Dichtung: Neidhart, genannt «von Reuental», war ungemein erfolgreich. Er dichtete in der ersten Hälfte des 13. Jahrhunderts, zum Teil im Umfeld des letzten Babenberger Herzogs von Österreich, Friedrichs II., deftige Lieder von der Liebeskonkurrenz zwischen Bauern und Adeligen. Noch Jahrhunderte nach ihm wurden ähnliche Lieder in seinem Namen verfasst.

Abb. 11: Holzschnitt aus einem Neidhart-Schwank, Augsburg 1491/97 (z): Die Herzogin findet statt des versprochenen Veilchens einen Dunghaufen.

Die zahlreich erhaltenen Illustrationen zu Neidhart-Themen (vgl. S. 71 f.) zeigen ebenfalls ihre Popularität. Es wurden Neidhart-Tänze veranstaltet und Neidhart-Schwänke aufgeführt. Im bekanntesten geht es darum, dass Neidhart das erste Veilchen im Frühling findet und es seiner Fürstin zeigen will, die Bauern aber, während er den Fund am Hof meldet, einen Dunghaufen an die Stelle des Veilchens platzieren. Mit den «Bauern» aber werden wohl Adelige vom Land karikiert, über die sich die Höflinge und Städter lustig machten.

Dasselbe gilt für die Bauern des Konstanzer Beamten der bischöflichen Justizbehörde, Heinrich Wittenwiler. Mit seiner Satire, genannt «Der Ring», hat er Konstanzer Bürger aufs Korn genommen. Einer breiteren Öffentlichkeit zugänglich wurde das Werk wohl nie, und es ist zu vermuten, dass Heinrich die Arbeit mit Beginn des Konstanzer Konzils 1414 abgebrochen hat.

In zwei Versionen ist uns das berühmte und lesenswerte Buch von Wernher dem Gärtner, Helmbrecht, überliefert, das aus dem dritten Viertel des 13. Jahrhunderts stammt. Die eine Version hat wohl – den genannten Ortsnamen nach zu urteilen – ursprünglich

Adelige aus dem oberösterreichischen Traungau amüsiert, die andere, deren Text in das genannte Ambraser Heldenbuch (S. 80) Eingang fand, den Hof des Herzogs von Niederbayern in Landshut. Der Sohn eines wohlhabenden Bauern versucht, sich ritterlich zu benehmen, wird aber bloß zum Räuber. Der Text steht der gesellschaftlichen Realität sehr viel näher als die beiden anderen genannten Satiren. Die Bauern an sich, soweit sie sich in das gesellschaftliche Rollenschema fügen, kommen gar nicht so schlecht weg. Andererseits aber werden Elemente der Adelskultur gekonnt und auf eine Weise hervorgehoben, die nur Gebildete nachvollziehen konnten. Der Autor spart dabei nicht an Kritik am Sittenverfall: *Swer liegen kan, der ist gemeit, triegen, daz ist hövescheit*, wer lügen kann, der freut sich des Lebens, Betrug, das ist Hofkultur (1007 f.).

Vermittlung und Publikum

Es ist Winter im Norden Frankreichs, und es stürmt und regnet fürchterlich. Der junge Graf Arnold von Guînes sitzt wegen des Unwetters schon zwei Tage in Ardres, wenig südlich von Calais, mit seinen Gefolgsleuten fest. Darunter sind einerseits junge Leute, mit denen er Spaß hat, aber auch alte, die ihm von Aventüren, Geschichten und Geschichte erzählen. Man hat schon alle Themen durch, von den römischen Kaisern und den Kreuzfahrern bis zu Roland, Tristan und König Artus.

Jetzt will der junge Graf Geschichten von jenen Vorfahren hören, die Stadt und Kloster Ardres gründeten. Einer seiner *familiares*, Vertrauten, ein alter Mann, legt die rechte Hand an den Bart, streicht darüber, hebt an zu erzählen, wie er es von seinen Verwandten gehört habe, und das Heulen des Windes lässt nach: *Fuit quidam* ..., es war einmal einer ... Der fiktive Erzähler in der von Lambert von Ardres († nach 1203) verfassten Chronik ist selbst angeblich ein illegitimer Spross dieses Hauses.

Der Vater des Grafen Arnold, der den flandrischen Traditionsnamen Balduin trug († 1205), war ein bemerkenswerter Mann gewesen. Er war nicht nur klug (*prudens*) in weltlichen Dingen, Ratgeber des französischen wie des englischen Königs und ein leidenschaftlicher Jäger, nicht nur nach Schürzen, sondern auch weise (*sapiens*). Er war Laie und *illiteratus*, ging also wie Wolfram von Eschenbach nicht selbst mit Geschriebenem um (vgl. S. 72). Er hatte daher kaum eine Ahnung von den *artes liberales*, den Künsten der Freien (S. 99), wie sie in den Schulen und Universitäten gelehrt wurden. Aber er war für Kleriker, die ihn sehr respektierten, ein interessierter Zuhörer und Gesprächspartner. Von ihnen, heißt es in der Chronik, nahm er das Gotteswort auf und ihnen teilte er im Gegenzug mit, was er von den Erzählern an weltlichen Liedern hörte.

Diese Geschichte ist die lebendigste Schilderung der mittelalterlichen Adelskultur, die sich erhalten hat. Zu den Themen, die Adeligen vorgetragen wurden, gehörte also die Geschichte der eigenen Familie. Die Genealogie hatten sie vermutlich schon als Kinder auswendig gelernt. Dann folgt die «große» Geschichte von Herrschern und Heroen. Geistliche machten sie mit den wichtigsten Inhalten des Christentums vertraut. Diese Geistlichen wiederum bekamen ihrerseits die weltlichen Geschichten zu Gehör und nicht selten den Auftrag, sie zu bearbeiten und aufzuzeichnen, wie es z. B. mit dem Zyklus des Prosa-Lancelot (S. 77) geschah.

Eine Kulturlandschaft in der Provinz

Nun könnte man fragen, wie repräsentativ dieser Beleg für andere Teile Europas sein kann. Immerhin stammt er aus einer Region, die ein politisches und ökonomisches Drehkreuz der damaligen Zeit darstellte. Bei der Beantwortung helfen uns Bilder auf den Burgen weiter. Ein Fund aus jüngster Zeit ist besonders aussagekräftig.

In einem winzigen Nest namens Winkl in Niederösterreich stehen bei Kirchberg am Wagram die Überreste der namengebenden Burg der Herren von Winkl. Diese Familie spielte im 12. und

13. Jahrhundert recht erfolgreich in der Politik auf mittlerer Ebene im Kernland des österreichischen Herzogtums mit, so wie die Grafen von Guînes in ihrem Beziehungsgeflecht zwischen den Grafen von Flandern, den englischen und den französischen Königen.

Dort wurden an der Außenseite der ehemaligen Burgkapelle Freskenreste entdeckt: eine recht gekonnte Darstellung des Sündenfalls und eine Reiterfigur, die, wie man heute nur mehr in ultraviolettem Licht erkennt, einen Pfeil in der Ferse stecken hat, also nur ein Bild des Achilles sein kann. Dieser entführt auf dem Fresko gerade eine kaum mehr erkennbare Frauenfigur, wohl Chryseis. Diese Entführung hat in der antiken Sage über das Heer der Griechen vor Troja furchtbares Unglück gebracht.

Die Fresken werden auf den Anfang des 13. Jahrhunderts datiert, und zu diesem Zeitpunkt gibt es weit und breit keine deutsche Fassung der Trojaner-Sage. Zwar hat einer der Herren von Winkl an einem Kreuzzug teilgenommen. Aber es ist eine Sache, unterwegs unbekannte, aufregende Geschichten zu hören, und eine andere, einem Künstler den Auftrag zu geben, eine Szene daraus an die Wand zu malen. Der Künstler hat Achilles nicht zum Ritter gemacht, sondern ihn antikisierend gestaltet, mit nacktem Oberkörper. Im Unterschied zu den Figuren von Adam und Eva, die routiniert gezeichnet sind, musste er bei dieser Szene mehrfach herumprobieren – die Vorzeichnungen sind heute sichtbar –, besonders beim fliehenden Pferd, bis er und der Auftraggeber hinreichend zufrieden waren. Damit ist die bewusste Intention für diesen Auftrag noch einmal unterstrichen. Wenn man sich so ein Motiv an die Außenwand einer Burgkapelle malen lässt, will man damit repräsentieren, d. h., man denkt an ein Publikum, das ein solches Bildprogramm zu schätzen weiß.

Es fügen sich weitere erhaltene Quellen wie Puzzlesteine zum Bild einer lebendigen Bildungslandschaft: Wir treffen in dieser Region, unweit von Winkl, jenen Adeligen namens Konrad, der die Kindheitsgeschichte Jesu nacherzählte (S. 89), donauaufwärts am Rande der Wachau in Krems steht die vielfältig ausgestaltete

Gozzoburg (S. 71), donauabwärts im Gerichtsort Tulln befand sich eine Dominikanerinnenkirche, die zwar nicht mehr erhalten ist, aber rekonstruiert werden konnte. Dort stand – wie in Straßburg – eine Statue Rudolfs I. von Habsburg an der Fassade. Im nahe Tulln gelegenen Zeiselmauer bekam am 10. November 1203 Walther von der Vogelweide das Geld für den Pelzrock (S. 48), und zwar von jenem Bischof Wolfger von Passau, an dessen Hof das Nibelungenlied aufgezeichnet wurde (S. 80). Damit kennen wir auch für dieses Lied einen der Publikumskreise, denn der Bischof wird auf seinen Visitationsreisen nicht bloß von Kirchendisziplin, Ökonomie und Politik gesprochen haben.

Etwa eine Tagesreise von diesem Raum entfernt wird im Waldviertel um 1200 eine Burg *de Aneschouwe* genannt, deren Name mit «Anjou» in Frankreich in Verbindung gebracht werden kann. Wie könnte man auf die Benennung nach einer so entfernten Gegend gekommen sein? *Anschewîn*, aus Anjou, ist der Vater Parzivals, Gahmuret (6, 27), und auf diesen scheint der Burgname anzuspielen.

Unterhalb des Stiftes Göttweig, gegenüber von Krems, zeigt man einen «Avaturm», wo vielleicht Frau Ava am Anfang des 12. Jahrhunderts ihre schönen geistlichen Lieder dichtete (S. 87f.). Um die Mitte des 12. Jahrhunderts schrieb Heinrich von Melk, am anderen Ende der Wachau, seine scharfe Zeitkritik in einer Mahnrede über den Tod, «Von des tôdes hugede», also *memento mori*, gedenke des Todes.

Am Ende des 13. Jahrhunderts geißelt ein unbekannter Dichter, für den man eine Zeit lang den Namen Seifried Helbling verwendete, in seinem «Kleinen Lucidarius» *des landes sit in Ôsterrîch*, die Sitten im Lande Österreich. Es ist durchaus angemessen, wenn man das 13. Jahrhundert als «Erntezeit» des Mittelalters bezeichnet, und diese kulturelle Ernte fand nicht nur an den großen Höfen der Könige und Fürsten statt, sondern auch bei den Adeligen auf dem Land. Aus diesem Kreis also kommen die Leute, von denen man sich am jungen Wiener Hof nicht ohne Neid absetzen wollte, indem man sie in den Liedern Neidharts als «Bauern» verspottete (S. 90f.).

Eine ähnliche Dichte an kultureller Rezeption könnte man wohl in vielen anderen Regionen Europas finden. Von Bischof Gunther von Bamberg († 1065) und seiner Umgebung heißt es z. B. in einem zeitgenössischen Brief: «Was aber macht unser Herr? ... O armes und bedauernswertes Leben eines Bischofs, o Sitten! Niemals lässt er Augustinus, niemals Gregor den Großen lesen, immer lässt er (über) Attila oder Amelung [Dietrich von Bern] oder etwas dergleichen vortragen.»

Im Zweiten Mittelalter wurde die Herstellung von Handschriften preisgünstiger. Das hat nicht nur mit einem durch bessere Bildungsmöglichkeiten vermehrten Interesse zu tun, sondern mit einer gewerblichen Produktion auch außerhalb geistlicher Institutionen. Durch den gestiegenen Fleischkonsum in den Städten wurden außerdem die Tierhäute für das Pergament billiger.

In weiten Kreisen der Bevölkerung wurde die Kultur weiterhin mündlich im Rahmen einer Vorlesekultur weitergegeben. Nur gelegentlich gelangten ihre Inhalte – z. B. in derben Schwänken, *fabliaux* – zu einer Niederschrift. Dennoch sind einige Tendenzen unübersehbar: Die Romane werden umfangreicher, aber oft – wie für ein minderjähriges Publikum – «gereinigt». Allerdings hat die Prüderie eine Kehrseite: Frauen sind zunehmend entweder ätherische Prinzessinnen oder Opfer von pornographisch dargestellter Gewalt.

Die große Künstlerin Christine de Pizan († 1430) protestiert gegen die misogynen Tendenzen des sehr weit verbreiteten «Roman de la Rose» von Guillaume de Lorris und Chopinel de Meun aus dem 13. Jahrhundert:

«So klagen die obgenannten Damen über so manche Gelehrte, die sie mit Tadel überhäufen, darüber Traktate verfassen, Reime, Prosa- und Versstücke und dabei ihre Sitten mit vielen Worten verleumden; ... In Versen sagen sie, Adam, David, Samson, Salomon und andere in Fülle wurden von Frauen von früh bis spät betrogen; und welcher

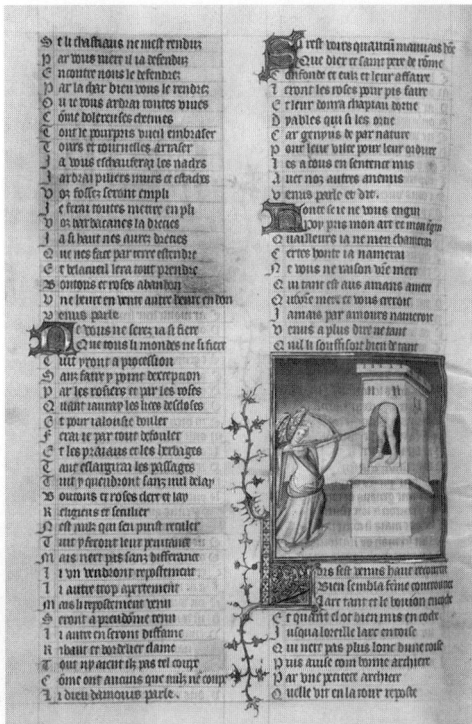

Abb. 12: Rosenroman, Venus greift «die Burg» an, ca. 1405. J. Paul Museum, Ludwig XV 7, fol. 129v.

Mann wird sich denn davor hüten können? Die einen sagen, viele Frauen seien trügerisch, misstrauisch, falsch und wertlos. Andere sagen, sie seien sehr verlogen, wankelmütig, unbeständig und leichtfertig. Andere wieder beschuldigen sie großer Laster und schmähen sie sehr, ohne irgendeine Nachsicht zu üben. Und so schreiben Gelehrte morgens und abends ihre Verse, einmal französisch, dann lateinisch und stützen sich auf wer weiß welche Bücher, die mehr Lügen von sich geben als ein Trunkenbold.»

Der besagte Roman beschäftigt sich, unter Aufwendung eines ungeheuren Bildungsballasts, mit nichts weiter als der Eroberung eines unschuldigen, anonym bleibenden Mädchens.

III Kirche und Kloster

Das Wort Kirche kommt vom spätgriechischen κυριακός [οἶκος] (kyriakós [oîkos]), [Haus] des Herrn. Theologisch war und ist Kirche aber vor allem eine Gemeinschaft von Menschen. Das sind, wie ein Prediger es ausdrückte, die lebendigen Steine, aus denen das himmlische Jerusalem gebaut wird. Menschen in ihrer Vielfalt prägen diese Gemeinschaft mit ihren Weltbildern, Vorstellungen, Wünschen und Träumen.

Kirche ist weiters eine Organisation und Institution. Als solche erhebt sie den Anspruch auf verbindliche Interpretation der heiligen Schriften und versteht sich als Hüterin der Moral. Ihre Funktionsträger gehörten der Oberschicht an. In der Welt des Lehenswesens waren Bischöfe und Äbte Herren über andere Menschen, so wie Adelige und Fürsten auch. Die weltlichen Herrscher benutzten bis zu einem gewissen Grad die Kirche zur Disziplinierung ihrer Leute. Die Konkurrenz um die Macht zwischen geistlichen und weltlichen Gewalten sowie das Streben um die Unabhängigkeit der Kirche führten im Mittelalter zeitweise zu schweren Konflikten, wie z. B. dem sogenannten Investiturstreit (11./12. Jh.). Den Namen hat diese Auseinandersetzung vom Streit um das Recht der «Investitur», wörtlich Einkleidung, der Einsetzung der Bischöfe.

Jeder Christ sollte wenigstens das Kreuzzeichen, das Glaubensbekenntnis und das Vaterunser beherrschen. Der Jahres-Festkreis der Kirche (S. 177) bestimmte weite Teile des Lebens aller Menschen. Von den biblischen Büchern kannten die meisten Gläubigen aber nur jene Auswahl, die zu den Messlesungen herangezogen und in den Predigten kommentiert wurde. Den Übersetzungen der Bibel, die in religiösen Bewegungen seit dem 12. Jahrhundert begonnen wurden (S. 144), stand der Klerus sehr skeptisch gegenüber: Man traute den Laien die selbstständige Interpretation der biblischen Texte nicht zu und fürchtete um die eigene Deutungshoheit.

Im Ersten Mittelalter waren vor allem Klöster die Pflegestätten der Gelehrsamkeit. Von dort kam ein großer Teil der Fachleute für die schriftliche Verwaltung an weltlichen und geistlichen Höfen. Nur zur Karolingerzeit gab es eine nennenswerte Hofschule. Das geistliche Personal eines Hofes gehörte zur Hofkapelle (S. 108).

Im 12. Jahrhundert gewannen die Domschulen an den bischöflichen Kathedralen an Bedeutung. Ab dem 11. und 12. Jahrhundert bildeten sich auch in einzelnen Städten aus Lehr- und Lerngemeinschaften die ersten Universitäten heraus. Am berühmtesten waren Salerno für die Medizin, Bologna für die Rechtswissenschaften und Paris für die sieben *Artes Liberales*, die Künste der Freien, d. h. im Mittelalter der Adeligen. Dazu gehörten Grammatik, Rhetorik und Dialektik (Argumentationstechnik) – das «Trivium» (Dreiweg, sozusagen die Grundausbildung) – und das «Quadrivium» (Vierweg), bestehend aus Arithmetik, (praktischer) Geometrie, Musik und Astronomie. Erst wenn man diese Fächer absolviert hatte, konnte man ein höheres Studium wie Theologie, Rechtswissenschaften oder Medizin angehen.

Die Räume

Kirchen und Klosterbauten geben uns – wie die Burgen – das Gefühl, der mittelalterlichen Kultur ganz nahe zu kommen. Aber auch an diesen Gebäuden ist, wie bei den Burgen schon angedeutet, die Zeit nicht spurlos vorübergegangen. Sie wurden immer wieder umgebaut, ihre Ausstattung wurde stark verändert, einzelne Bauelemente wurden neu interpretiert und neuen Funktionen zugeführt. Am stärksten umdenken müssen wir heute, wie bei den weltlichen Bauten, bei der Innenausstattung. Da gilt es, die Denkmäler neu lesen zu lernen.

Innenräume

Es gab, wie in orthodoxen Kirchen heute noch, seit der Spätromanik eine Trennung zwischen der Gemeinde im Kirchenschiff und den Geistlichen im Chor. Diese Trennung wurde oft durch ein prächtiges Architekturelement markiert, den Lettner, wie er z. B. im Naumburger Dom aus der Mitte des 13. Jahrhunderts noch wunderschön erhalten ist. Die Figuren innerhalb des Altarraumes lächeln verzückt, weil sie im Allerheiligsten stehen.

Vor dem Lettner stand in der Regel in der Mitte ein Laienaltar. Er war oft dem Kreuz geweiht (Kreuzaltar), daher bezieht sich der Figurenschmuck auf dem Lettner, der manchmal noch erhalten ist, häufig auf die Passion. Rechts und links davon führten Torbögen in den Chorbereich, durch die Geistliche feierlich aus- und einziehen konnten, darüber gab es eine Brüstung, von der aus gepredigt werden konnte. Erst mit der Barockisierung im 17. Jahrhundert wurden die meisten Lettner entfernt, einige aber fielen schon vorher.

Das zweite Ausstattungselement, das im Laufe der Zeit stark verändert wurde, ist die Bemalung. Sie wurde, je nach den Moden und dem jeweiligen Zustand, schon im Mittelalter mehrmals verändert. In der Romantik des 19. Jahrhunderts wurde die malerische Ausgestaltung des Mittelalters vielfach entfernt; an manchen Orten wurde aber auch eine neue Bemalung angebracht. Es ist oft nicht leicht, sich heute eine gotische Kirche völlig bunt vorzustellen. Sie würde vermutlich in unseren Augen fast kitschig anmuten. Die Statuen waren ebenfalls bemalt – wie die antiken übrigens auch. Adalbert Stifter († 1868) hat z. B. die Statuen des Kefermarkter Altars im oberösterreichischen Mühlviertel (spätes 15. Jh.) zwar gerettet, aber deren damals noch vorhandene Fassung wegnehmen lassen.

Die Figuren waren zumeist mit textilem Beiwerk, z. B. Baldachinen, geschmückt. Bei manchen Statuen sind diese Textilien auch in Stein nachgebildet. Die textile Ausgestaltung ging aber noch viel

Abb. 13: Naumburg an der Saale. Westlettner (13. Jh.)

weiter; sie ist nur mehr in mittelalterlichen Abbildungen zu sehen. Mit Wandbehängen und Vorhängen konnte man den Kirchenraum dem jeweiligen liturgischen Anlass anpassen. Im Gegensatz zu heutigen Kirchen gab es keine Bänke. Das Publikum stand oder kniete, nur die Geistlichen hatten ihr Gestühl, und ganz wenige Privilegierte durften Faltstühle verwenden. Sitzen zu dürfen, während andere standen, war ein Vorrecht, das nur wenige genossen.

Eine davon war die Äbtissin vom Salzburger Nonnberg-Kloster, der bei offiziellen Anlässen, z. B. Prozessionen, ein solches «Faldistorium» nachgetragen wurde, das heute noch erhalten ist (Abb. 14). Die erhaltenen Stücke waren aus kostbarem Material, weil sie ja als Herrschaftszeichen galten.

Sinn(en)-Räume

Menschen konnten in einer Kirche zugleich mehrere sinnliche «Räume» wahrnehmen, nicht bloß das architektonische Ambiente. Es beginnt zunächst einmal mit einem «Erwartungsraum», der bei jeder Person und bei jedem Anlass verschieden war und sich danach richtete, was sich gerade im Fokus der Aufmerksamkeit be-

Abb. 14: Nonnberger Faldistorium, 12. Jh., mit Ergänzungen aus dem 13. Jh., Neumontage 15. Jh.

fand: etwa eine Person, ein Altar, ein Bild. Dazu kam die zu erwartende Liturgie.

Der Blick wurde durch eine Lichtregie gelenkt, die in der heutigen Gestalt der Räume nur mehr schwer nachvollziehbar ist: nicht nur, weil die alten Fenster vielfach fehlen oder umgestaltet wurden, sondern auch, weil die moderne Beleuchtung den Raumeindruck verfälscht. Das Licht von Kerzen schuf mehr oder weniger gesonderte Teilbereiche und beließ andere im Dunkeln.

Geht man mit einem Leuchter an einem Fresko entlang, treten die Szenen nacheinander wie in einem Film hervor. So werden mittelalterliche Fresken «lesbar» wie ein Geschichtenbuch. Sie waren unter anderem eine «Biblia pauperum», die Bibel für die Analphabeten; *pauper* heißt hier nicht arm an Mitteln, sondern arm an Wissen.

Um den Innenraum einer Kirche lesen zu können, muss man beachten, dass die Hauptperson Christus ist, symbolisiert durch den Altar. Daher wird «rechts» und «links», vor allem bei Bildwerken um den Altar, von Christus aus gesehen und nicht vom Publikum aus. Wo das Evangelium gelesen wurde und wird, ist «rechts», die Epistelseite «links». Die wichtigsten Personen sitzen oder stehen also zur Rechten Christi (Abb. 15).

Auch die Himmelsrichtungen haben ihre Bedeutung. Aus dem Osten kommt das Licht, dort liegt Jerusalem. Daher sind die Kirchen, wenn irgend möglich, nach Osten hin orientiert, oft genau in die Richtung, wo die Sonne am Fest des Kirchenpatrons oder der Kirchenweihe aufgeht. Der Norden bedeutet Finsternis, daher sind dort meist die warnenden Themen zu sehen. Vom Westen her wird in gotischen Kirchen am Abend durch die Westrosette noch einmal das Allerheiligste beleuchtet.

Die «Klangräume» waren im Mittelalter überall viel schärfer akzentuiert, als wir es gewohnt sind. Es fehlte weitgehend der Grundlärm, der uns heute ständig wie ein Rauschen begleitet. Vielmehr war für die Menschen jeder einzelne Laut bedeutungsgeladen, wie vielleicht noch auf manchem Dorf, wo einzelne Geräusche leicht identifiziert und zugeordnet werden können. Bei solcher Aufmerksamkeit nehmen die Gläubigen wohl die Signale der Liturgie, Stimmen und Glocken ganz besonders deutlich wahr. Allerdings klagten viele Prediger darüber, dass die Kirchenbesucher während der heiligen Handlungen viel zu viel tratschten.

Bedeutungsvoll war der «Duftraum». Im Alltag begleiteten die Menschen zahllose Gerüche menschlicher und tierischer Herkunft, und die Luft in den meist zu engen Räumen war stickig. Es ist bezeichnend, dass in Wundergeschichten der Heilende sehr oft zunächst dafür sorgt, dass frische Luft in den Raum der Kranken kommt. Der Kirchenraum sollte schon allein durch seine Größe eine etwas bessere Luft als andere Innenräume haben. Aber vor allem herrscht darin der eigentümliche, kostbare Geruch von Weihrauch und Kerzen aus Bienenwachs. Diese Gerüche werden

Abb. 15: Die beiden Stifterabbildungen aus dem 9. Jh. in St. Benedikt in Mals wurden an die Altarwand in dieser Anordnung gemalt, dazwischen befindet sich ein Christusbild. Dieser ist die Hauptperson, und «rechts» und «links» sind von ihm aus zu denken. Das heißt, der Weltliche steht zur rechten, der Geistliche zur linken Hand Christi. Der eckige Nimbus («Heiligenschein») deutet darauf hin, dass beide zur Zeit der Malerei noch am Leben waren. Bei Standesgleichheit hat im Mittelalter immer der Geistliche den Vorrang. Hier muss also der weltliche Stifter entscheidend höherrangig gewesen sein als der geistliche Empfänger; daher könnte es sich bei dem Mann mit dem Purpurmantel und dem Gerichtsschwert um ein Mitglied der Herrscherfamilie, der Karolinger handeln.

in der liturgischen Handlung gezielt eingesetzt, sie setzen sich aber auch unauslöschlich an den Textilien und Einrichtungsgegenständen fest. Mittelalterliche Räuchergefäße symbolisieren nicht selten das irdische bzw. himmlische Jerusalem (Abb. 16).

Auch bei Kirchen sollte man den Umraum nicht vergessen. Das Kirchenvolk, aber auch die Priester zur alltäglichen Liturgie, kommen durch eine Seitentür. Dementsprechend sind Gestaltung und Benennung der Seitenportale nicht zufällig. Das Westwerk stellt schon zur romanischen Zeit das umkämpfte Haupttor des himmlischen Jerusalem gegen den Feind dar. Ein Motiv an den Porta-

Abb. 16: Romanisches Weihrauchfass, Südtirol, 13. Jh., Privatbesitz

len stellt den Kampf zwischen Tugend und Laster dar, z. B. orientiert an der Schrift «Psychomachie» (Seelenkampf) des Prudentius († um 405). Im Giebelfeld über dem Türsturz (Tympanon) sitzt oft Christus als Richter. Davor fanden regelmäßig weltliche Gerichtsversammlungen statt und wurden bedeutende Verlautbarungen gemacht.

Zum Umraum einer Pfarr- oder Bischofskirche gehört auch der Friedhof. Diese Friedhöfe wurden zumeist erst zur Zeit der Aufklärung an den Rand der Stadt verlegt. Auf dem Friedhof stand ab dem 13. Jahrhundert manchmal ein Karner, ein Beinhaus, denn mit dem Wachsen der Siedlungen wurde der Platz auf dem Friedhof für eine ständige Belegung zu klein, und wenn man neue Gräber aushob, bestattete man die Gebeine, die man dabei vorfand, sekundär in diesen Gebäuden. Manche dieser Karner, besonders in der Spätromanik, haben überdimensionale und kunstvolle Portale – denn diese führen symbolisch ins Jenseits.

Im Umfeld der Kirchen befand sich noch eine Reihe von weiteren Gebäuden, vom Bischofs- oder Pfarrhof über Kapellen, die Häuser anderer Kleriker – in Konstanz am Bodensee sind z. B. noch Domherrenhäuser aus dem 12. bis 14. Jahrhundert erhalten – bis hin zu Schulen, Wirtshäusern und Veranstaltungsgebäuden.

Das christliche Leben und seine Bauten

Spätantike Traditionen und Grundbegriffe

Die ersten christlichen Versammlungen fanden in Privathäusern statt. Nicht selten war es das Haus eines einflussreichen und wohlhabenderen Gemeindemitglieds, das man vielleicht auch zum «Aufseher», ἐπίσκοπος (epískopos), der Gemeinde machte; davon kommt der Titel «Bischof». Er beriet sich mit den Ältesten der Gemeinde, den πρεσβύτεροι (presbýteroi, Ältere); davon kommt das Wort «Priester». Die praktische Verwaltung lag in den Händen von Diakonen (urspr. «Diener»), die auch weiblich sein konnten. Auch Witwen und unverheiratete Frauen (Jungfrauen) übten Funktionen in den frühen Gemeinden aus.

Nach der Anerkennung des Christentums im 4. Jahrhundert brauchte man fallweise größere Versammlungsräume und mietete unter Umständen ganze Markt- und Veranstaltungshallen. Solche Hallen hießen *basilica*; das blieb bis heute die Bezeichnung für bestimmte Kirchen. Später wurden eigens Basiliken von Christen gebaut. «Dom» wird wohl auf das lateinische *domus Dei*, Haus Gottes, zurückgehen. Das Wort Kathedrale kommt von καθέδρα (kathédra), Sitz, damit ist der Bischofsstuhl gemeint.

Die Kirche im spätantiken Römerreich wurde, wie das Zivilleben auch, von der Stadt aus regiert, in der der Bischof saß. Er schickte seine Beauftragten hinaus auf das Land, die ihm in allen geistlichen Dingen verantwortlich waren; das gilt im Prinzip in der römisch-katholischen Kirche heute noch. Manchmal setzte er «Landbischöfe» ein, nach dem griechischen Wort für Land, χῶρος (chôros), «Chorbischöfe» genannt. Je nachdem, welche Sponsoren man fand, wurden auch in den ländlichen Gebieten «Oratorien», Bethäuser, errichtet.

Das Wort «Kapelle» für eine Nebenkirche ohne eigene Pfarrrechte oder einen Teil einer größeren Kirche kam erst später auf. Der Name kommt vom Aufbewahrungsort der wichtigsten Reliquie der fränkischen/französischen Könige, der *Cappa*, des Mantels des heiligen Martin. Zum liturgischen Dienst für diese Reliquie waren die wichtigsten Hofgeistlichen eingeteilt. Das Wort «Kapelle» konnte auch eine Personengruppe bezeichnen, deren Mitglieder gute Karrieremöglichkeiten hatten. Auch die Bischöfe hatten solche Personengruppen um sich.

Die Bezeichnungen und Bräuche der Kirche entstanden also meist aus praktischen Gründen, und das Vokabular dafür entwickelte sich allmählich von Alltagsworten zu religiösen Fachbegriffen. Dasselbe gilt für die Gewänder. So heißt eines der priesterlichen Gewänder z. B. «Pluviale», ursprünglich also Regenmantel. Aus dem einfachen, ortsüblichen Gewand der Benediktusregel (Kap. 55) wurde der Habit der Mönche und Nonnen.

Renovatio Imperii: Romanik

Wann und wo immer es möglich war, baute man einfache Steinhäuser, rechteckig, mit einem eigenen Raumteil im Osten (Apsis), in dem sich die Priesterbank um den Altarraum zog. Solche vorromanischen Kirchen findet man heute nur mehr durch archäologische Forschungen oder in Gebieten, die nach dem Zusammenbruch des Römerreiches oder später verarmten, so dass man die Gebäude längere Zeit weiterverwendete und dann aus Gründen der Tradition erhielt. Viele Kirchen, besonders in den Missionsgebieten, waren aber aus Holz.

Allmählich ersetzte man die flachen Holzdecken durch Gewölbe und gestaltete die Fenster in Form von Rundbögen: Das gilt als

Abb. 17: Schöngrabern (NÖ), 1210/30, Versuchung der Eitelkeit (?)

Charakteristikum des romanischen Stiles, der bis zum 12. Jahrhundert maßgeblich war. Nicht nur bei den prächtigsten und repräsentativsten Bauten suchte man den Anklang an die Antike und informierte sich dafür in römischen Handbüchern (z. B. Vitruv, S. 28).

Die Bilderwelt der Romanik ist vom byzantinischen Einfluss ebenso geprägt wie von der Ornamentik der keltischen Kunst. Zeitgenossen erschienen die Figuren, «als ob sie lebten». Die Betrachter nahmen Realität und Symbolgehalt zugleich wahr. Die Figuren erzählen Geschichten, die für uns heute oft kaum mehr lesbar sind. Manches entzieht sich, wie die berühmten Reliefs an der Kirche von Schöngrabern in Niederösterreich, selbst der Interpretation von Fachleuten. Die spätromanischen Portale zeigen mit der Kunstfertigkeit ihrer Ausführung, dass der Stilwechsel zur Gotik keine Frage des handwerklichen Könnens, sondern des Weltbildes war.

Kirchenorganisation

Schon in der Karolingerzeit wurde ein ziemlich flächendeckendes System von Diözesen, bischöflichen Zuständigkeitsbereichen, eingerichtet. Sie wurden zusammengefasst in Erzdiözesen. Der Erzbischof leitete als Vorsitzender die regelmäßigen Bischofsversammlungen. Eine durchgehende Organisation der Seelsorgekirchen sollte noch eine Zeit lang auf sich warten lassen.

Die Kirche war lange Zeit darauf angewiesen, dass auch Adelige Gotteshäuser errichteten. Die Weihegewalt von Gebäuden und Priestern blieb dennoch den Bischöfen vorbehalten. Daher waren sie nicht im Wortsinn «Eigenkirchen», aber die Geistlichen waren von den Laien unmittelbar abhängig. Erst ab dem 12. Jahrhundert können wir von einem weitgehend geschlossenen Pfarrsystem ausgehen, das mehr oder minder unabhängig von den lokalen Gewalten dem Bischof unterstand. Papst Alexander III. († 1181) gestand weltlichen Herren Patronatsrechte und -pflichten zu, die auch das Recht der Präsentation von Priestern umfassten. Manche dieser Patronate haben sogar die Reformation überstanden.

Eine Pfarre hatte das Monopol auf die wichtigsten Bereiche der Seelsorge wie Taufe, Beichte, Hochzeit und Begräbnis. Die Hochfeste wie Ostern und Weihnachten sollten nur in der eigenen Pfarre begangen werden. Ab dem 13. Jahrhundert erhielten die Bettelorden (vgl. S. 118) Sonderrechte, die ihnen erlaubten, in verschiedenen Diözesen bzw. Pfarren nicht nur zu predigen, sondern auch Beichte zu hören.

Eine neue Sicht: Gotik

Im 12. Jahrhundert wurde ein neuer Stil gefunden, der später unter dem Namen Gotik bekannt wurde. Das Wort hatte ursprünglich eine abfällige Bedeutung und wurde erst in der Renaissance vom Kunsttheoretiker Giorgio Vasari († 1574) geprägt. Es kommt von italienisch *gotico*, fremd, barbarisch. Der neue Stil ging unter an-

Christliches Leben und seine Bauten 111

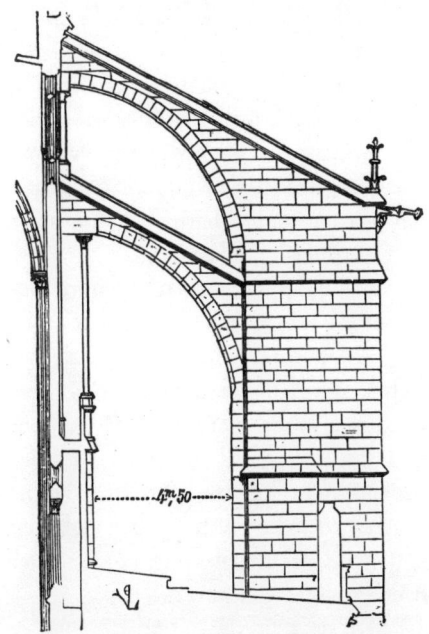

Abb. 18: Stützpfeiler von St. Denis

derem von der Abteikirche in St. Denis – damals bei, heute in Paris – aus, wo sich seit dem Ende des 10. Jahrhunderts auch die Grablege der französischen Könige befand. Er hatte sowohl einen praktischen als auch einen spirituellen Hintergrund.

Die praktische Seite bestand in der Möglichkeit, mit neuer Technik größere Kirchen zu bauen. Schon Abt Suger von St. Denis, der den Neubau der Abteikirche ausführen ließ, hatte Probleme, die richtigen Balken für die Eindeckung seiner sakralen Bauvorhaben zu finden. Mit dem Öffnen der Wände, den Strebe- und Stützpfeilern und damit einem ausgeklügelten System der Lastablenkung gelang es, große Höhen zu erreichen und weite Räume zu überspannen.

Die Entwicklung dieses neuen Baustils fällt in eine Zeit der spirituellen Reform des Christentums und spiegelt diese in allen

Details wider. Eine gotische Kathedrale ist wie eine Predigt, vom Portal über die vielfarbigen Fenster bis zur himmelstrebenden Höhe. Sie nimmt das städtische Publikum nicht nur in sich auf, sondern beherrscht mit ihren hohen Türmen auch die Silhouette einer Stadt. Die Bürger haben sich auf vielfältige Weise an Bau und Erhaltung der Kathedralen beteiligt, wie man in Kirchenrechnungen und an Stiftungen wie die der Glasfenster in Chartres (1. Hälfte des 13. Jh.s), z. B. im nördlichen Chorumgang, sehen kann.

Im späten 12. und im 13. Jahrhundert standen so mehrere Generationen lang zwei architektonische Sprachen gleichzeitig zur Verfügung. Viel zur Verbreitung der Gotik haben die Zisterzienser beigetragen, die durch ihren Kontakt zu den französischen Mutterklöstern Ideen und handwerkliches Können aus dem Westen über ganz Europa verbreiteten. Für die Pastoral, die Seelsorge, der Bettelorden waren die gotischen Hallenkirchen ideal. Bis weit ins 16. Jahrhundert breitete sich der gotische Stil bis in die kleinsten Dorfkirchen aus, während der Stil der Renaissance nördlich der Alpen nur schwer und teilweise Fuß fassen konnte.

Klosterbauten

Das meiste, was wir vom großen Ordensgründer, dem heiligen Benedikt von Nursia († um 550), wissen, stammt von Papst Gregor dem Großen († 604), der Benedikts Mönchsregel verbreitete. Dieser erzählt im zweiten Buch seiner «Dialoge», dass Benedikt eines Tages aus seinem Kloster Montecassino Mönche ausschickte, um ein neues Kloster zu gründen. Der Abt (von *abba*, Vater; Regel c. 2 und Röm 8, 15) versprach den Brüdern, ihnen zu zeigen, wo sie die einzelnen Gebäude errichten sollten. Benedikt erschien im Traum dem Leiter der neuen Gemeinschaft und gab ihm Anweisungen. Die Legende bedeutet zweierlei: Benedikt hat sich genau überlegt, wie ein Kloster angelegt sein sollte, aber er gibt nur die Idee vor, symbolisiert durch den Traum, über die Details muss der Abt mit seinen Brüdern selbst vor Ort entscheiden.

Benedikt schreibt ebenso genau vor, wann welche Psalmen gebetet werden sollten, schließt aber damit ab, man könne aus guten Gründen die Vorschriften ändern, wenn nur der Grundsatz eingehalten würde, dass jede Woche alle 150 Psalmen vorkommen. Genau darin liegt das Erfolgsgeheimnis der Existenz dieses Ordens seit 1½ Jahrtausenden: genaue Regeln, aber die volle Freiheit, sie jeweils den Gegebenheiten anzupassen.

Eine klösterliche Gemeinschaft braucht viel mehr als Kirche, Speise- und Schlafraum, wie Benedikt in seiner Regel im Kapitel 66 betont. Ein Kloster solle «so angelegt werden, dass sich alles Notwendige, nämlich Wasser, Mühle und Garten, innerhalb des Klosters befindet, und die verschiedenen Arten des Handwerks dort ausgeübt werden können.» Dann bräuchten die Mönche das Kloster nicht verlassen.

Das Leben und Beten in der Gemeinschaft ist, nach der Messfeier, das Wichtigste bei den Benediktinerinnen und Benediktinern. Die Karolinger machten Benedikts Regel zur Norm. Damals überlegten gelehrte Mönche im Kloster auf der Insel Reichenau, wie dieses Gemeinschaftsleben in der Praxis am besten funktionieren könnte. Sie zeichneten etwa in den Jahren 819 bis 826 einen Idealplan, der dann nach St. Gallen kam (Widmungsschrift, Abb. 19, Nr. 1) und als St. Galler Klosterplan berühmt wurde. Dieser Plan ergab sich aus einer lebendigen Diskussion, beeinflusst von der Reformgruppe am Kaiserhof. Obwohl nicht viele Leute das Original zu Gesicht bekamen, wurden die Anlagen mittelalterlicher Klöster im Wesentlichen für Jahrhunderte ihm entsprechend gestaltet, weil sie der Idee, die dahintersteht, folgten.

Im Zentrum der Anlage steht, wie im Zentrum des Denkens, das Gotteshaus, denn «dem Gottesdienst soll nichts vorgezogen werden» (Regel Kap. 43, 3). An der Kirche sieht man, dass der Plan «geostet» ist. An die Kirche schließt, fast immer im Süden, ein quadratischer Hof an (Abb. 19, Nr. 21). Um ihn herum führt der Kreuzgang (Nr. 22). Um diesen sind die wichtigsten Räume der Gemeinschaft gruppiert: im Osten der Schlafraum (Dormitorium,

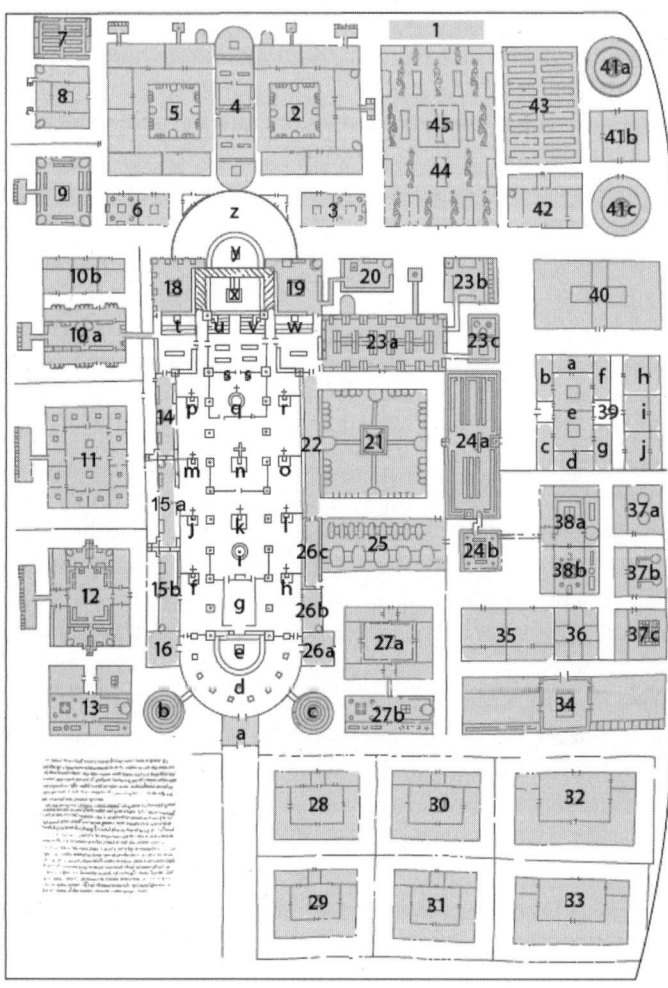

Abb. 19: St. Galler Klosterplan; Umzeichnung und Beschriftung Barbara Schedl. Abbildung und Details siehe http://www.stgallplan.org/de/

Christliches Leben und seine Bauten

Nr. 23 a), im Süden der Speiseraum (Refektorium, Nr. 24 a) und im Westen jene Räume, die mehr mit der Öffentlichkeit zu tun haben (Nr. 25, hier sind die Fässer im Keller eingezeichnet). An diese Räume schließt sich die Infrastruktur an, von der Küche über den Waschraum bis zur Latrine (Nr. 24 b, 23 b,c).

Nahe an der Kirche wird später meist ein Kapitelsaal gebaut, der auf dem St. Galler Plan noch nicht eingezeichnet ist. Dort finden wichtige Versammlungen der geistlichen Gemeinschaft statt, und die Mönche oder Nonnen werden hier beim Eintritt ins Kloster auf die Kapitel der Regel eingeschworen; daher der Name. In der Nähe, oft über dem Kapitelsaal – auf der Abbildung nördlich der Kirche –, war die Bibliothek, darunter die Schreibstube (Nr. 18); sie musste heizbar sein, denn mit klammen Fingern schreibt man schlecht.

In diesem Plan gibt es ein relativ großes Gebäude für den Abt mit eigener Küche (Nr. 10), denn er muss als Vertreter des Klosters nach außen auch besondere Gäste empfangen können, die nicht immer in die für Laien in der Regel abgeschlossene Klausur dürfen und vielleicht mit der normalen Klosterkost nicht zufrieden sind. Der St. Galler Plan sieht zudem ein eigenes Gästehaus vor (Nr. 12). Später wird oft der Westtrakt am Kreuzgang zur «Prälatur», den Amtsräumen des Prälaten (von lat. *praelatus*, der Vorgesetzte).

Ein abgeschlossener, gut heizbarer Bereich für die Kranken, mit einem Heilkräutergarten in der Nähe (Nr. 5–8), ist für die Gemeinschaft sehr wichtig. Die Kranken bekommen besondere Kost, auch Fleisch zur Stärkung. Für den Konvent sind neben dem Gemüse nur Fisch und Geflügel erlaubt.

Recht komfortabel ist im Plan die «äußere» Schule (Nr. 11) für junge Leute, die dem Kloster zur Erziehung anvertraut wurden. Davon getrennt gibt es eine «innere» Schule für Kinder, die im Kloster bleiben sollten, und ein Noviziat (Nr. 2–4), wo die künftigen Mönche und Nonnen (Novizen) auf ihre endgültige Aufnahme vorbereitet werden.

Der Garten zur Eigenversorgung mit Obst und Gemüse, aber auch zur Meditation (Nr. 42–45), ist im St. Galler Plan symbolisch «aufgeladen». Er wird mit dem Friedhof verbunden. Im Zentrum steht der «Baum des Lebens», das Kreuz, als Zeichen für die Auferstehung. Die Namen der Bäume und Pflanzen hat der Autor der Hofgüterverordnung Karls des Großen, dem sogenannten Capitulare de villis, entnommen.

Schließlich braucht man weitere Einrichtungen zur Selbstversorgung, wie Bäckerei und Brauerei (Nr. 38), Mühle, Stampfe und Darre (Dörrofen für Obst, Nr. 37). Verschiedene Werkstätten (Nr. 39) konnten für den Eigenbedarf und für fremde Auftraggeber arbeiten; in manchen Klöstern wurden sogar Waffen geschmiedet. Nicht zu vergessen sind die Keller (z. B. Nr. 25) für die Vorräte und den Wein sowie die Scheunen und Speicher (Nr. 36, 40) für das Getreide.

Geflügelställe (Nr. 41) sollten auf jeden Fall in erreichbarer Nähe liegen, ebenso wie Fischbecken, in denen man die Tiere am Leben halten konnte, bis sie gebraucht wurden. Letztere fehlen auf diesem Plan, vermutlich, weil auf der Reichenau der Bodensee vor der Tür liegt. Eher am Rande des Klostergeländes hat man die verschiedenen Stallungen angesiedelt (Nr. 28–34). Für die Reisen und den Transport brauchte man insbesondere Pferde und Ochsen (Nr. 34), Maultiere und Esel. Der Käse kam vor allem von Schafs- und Ziegenmilch (Nr. 30), eventuell auch von der Milch von Kühen (Nr. 32). Die Schweine (Nr. 31) wurden eigentlich nur für die Gäste gehalten, denn in der geistlichen Gemeinschaft sollte, wie erwähnt, das Fleisch vierfüßiger Tiere gemieden werden (Regel 39, 11).

Die Mindestzahl an geistlichen Personen in einem Kloster, vor allem bei einer Neugründung, sollte 12 betragen, die Zahl der Apostel. Häufig wird die Zahl 30 für Konvente genannt, aber es gab auch Klöster mit 100 oder mehr Mitgliedern. Diese Zahlen verdoppeln sich zumindest durch das zum Betrieb nötige Personal. Laienbrüder waren entweder einfache Leute, die nicht für die geistlichen Tätigkeiten, sondern vor allem für die körperliche Arbeit zuständig waren, aber ebenso wie die Mönche regelmäßig ihre Gebete verrichteten, oder alte Leute, die sich durch größere

Schenkungen ins Kloster eingekauft hatten, um eine gute Altersversorgung zu haben und in der Nähe eines heiligen Ortes zu sterben und begraben zu werden.

Zusammen ergibt all dies einen sehr großen Betrieb, der in geordneten Bahnen funktionieren muss. Ziel dieses Betriebes ist es, den Mönchen und Nonnen die Zeit für die geistige Arbeit, Liturgie, Gebet und Studium zu verschaffen. Für den heiligen Benedikt war das Kloster eine Werkstatt für das Gotteslob, eine «Schule für den Dienst des Herrn» (Prolog 45), für den protestantischen Soziologen Max Weber († 1920) war es das Urbild rationalen Wirtschaftens – und das ist kein Widerspruch.

Askese

Es begann in der Wüste. Lange vor der Entstehung des Christentums zogen sich Menschen dorthin aus religiösen Gründen zurück. Das Thema «Wüste» blieb für geistliche Frauen und Männer immer wichtig, wenigstens metaphorisch (vgl. S. 223). Für manche irischen Mönche war die größte Askese der freiwillige Gang ins Exil; ihre «Wüste» war die Heimatlosigkeit. Diesen Wanderern, wie dem heiligen Columban († 615) oder Bischof Virgil von Salzburg († 784), hat das europäische Christentum wichtige Akzente zu verdanken.

Es gab Leute, die im Christentum eine neue Gemeinschaft fanden; daraus wurde die Kirche. Es gab in dieser Kirche aber auch Leute, die sich zeitweise oder ganz der Gemeinschaft entzogen. Sie wurden μοναχοί (monachoí, Einzelne), Mönche also, und Eremiten – der Begriff kommt von ἐρῆμος (erēmos, Wüste). Sie blieben in ihrer Askese (ἄσκησις, áskesis, Übung) ein Vor- oder Idealbild, man suchte sie auf und ließ sich beraten, mahnen, predigen oder taufen, wie bei Johannes dem Täufer.

Aber es gab und gibt auch Eremitengemeinschaften, deren einzelne Mitglieder einander selten sahen, aber eine gemeinsame Infrastruktur hatten, wie die Kartäuser, gegründet 1084 vom heiligen

Bruno in der Chartreuse bei Grenoble, 1170 als Orden anerkannt.

Der Königsweg der «Koinobiten», der im Gegensatz zu den Eremiten in Gemeinschaften Wohnenden, versucht bis heute, alle diese Aspekte miteinander zu verbinden. Die grundlegende Ordnung dazu schuf der heilige Benedikt († um 550) mit seiner Regel nach älteren Vorbildern. Später lebten Leute, die nicht so streng wie die Benediktiner an ein Kloster gebunden waren (also ohne *stabilitas loci*, Ortsgebundenheit), sondern mobil waren, ihre Askese vielfach in der Stadt. Das wurde das Modell der sogenannten Bettelorden, auch Minoriten (Minderbrüder) oder Mendikanten (Bettelbrüder) genannt, vor allem der Franziskaner, und des Predigerordens, der Dominikaner. Auch die Serviten, 1233 durch sieben Kaufleute auf dem Monte Scenario bei Florenz gegründet, zählen sich zu den Minoriten.

Manche betrachten Askese als Verzicht. Manche suchen mit ihrer Hilfe Freiheit und sind überzeugt, «das Bessere gewählt» zu haben (Lk 10, 42). Askese ist der Versuch, den Körper so weit zu beherrschen, dass er den Geist freigibt. Es wäre ein Missverständnis, zu glauben, das bedeute Körperfeindlichkeit; der Körper wird, wie bei den weltlichen Kämpfern, zum Instrument. Erst am Ende des Weges winkt die Freiheit von den Beschwerden dieses sterblichen Körpers (Röm 7, 24 f.). Bis dahin gilt: «Keiner hat je seinen eigenen Leib gehasst, sondern er nährt und pflegt ihn» (Eph 5, 29). Der Körper bleibt das Instrument des Lebens, und ein Reformbischof und Dichter des 12. Jahrhunderts, Hildebert von Lavardin, betont: «Spannen sollst du deine Saiten, nicht reißen.» Körper und Geist waren für mittelalterliche Menschen nicht trennbar.

Frauenbewegungen

Die klösterliche Gemeinschaft war auch der Königsweg für viele Frauen, die eine geistliche Berufung empfanden. Nur wenige fühlten sich imstande, den Weg als Einsiedlerin zu gehen. Im

Mittelalter gibt es eine Sonderform: Frauen schlossen sich mit dem Segen des Bischofs in eine Zelle ein, wurden «Inklusen», oft in einem Ort oder in der Nähe anderer geistlicher Gemeinschaften. Manche hatten eine kleine Gruppe von Frauen und Mädchen bei sich, wie Jutta von Sponheim, in deren Klause Hildegard von Bingen († 1179) aufwuchs, die dann später selbst ein Frauenkloster gründete.

Unter den frühen Gründerinnen, so liest man, war eine erstaunlich große Zahl von leiblichen Schwestern Geistlicher, wie die Schwester Benedikts, Scholastica, oder die Schwester des heiligen Augustinus, deren Namen wir nicht kennen. Sie hatten wohl gemeinsam mit ihren Brüdern bessere Bildungsmöglichkeiten.

Es gab auch zahlreiche «Doppelklöster», in denen Männer und Frauen streng getrennt lebten, aber einander im Alltag unterstützten. Die Männer kümmerten sich um die äußeren Angelegenheiten, und die Priester unter ihnen übten ihr Amt auch für die Frauen aus. Die Frauen stellten geistliche Gewänder her, wuschen die in der Liturgie gebrauchten Textilien oder schrieben Bücher ab, neben ihrem Gebetsdienst. Für die Küche hatte man meist Personal, obwohl in strengen Orden die Mönche und Nonnen dort helfen mussten.

Für viele geistliche Frauen bedeutete der Rückzug ins Kloster eine Befreiung vom standesgemäßen Familiendienst. Manche mussten um diese Freiheit mit ihren Angehörigen hart kämpfen, denn mit den Heiraten wurden ja, wie erwähnt, politische und ökonomische Netzwerke geknüpft. Manche konnten erst nach Erfüllung ihrer weltlichen Verpflichtungen diesen Weg gehen, wie die heilige Paulina von Paulinzell in Thüringen († 1107).

Zusätzlich dürfte es vielerorts kleinere Frauengruppen gegeben haben, die sich neben ihren häuslichen Verpflichtungen einem besonders intensiven religiösen Leben widmeten. Im Zweiten Mittelalter bildeten sich ordensähnliche Hausgemeinschaften von Laien, genannt Beginen (oder, seltener, bei Männern Begarden), die allerdings wegen ihrer Unabhängigkeit von Seiten der Kirche mit großem Misstrauen gesehen wurden. Sie lebten von verschiedenen sozialen Diensten, manche wurden auch für ihre Handschriftenproduktion berühmt.

Der Weg ins Kloster öffnete den Frauen einen Zugang zu Bildung und zu einer besonderen Art der Selbstverwirklichung. Zum Eintritt in ein Kloster brauchten die Frauen in der Regel eine Art Mitgift, von deren Ertrag ihr Lebensunterhalt bestritten werden konnte. Auch das ist ein Grund dafür, dass man die Idee, Mädchen wären in ein Kloster «abgeschoben» worden, größtenteils in das Reich der Legende verweisen muss.

Nur eine fühlte sich zeitweise grausam abgeschoben, obwohl sie in ihrem neuen Leben als Äbtissin schließlich sehr erfolgreich werden sollte: Héloise, die Frau Abaelards († ca. 1164). Dieser war, nachdem ihr Verhältnis aufgeflogen war, grausam entmannt worden und hatte sich, wegen seiner Schriften von Vertretern der Amtskirche stark angegriffen, ebenfalls auf einen geistlichen Weg begeben. Ihre Korrespondenz gehört zur Weltliteratur (vgl. S. 131). Der letzte Brief ist eine Regelschrift, die Abaelard speziell für Paraklet (eine Bezeichnung für den Heiligen Geist), das Kloster seiner Frau, entwarf.

Wir finden zu allen Aufbruchs- und Reformzeiten starke Frauenbewegungen. Die Zisterzienser versuchten in ihren Anfängen, ganz ohne einen weiblichen Zweig auszukommen, mussten aber schließlich ebenfalls Damen in ihrem Ordensverband akzeptieren. Die Ordensfrauen lebten in strenger Klausur, d. h. Abgeschlossenheit. Die meisten verstanden das wohl als Schutz. Der Dienst, den sich ihre Familien von ihnen versprachen, bestand vor allem in Gebet, Gesang, der Fürbitte bei den himmlischen Herrschaften und dem stellvertretenden tugendsamen Lebenswandel.

Es gab aber, obwohl immer wieder verboten, auch direkten Kontakt mit der Außenwelt. Am häufigsten geschah das durch Briefe, deren Inhalt die ganze Spannweite von Alltagssorgen bis zu hochstehenden theologischen Anfragen umfasst. Einige der Äbtissinnen hoher Herkunft übten bedeutsamen politischen Einfluss aus, teils durch Briefe und Boten, teils, weil man sie in ihren Klöstern besuchte und um Rat fragte. Mathilde von Quedlinburg († 999), die Tochter Kaiser Ottos I., war für ihren Neffen Otto III. sogar Reichsverweserin während seines jahrelangen Italienaufenthaltes.

Da aber die Damen bei der Selbstverwaltung ihrer Güter durch die Klausur stark eingeschränkt waren und der Besitz der Frauenklöster nicht selten von weltlichen und geistlichen Machthabern ausgebeutet wurde, weisen weibliche Ordenshäuser eine geringere Kontinuität auf als die der Männer. Außerdem verlagerten sich die Interessen von Sponsorinnen mit dem Wiederaufstieg der Städte eher auf dortige Gemeinschaften, Schwesternschaften und Altarstiftungen. Es war keineswegs immer die Reformation, die zum Ende vieler Nonnenklöster führte.

Kloster und Welt

Nicht zu unterschätzen ist der schon mehrfach erwähnte Anteil geistlicher Damen an der Bildung der weiblichen Laien. Die Quellen fließen spärlich, sprechen aber eine deutliche Sprache. Mädchen wurden in Klöstern erzogen und kehrten dann in ihre weltlichen Funktionen, meist eine Ehe, zurück (vgl. S. 37). Es hat wohl auch im «Frauenzimmer» höherer Häuser weibliches Personal gegeben, das in Klöstern ausgebildet worden war.

Bischöfe, weltliche Fürsten und Adelige konnten aus Klöstern Berater rekrutieren. Manche Gemeinschaften wurden direkt im Anschluss an Höfe und Bischofssitze gegründet, manche waren beliebte Rückzugs- und Fluchtorte für geistliche und weltliche Herren. Adelige Gönner zogen einen großen Vorteil aus der klösterlichen Wirtschaft: Das Kloster war für sie ein Musterbetrieb, besonders bedeutsam für die Kolonisation (vgl. S. 229f.). Die Mönche, vor allem die Zisterzienser, brachten auch die neuesten technischen und künstlerischen Errungenschaften ins Land.

Klöster wurden außerdem gerne an den großen Verkehrswegen gegründet, besonders an den Eingängen und Pässen der Alpen. Dort übernahmen sie wichtige Funktionen für die Versorgung der Reisenden. Für Reisende und Herrscher, die regelmäßig nach Italien ziehen mussten, hatten solche Klöster einen weiteren Nutzen: Sie verhinderten mit ihren Besitztümern, dass sich an neuralgischen Punkten weltliche Adelige festsetzen konnten und aus politischen oder militärischen Gründen den Verkehr störten.

Lateinische Schriftkultur

Bis zum 12. Jahrhundert wurden fast alle Aufzeichnungen in Kirche und Staat in lateinischer Sprache niedergeschrieben. Dieses Latein war nie eine gesprochene Alltagssprache gewesen. Schon in der Antike war die Sprache der Bildung und der Schrift deutlich abgehoben vom «Vulgare», der Volkssprache des Alltags. Die klassischen Texte wurden in einer Kunstsprache verfasst. Aus diesem Vulgärlatein haben sich die romanischen Sprachen entwickelt.

Der Kirchenvater Augustinus († 430) setzte sich damit auseinander, welche Art von Gelehrsamkeit im christlichen Gebrauch angemessen sei. Er meinte, man solle ohne Bedenken die drei Sprachebenen nach Cicero verwenden: den «niederen» Stil (*sermo humilis*) für Lehre und Schrifterklärung, den mittleren für Lob und Tadel und den erhabenen für Gemütsregungen, die Menschen zum Tun bewegen sollen. Er wies auch darauf hin, dass Paulus in seinen Briefen durchaus klassische rhetorische Elemente verwendete.

Damit war für das Mittelalter praktisch der Erwerb klassischer Bildung sanktioniert. Die Predigt bediente sich einer gemäßigten Hochsprache, die vermutlich in Anlehnung an die Umgangssprache ausgesprochen wurde, wie man es auch heute noch von Radio Vatikan hören kann, wo das Latein oft recht italienisch klingt. Bis ins 8. Jahrhundert konnten in romanischen Ländern Zuhörer das

Kirchenlatein ohne Übersetzung weitgehend verstehen. Mit der Reform der Karolingerzeit wurde das offizielle Latein der Antike und der Kirchenväter zur Norm erhoben und war fortan auch für Romanen fremd.

Die lateinische Kultursprache hatte einen entscheidenden Vorteil: Was immer in ihr formuliert wurde, blieb in der einmal gewählten Bedeutung stabil, wie in einer genau definierten Fachsprache. Das Latein war eine Art «Tresor». Aus dem Tresor heraus wurde jeweils in die aktuellen und natürlich wandelbaren Volkssprachen übersetzt. Aus dem sorgsam konservierten Schatz des antiken Wissens im Tresor konnte man noch Jahrhunderte später jeweils das Wissen entnehmen, das man gerade brauchte und verstand.

Allerdings ist dieser Schatz durch einige Filter gegangen. Der eine Filter war die speziell christliche Interpretation der antiken Texte, repräsentiert durch Kirchenväter wie Ambrosius († 397), Hieronymus († 420), Augustinus († 430) und andere. Manch ein antiker Autor ist uns nur durch die Polemik gegen ihn bekannt. Einer der für das Mittelalter wichtigen Vermittler antiken Wissens war Isidor von Sevilla († 636) mit seinem kleinen Universallexikon, den «Etymologien», das auf den Regalen vieler Autoren im Mittelalter stand bzw. lag.

Schreibstoffe

Den anderen Filter stellte die Übertragung der Texte von der Papyrusrolle auf das dauerhaftere Pergament dar. Papyrus hielt sich, außer im Wüstenklima, nicht sehr lange. Die Auswahl dessen, was auf das Pergament kam, war selbstverständlich vom christlichen Interesse geprägt.

Papyrus wird aus kreuzweise zusammengelegten Streifen vom Mark des Papyrusschilfes hergestellt, das größtenteils aus Ägypten importiert wurde. Es kann nicht gefaltet werden, weil es sonst bräche, und wird daher Spalte für Spalte, im Lateinischen von links nach rechts, beschrieben und waagrecht eingerollt.

Pergament besteht aus einer Tierhaut. Es wurde schon in der Antike für Aufzeichnungen verwendet, die stärkerer Beanspruchung ausgesetzt waren, wie z. B. Wirtschaftsbücher. Der Spruch «Das geht auf keine Kuhhaut» ist doppelt spöttisch, weil man selten Kuhhäute verwendete, die viel zu grob waren. Man verwendete eher die Haut von Ziegen oder Schafen; je jünger die Tiere, desto feiner das Pergament. Eine solche Haut wird in einem Rahmen aufgespannt, abgeschabt und geglättet. Dann wird eine Kreideschicht aufgetragen, damit die Tinte nicht verrinnt. Schneidet man ein Rechteck heraus, bekommt man ungefähr ein doppeltes Folioformat, das etwa dem modernen Atlasformat entspricht. Faltet man es noch einmal, ergibt sich ein «Quartformat», d. h., man erhält vier Blätter. Das ist heute noch das gängigste Buchformat.

Der häufigste Rohstoff von Tinten wurde aus Galläpfeln gewonnen, das sind befruchtete Eier der Gallwespe, die als Larven Knoten an den Blättern von Eichen oder Rosen entwickeln. Deren Absud ergibt mit Eisensulfat oder anderen Metallsalzen eine tiefdunkle, haltbare Farbe. Details sind Geheimnisse der Schreibstuben. Zierbuchstaben und Vorzeichnungen für Illustrationen wurden zumeist in rotem Minium (Mennige) ausgeführt, einem Blei- oder Eisenoxyd; das Erstere ist hochgiftig. Daher heißt eine Handschriftenillustration «Miniatur» – nicht, weil sie meist klein ist.

Geschrieben wurde mit Federkielen oder mit Schilfrohr, radiert mit scharfen Messerchen. Meist wurde diktiert und der Autor war nicht zugleich Schreiber. Aufbewahrt wurden die Handschriften zunächst liegend in speziellen Bücherkästen. Oft blieben sie längere Zeit ungebunden in Heften.

Notizen machte man auf Wachstäfelchen: kleinen dünnen Holzbrettchen, deren Fläche leicht eingetieft und mit dunklem Wachs ausgegossen ist, so dass man mit einem Metallgriffel leicht darauf schreiben konnte und bei Bedarf die Schrift mit dem stumpfen Ende des Griffels wieder löschte.

Antikes Erbe

In der Theologie im engeren Sinn ging es vor allem um die Schriftauslegung und um das dafür nötige Fachwissen. Große Teile der antiken Literatur dienten entweder inhaltlich oder formal diesem Ziel. Einige Werke der Antike wurden, wie das Alte Testament, als Vorboten des Christentums gelesen. Aus diesem Grund war Vergil im Mittelalter Schulautor. Seine besondere Prominenz geht auf die 4. Ekloge zurück, in der Vergil die Geburt eines Knaben mit dem Anbruch eines neuen Weltalters verbindet, was im Mittelalter als Christus-Prophetie gedeutet wurde. Daher setzte Dante in seiner «Göttlichen Komödie» auch Vergil als Jenseitsführer ein. Die mittelalterlichen Grammatiken waren voll von Zitaten aus Vergils «Aeneis».

Einer Legende nach hat Plato († 348/7 v. Chr.) in Ägypten Moses und die Propheten studiert. Daher sei sein Gottesbegriff dem jüdisch/christlichen so ähnlich. Platos «Timaios», vor allem die in diesem Werk enthaltene Kosmogonie (Weltentstehung), war in der Übersetzung des spätantiken Gelehrten Calcidius (um 400) einigen gebildeten Intellektuellen vertraut, vor allem in der Karolingerzeit und im 12. Jahrhundert.

Mit der Philosophie des Aristoteles († 322 v. Chr.) wurden mittelalterliche Gelehrte zunächst über die Werke des Boethius († 525) vertraut, die weit verbreitet waren. Besonders einflussreich war die aristotelische Logik. Sie wurde zur Grundlage der Schulphilosophie, der Scholastik.

Ab dem 12. Jahrhundert öffnete sich ein neues Tor zur Antike, besonders zu den aristotelischen Werken. Man griff zunächst auf Übersetzungen aus dem Arabischen zurück, wo viel antikes Wissen, vor allem in der Medizin (bei Avicenna, † 1037) und in der Philosophie (bei Averroes, † 1198), erhalten geblieben war. Dieser Weg führte meist über das islamische Spanien oder über Handelskontakte, während die Kreuzzüge relativ wenig zum kulturellen Transfer beitrugen (vgl. S. 212).

Abb. 20: Boethius, auf Wachstafeln schreibend, 12. Jh., Oxford
Bodleian Library Auct. F.6.5

Dies hatte eine weitere Öffnung zur Antike zur Folge: Die Texte waren aufgrund der mehrfachen Übersetzungen teilweise so schwierig geworden, dass man sich auf einem hohen intellektuellen Niveau befinden musste, um sie verstehen zu können. Die weitere Übersetzertätigkeit wandte sich daher wieder direkt den griechischen Originaltexten zu. Infolgedessen wurde, wie erwähnt, ab der Mitte des 13. Jahrhunderts das aristotelische Gedankengut Basis der *Artes Liberales* (S. 99).

Diskurse der «Wahrheit»: Dialoge

Grundsätzlich ging es mittelalterlichen Autorinnen und Autoren nicht um Originalität. «Die Wahrheit» – so wurde die Heilige Schrift auch genannt – war ja schon geoffenbart. Sie bedurfte nur mehr der Auslegung. Es kommt zu einer Art ewigem Diskurs, der im Grunde zeitlos von den ersten Kirchenvätern bis zur jeweiligen

Gegenwart anhielt. Solche Werke bedürfen bei ihrer Drucklegung in kritischen Editionen einer hohen Kunst der Herausgeber, weil sie für die Leser unserer Zeit nicht nur den Text bieten, sondern auch die in ihm eingebetteten Anklänge sichtbar machen müssen, damit er verstanden werden kann.

Wer in diesem Diskurs von der Hauptlinie abwich, konnte rasch der Anschuldigung der Ketzerei unterliegen. «Neues», «Unerhörtes» geschrieben zu haben, war zuweilen ein schwerer Vorwurf. Andererseits konnte in der gelehrten Gesellschaft ein solcher Vorwurf auch einem Ehrentitel gleichkommen, denn er zeigte nicht unbedingt, dass man falsch lag, sondern unter Umständen auch, dass man einen Schritt weitergekommen war.

Ein wichtiges Instrument für die Vermittlung philosophischer und theologischer Inhalte war das Lehrgespräch, mehr oder weniger angepasst an ein konkretes oder gedachtes Publikum. Viele Werke sind dementsprechend als Dialoge oder Lehrbriefe gestaltet.

Gebirge der Gelehrsamkeit

Mit den Werken mancher mittelalterlicher Autoren könnte man sich ein Leben lang befassen. Die Erläuterungen dazu füllen mehrbändige Handbücher. Hier seien nur einige Beispiele vorgestellt, um die Bandbreite zu skizzieren.

Das Werk des Johannes Scotus Eriugena († 877) – wie seine Beinamen sagen, irischer Herkunft («Schotten» sind im Mittelalter meist Iren) – wurde vielleicht nur deshalb nicht gleich verketzert, weil sein Herrscher, Karl II. der Kahle, dessen Hofschule er leitete, die Hand über ihn hielt. Er war einer der letzten Gelehrten im Westen, die noch Griechisch konnten, und hat griechische Werke übersetzt. In seinem Hauptwerk «Über die Einteilung der Natur» versucht er, platonische Gedanken und christliche zu verschmelzen. Werkzeuge dafür sind die klassische Logik, mit der er sich intensiv befasste, und ein eindrucksvolles selbstständiges Denken.

Die Schöpfung ist ihm eine Selbstentfaltung, ein Ausatmen Gottes, ihr Ende das Wiedereinatmen. Im 13. Jahrhundert hat man diese Sichtweise als eine Art Pantheismus gebrandmarkt, aber das zeigt auch, wie lange sein Denken lebendig blieb.

Zu den zeitlos «radikalen», im wörtlichen Sinn an die Wurzeln gehenden Gelehrten zählt Anselm von Canterbury († 1109), der aus Aosta stammte. Er benutzt kompromisslos jenes Instrument, das Gott den Menschen zur Erkenntnis gab, nämlich die Ratio, die Vernunft. Dieser Begriff ist übrigens auch bei Hildegard von Bingen sehr präsent. Mit dieser Ratio versucht er, sich dem Gottesbegriff zu nähern, und das ist auch für moderne Leserinnen und Leser recht aufregend. In langen Passagen erscheint der Name Gottes gar nicht, sondern der Gottesbegriff ist ein Ergebnis der Überlegungen, in die – wenigstens hypothetisch – auch Ungläubige einbezogen werden.

Ein drittes «Gebirge» mittelalterlicher Gelehrsamkeit, auf das ich hier hinweisen möchte, ist vielleicht das höchste, obwohl der Autor selbst am Ende seines Lebens behauptet haben soll, sein ganzes Werk sei nur Spreu gewesen: Thomas von Aquin († 1274). Bis zum heutigen Tag berufen sich namhafte Theologen auf den Dominikaner als Meister, der in seinen «Summen» das Wissen seiner Zeit für die Predigttätigkeit seiner Mitbrüder und Studenten zusammenfassen wollte.

Wie der Kirchenvater Augustinus benutzt der Kirchenlehrer Thomas eine dialektische Methode: Er erörtert zuerst das Für und Wider, bis er dann zu einem Schluss kommt. Daher kann man Zitate aus seinen Texten, aus dem Zusammenhang gerissen, als Belege für alles Mögliche heranziehen.

Thomas arbeitet die ganze Tradition seit den Kirchenvätern auf. Fallweise setzt er einen Schlussstein nach einer langen Diskussion, der zu seinem Kontext passt wie zu einem Gewölbe. Aussagen, die jahrhundertelang heiß umkämpft waren, kann man plötzlich aussprechen. Man kann wohl verstehen, warum viele von diesem Niveau nicht mehr gerne zurückkehren wollten zur mühsamen

Darstellungsweise des Ersten Mittelalters. Wer sich um seine Werke bemüht, wird sich dem Urteil der Heiligsprechungskommission (1323) anschließen, die in seinem Gelehrtenleben keine herkömmlichen Wunder fand und feststellte: Seine Bücher sind Wunder genug.

Als letztes Beispiel sei der Hinweis auf einen Autor gestattet, der wie kein Zweiter die Brücke schuf zwischen mittelalterlichem und modernem Denken: Nikolaus Cusanus († 1464). Der Sohn eines wohlhabenden Moselschiffers aus Kues, gegenüber Bernkastel gelegen, brachte es bis zum Kardinal und gilt als Vollender der mittelalterlichen Philosophie. Er war durchaus begabt bei der Vermittlung in Konflikten und ein engagierter Reformer, aber als Bischof von Brixen scheiterte er an mehreren Fronten. Eine der Gegnerinnen war die Äbtissin von Sonnenburg, Verena von Stuben. Seine Bibliothek ist im Cusanusstift (in Bernkastel-Kues an der Mosel) erhalten; er besaß beispielsweise eine Handschrift von Eriugenas Hauptwerk. Als Humanist erkannte er, dass es sich bei der sogenannten Konstantinischen Schenkung, der Urkunde, mit der Kaiser Konstantin († 337) dem Papst angeblich die Herrschaft im Westen des Römerreiches zugestanden habe, und anderen angeblich aus der Antike stammenden Texten um Fälschungen handelte.

Zwei seiner Gedankengänge muten erstaunlich modern an: Die Idee von der *Coincidentia oppositorum*, dem Zusammenfall des Gegensätzlichen, entsprang bei ihm der Mathematik, erscheint aber als Vorwegnahme moderner Physik. Das Prinzip wird auch, abgelöst von seinem Schöpfer, in der Alltagspsychologie angewandt, wenn es so scheint, als ob die schärfsten Gegner in Wirklichkeit ganz ähnliche Ziele verfolgten.

Wichtiger noch ist der Gedanke von der *Docta ignorantia* (1440), dem gelehrten Unwissen. Fast wie in einer modernen konstruktivistischen Erkenntnistheorie stellt der Cusaner fest, dass vollkommenes Wissen – außer bei Gott – unmöglich sei, es aber selbstverständlich verschiedene Abstufungen von Plausibilität gebe. Exakte Aussagen könne man nur darüber treffen, was nicht möglich sei, weil innerlich widersprüchlich. Im Verein mit der heute noch relevanten «negativen Theologie» gelingt ihm ein beachtenswertes Gottesbild: Was Gott sei, übersteige alle Maße und wäre bestenfalls bildhaft, in analoger Rede (vgl. 1 Kor 13, 12, «wie in einem Spiegel», oder Augustinus, Bekenntnisse XI c. 6, 4) auszumalen, aber was er nicht sei, ergebe eine verlässliche Umschreibung.

Sein Interesse für Mathematik mag irritieren, führt aber zu einer bewundernswerten Klarheit der Gedankenführung. Er zeigt sogar Humor, wenn er z. B. mit einem von ihm erfundenen Kugelspiel Gott und die Welt, Ordnung und Chaos erklärt.

Briefliteratur

Briefe waren, von Boten abgesehen (S. 237), das einzige persönliche Medium der Kommunikation über größere Distanzen, das sicher in der Form erhalten blieb, wie es abgeschickt wurde. Seit der Antike gibt es eine reiche Briefliteratur, die sich zur hohen Kunstform entwickelt hat und immer mit der direkten Ansprache spielte: «Mein Brief, geh und berichte dem Freund meinen Kummer und richte ihm auch meine Grußworte aus.»

Offizielle Briefe wurden meist beim Adressaten laut vorgelesen, aber das galt auch für in heutigen Ohren intim wirkende Liebesbriefe. Der heimliche Bote ist eher eine literarische als eine reale Figur. Der literarische Genuss, mit viel literarischem Zierrat aus der Schatzkiste der Rhetorik versehen, wurde geschätzt und erhöhte das Prestige der Angesprochenen. Schreiber und Adressaten sind also meist «öffentliche Personen».

Das lässt sich auch bei den Briefen Hildegards von Bingen zeigen. Ihre Schreiber und Sekretäre verehrten sie sehr. Sie wollten sie daher auch im Latein, das sie nicht sonderlich gut beherrschte, glänzen lassen. Bernhard von Clairvaux hat, wie viele andere, den Schreibern oft nur die Richtlinien vorgegeben und sie dann werken lassen. Dass es sich bei offiziellen Briefen von Päpsten und Kaisern ähnlich verhält, ist leicht nachzuvollziehen. Sie sind oft kunstvolle Kanzleiprodukte.

Über die Echtheit der Korrespondenz zwischen Abaelard († 1142) und Héloise († ca. 1164) streiten die Forscher bis heute. Ich meine, dass es ursprünglich reale Briefe gab, dass sie aber für den Zweck der Sammlung (vgl. S. 120) wie üblich ausgewählt und redigiert wurden, vermutlich noch zu Lebzeiten Héloises.

Predigten

Einen nahezu unerschöpflichen Reichtum bietet die Predigtliteratur. Wieder stehen wir vor schon genannten Problemen: Originalität war nicht ihr Ziel, obwohl man bei der Lektüre der geschriebenen Texte vielfach die Persönlichkeit herauszuhören glaubt, wie z. B. Augustinus oder Bernhard von Clairvaux. Gerade von diesen beiden wissen wir, dass sie ihre Texte nachträglich redigierten, was im Übrigen auch Cicero, das große antike Vorbild, mit seinen Reden getan hat. Die erhaltenen Sammlungen dienten meist als Anleitungen und Vorbilder für die Prediger, manche wurden aber bei Gelegenheit wieder vorgetragen.

Bis zum 13. Jahrhundert sind alle Predigtsammlungen lateinisch. Daher ergibt sich die Frage, welche Sprache in Wirklichkeit verwendet wurde. Es kann sein, dass Latein nur die Aufzeichnungssprache war und die Priester ihre Reden in der Volkssprache hielten. Es ist aber auch überliefert, z. B. von Bernhard von Clairvaux, dass es Prediger gab, deren lateinische Texte simultan von Dolmetschern übersetzt wurden und die dennoch die Leute begeisterten.

Ab dem 13. Jahrhundert sind größere Sammlungen deutscher Predigten überliefert, aber die Deutungsprobleme werden nicht geringer. Die Texte unter dem Namen des großen Predigers Berthold von Regensburg († 1272) sind wohl allesamt nachträgliche Verschriftlichungen, die meist nicht einmal vom Prediger selbst stammen, sondern von Leuten, die beim Hören mitgeschrieben haben, oder gar von Nachahmern. Die Predigten überliefern dennoch oft eindrucksvolle Zeitbilder, auch wenn es auf den ersten Blick Zerrbilder sind, wie es die akzentuierende Rhetorik einer Predigt erwarten lässt.

Geschichtsschreibung

Die mittelalterliche Geschichtsschreibung interessiert natürlich die modernen Historiker besonders. Zuerst ging es bei der forschenden Auswertung um die Herstellung eines Gerüstes von historischen Daten; dann stellte man sich die Frage, unter welchen Umständen und mit welcher Intention die Ereignisse aufgezeichnet wurden. Denn *sine ira et studio*, ohne Zorn und Eifer, wie es Tacitus in der Vorrede zu seinen «Annalen» (I 1) behauptet, also ganz ohne Tendenz, hat wohl noch niemand Geschichte geschrieben.

Im Mittelalter gibt es mehrere Typen historischer Aufzeichnungen. Von den Geschichtsdichtungen war an anderer Stelle die Rede (S. 89), hier geht es um die lateinischen Texte. Eine Gruppe ist jahrweise gegliedert, entstanden aus Eintragungen in Kalendern, die sogenannten Annalen (von *annus* = Jahr). Eine zweite sind Verarbeitungen des historischen Stoffes, die Chroniken. Das können auch Stadt- oder Bischofschroniken sein, die manchmal «Gesta» heißen. Diese Bezeichnung kommt von spätantiken Rechtsaufzeichnungen («was geschehen ist»), es kann aber auch im wörtlichen Sinn für «Taten» stehen, wie bei der berühmten Lebensbeschreibung Kaiser Friedrichs I. Barbarossa von Bischof Otto von Freising († 1158). Dessen Hauptwerk ist eine Chronik, die mit der biblischen Geschichte beginnt und im 7. Buch bis zur Gegenwart geführt wird. In manchen Handschriften ist danach für eine Fortsetzung der «Zeitgeschichte» Platz gelassen, denn das 8. Buch handelt von der Endzeit.

Biographien

Eine dritte wichtige Gruppe von Texten für die Geschichtsforschung sind die Biographien, die «Viten». Sie sind oft am schwierigsten zu interpretieren. Bei den wenigen vorhandenen Herrscherbiographien liegt nahe, dass sie meist einen bestimmten politischen Zweck verfolgten. Die berühmteste und lesenswerteste ist jene von Einhart († 840) über Karl den Großen. Sie ist nach dem Vorbild von Suetons († 150) Herrscherbiographien gestaltet und verwendet ganze Textbausteine von diesem Autor. Sie hat also nicht nur die Funktion, von Kaiser Karl zu erzählen und seinen Nachfolgern einen Spiegel vorzuhalten, sondern auch diejenige, das Herrschertum Karls in die Reihe der antiken Kaiser zu stellen. Dennoch ist Einhart ein recht lebendiges Bild gelungen.

Kaiser Karl IV. († 1378), der den Geburtsnamen Wenzel trug und sich als Karl in die Tradition der Frankenherrscher stellte, hat die einzige Selbstdarstellung eines mittelalterlichen Herrschers geschrieben, ein wenig nach dem Vorbild der «Selbstbetrachtungen» Kaiser Mark Aurels († 180). Sie blieb aber Fragment. Auch eine Autobiographie eines Geistlichen besitzen wir, das kostbare Werk «De vita sua», Über sein Leben, des Guibert de Nogent († 1121). Leider gibt es meines Wissens davon keine deutsche Übersetzung; für jeden, der oder die Latein, Englisch oder Französisch beherrscht, ist die Lektüre sehr zu empfehlen, weil sie einen lebendigen Einblick in das Leben an der Wende vom 11. zum 12. Jahrhundert bietet.

Die Heiligenleben haben weniger einen historischen als einen pastoralen Zweck. Heilige sind Menschen, die ihren Lebensweg in der Nachfolge Christi vorbildhaft gegangen sind. Diese Vorbildwirkung ist wichtiger als die geschichtliche Authentizität. Da sie naturgemäß erst rückschauend nach dem Tode gestaltet werden können, steht das dargestellte Leben bereits vollständig im Licht der Heiligkeit. Das geht so weit, dass die Nachfolger und Verehrer

Abb. 21: Rudolf IV. (Diözesanmuseum Wien) und Johann II. «der Gute» von Frankreich (Louvre). Die Widergabe der persönlichen Züge deutet auf die beginnende Renaissance.

untereinander regelrecht konkurrieren, welcher ihrer Heiligen die größeren Wunder getan hätte. Sogar Textelemente aus anderen Viten werden ohne Bedenken wiederverwendet. All das macht es schwierig, ihren historischen Gehalt herauszuschälen. Doch weil der so nebenher mitkommt, ist er oft umso lebendiger. Eine der Musterviten, noch der antiken Erzähltradition verbunden, ist die Lebensbeschreibung des heiligen Martin von Tours, verfasst von Sulpicius Severus (um 400).

Fachliteratur

Was die Fachliteratur betrifft, hat man vielfach die antiken Autoren abgeschrieben und studiert, z. B. Agrarautoren wie Cato († 149 v. Chr.), Varro († 27 v. Chr.) und Columella († um 70). Um 1300 hat der Bolognese Petrus de Crescentiis in einem großen Agrarwerk noch einmal das antike Wissen und die Sichtweisen seiner Zeit, der beginnenden Renaissance, zusammengefasst. Viel benutzt wurden ferner die «Zehn Bücher über Architektur» von Vitruv († etwa 10 v. Chr.). Einen besonderen Fall stellt die «Naturgeschichte» von Plinius dem Älteren dar († 79). Von diesem Werk wurden im Mittelalter unzählige Varianten und Auszüge in allen Sprachen angefertigt, wobei das Publikum ganz besonders an seinen teilweise phantastischen Beschreibungen exotischer Tiere und Menschen interessiert war.

Hinsichtlich der Rezeption der antiken medizinischen Literatur soll hier nur auf zwei Werke verwiesen werden, die auch außerhalb des engwissenschaftlichen Diskurses wirksam wurden. Das unter dem Namen der Trotula überlieferte Handbuch der Frauenmedizin wurde schon erwähnt (S. 35). Auch auf Hildegard von Bingen wurde mehrfach zurückgegriffen. Ich sehe sie als Forscherin, nicht als Mystikerin. Sie betrachtete das Buch der Natur als Gottes erste Offenbarung. Mit ihrer außerordentlichen Intelligenz und Merkfähigkeit war sie imstande, sich in den theologischen Diskurs ihrer Zeit einzubringen, ohne Fehler zu machen, was ihr den höchsten Respekt von Leuten wie Bernhard von Clairvaux und dem Papst einbrachte. Für sie gab es keine scharfen Grenzen zwischen physischem und psychischem Leiden, und ebenso wenig eine scharfe Grenze zwischen der Erforschung der diesseitigen und der jenseitigen «Wege»: Ihr Hauptwerk heißt dementsprechend auch «Liber Scivias Domini», Wisse die Wege der Herrn.

Pragmatische Schriftlichkeit

Nicht selten waren es dieselben Personen, die in der Theorie und in der alltäglichen Praxis dem Kloster bzw. der Kirche oder einem Hof dienten. Das ist nicht außergewöhnlich, denn das Streben nach Wissen war genauso wenig Selbstzweck wie die rationale Verwaltung.

Eine der Stärken der kirchlichen Verwaltung bestand in ihrer Schriftlichkeit. Auch hier war vieles Erbe der Antike, das an die mittelalterlichen Gegebenheiten angepasst wurde. Denen, die von kirchlichen Institutionen abhängig waren, adelige Lehensleute oder Bauern beispielsweise, verschaffte die Praxis der Schriftlichkeit eine relativ hohe Rechtssicherheit und Kontinuität, was schließlich zu dem Spruch führte: «Unter dem Krummstab (Bischofsstab) kann man gut leben.»

Im frühen Mittelalter war die Schriftlichkeit im Rechtsleben stark zurückgegangen. Das wichtigste und effektivste Mittel zur Sicherung eines Geschäfts waren die Zeugen. In geistlichen Institutionen wurden oft nur kurze Notizen über die Zeugen und den Sachverhalt angelegt und fallweise in eigene Bücher eingetragen. Rechtlich gesehen waren das Aufzeichnungen einer Partei, hielten deren Standpunkt fest und hatten selbst keinen Beweischarakter. Den hatte nur die formelle Urkunde mit Siegeln.

Für die Geschichtsforschung ergibt sich das Problem, dass wir durch Rechtsaufzeichnungen eher über umstrittene Fakten informiert werden, während Sachverhalte, die allen klar waren, vielfach gar nicht notiert wurden. Generell gab es im weltlichen Bereich von vornherein weniger Schriftlichkeit, und zudem hatten dort Schriftstücke geringere Chancen auf langfristige Erhaltung. Manche Mächtige nutzten daher Klöster als ihr «Archiv».

Eine Urkunde ist nur ein Element in einem oft langen, teils geheim, teils öffentlich geführten Prozess. Einen vorläufigen Endpunkt dieses Prozesses stellte die Veröffentlichung des Inhalts dar, die sorgfältig inszeniert wurde. Wenn ein Herrscher jemandem vor dem Hof eine Urkunde überreichte, stellte das allein schon eine große Ehre dar, und manchmal kam es auf den eigentlichen Inhalt des Dokuments gar nicht so sehr an. Gerade die Übergabe einer von weit her, z. B. vom Papst, gesandten Urkunde band man gerne in ein feierliches Zeremoniell ein. In manchen Fällen, besonders in Italien, wurden die Urkunden von Notaren in ihre eigenen oder in öffentliche Register eingetragen, mit deren Hilfe jederzeit ihre Gültigkeit und Echtheit überprüft werden konnte.

Bis zum 13. Jahrhundert war die Urkundensprache größtenteils das Lateinische. Aber die interessierte Öffentlichkeit wird wohl viele Fachbegriffe, die immer wieder verwendet wurden, gleichwohl verstanden haben. Ab dem 13. Jahrhundert entwickelte sich eine deutsche Rechtssprache.

Man legte – zunächst in Klöstern, kirchlichen Einrichtungen und an größeren Höfen – zudem Verzeichnisse an: der Besitzrechte (Urbare), der erhofften Einkünfte, der ausgegebenen Lehen, der schutzbefohlenen Leute usw. Die landesfürstlichen Kanzleien, die größeren Herrschaften und die Städte führten später vielfach ebenfalls solche Verzeichnisse.

Die Auswertung solcher Quellen ist nicht einfach, auch wenn man von der puren Schwierigkeit, sie zu lesen, absieht. Oft enthalten sie die Wunschvorstellung der Herrschaft, über die dann Jahr für Jahr, je nach der landwirtschaftlichen Ertragslage, verhandelt wurde. Manchmal, wie etwa in der Phase, als sich die Habsburger in den österreichischen Territorien zu etablieren begannen, versuchte man, mit Hilfe solcher Aufzeichnungen eine möglichst genaue Vorstellung über die vorhandenen Rechte zu bekommen; wieweit sie dann durchsetzbar waren, war jeweils eine Frage von Macht und Politik.

Es gibt aus dem Mittelalter zahlreiche gefälschte Urkunden. Das kann zwei Gründe haben: Im Übergang von der Mündlichkeit zur Schriftlichkeit konnte es vorkommen, dass über einen Sachverhalt gar keine Aufzeichnungen existierten oder sie verloren gegangen waren. Das brachte die Betroffenen auf die Idee, eine Urkunde herzustellen, die den für ursprünglich gehaltenen Zustand repräsentierte und einer Autorität aus der Vergangenheit, z. B. einem Gründer, als Aussteller zugeschrieben wurde. Solche Fälschungen spiegeln also wider, was für wahr gehalten wurde, und wir sprechen dabei von formalen Fälschungen. Gleichwohl können unrichtige Informationen eingeflossen sein. Selbstverständlich gab es aber auch Fälschungen, die schlicht und einfach aus Gewinnstreben hergestellt wurden: Sie waren damals genauso verboten und verpönt wie heute.

Schließlich gibt es Fälschungen, oft ganze Urkundengruppen, mit deren Hilfe ein politischer Anspruch durchgesetzt werden sollte. Vielfach wurde ihr Fälschungscharakter schon von Zeitgenossen erkannt, aber sie wurden als Forderungskatalog weiterhin ernst genommen. Bischof Pilgrim von Passau († 991) versuchte auf diese Weise, zu dokumentieren, sein Bistum sei «immer schon» ein Erzbistum gewesen. Der Widerstand von Salzburger Seite war erfolgreich – und wurde sicherheitshalber noch durch eine Gegenfälschung unterstrichen.

Die Habsburger wurden in der sogenannten «Goldenen Bulle» von 1356, die eine Ordnung für die Wahl der römisch-deutschen Könige enthält, nicht berücksichtigt: Sie wurden nicht Kurfürsten und waren somit nicht wahlberechtigt. Darauf antwortete Herzog Rudolf IV. († 1365) mit einer Fälschungsserie, eine Urkunde davon ist bekannt unter dem Namen «Privilegium Maius» (im Gegensatz zum echten «Privilegium Minus» von 1156). Dort wurde behauptet, sie hätten seit langem dieselben Vorrechte wie die Kurfürsten; sie seien «Erzherzoge». Am Hof Kaiser Karls IV. wurde das Manöver durchschaut, aber später machte der Habsburger Kaiser Friedrich III. († 1493) die Urkunden dennoch zu Reichsrecht, und der Erzherzogstitel wurde von den Habsburgern bis zum Ende der Monarchie geführt.

Die Kirche und die «Anderen»

Das Mittelalter ist nicht die Zeit, in der Europa christlich war, sondern in der es christlich wurde, und dieser Prozess ist noch lange nicht abgeschlossen. So sehr die Vertreter des Christentums, verstärkt durch das Medium der Schrift, behaupteten, der Welt den einzig gültigen Maßstab zu geben, so deutlich muss man auch sehen, dass es immer weite Bereiche des Lebens gab, die weder von der organisierten Kirche noch vom Geist des Christentums erfasst wurden.

Heiden

Es ist sehr schwierig, die Bedeutung vor- und außerchristlicher Religiosität für das Mittelalter einzuschätzen. Die frühen Nachrichten über eine Religion der «Barbaren» gehen durch den Verständnisfilter der Griechen und Römer, die sogenannte *interpretatio Graeca* bzw. *Romana*. Die Anfeindungen der christlichen Missionare und Prediger sind eben Polemiken und zeichnen sich nicht gerade durch ein tiefgehendes Verständnis oder gar eine Toleranz gegenüber anderen Religionen aus. Keltische Religionen kennen wir vor allem durch archäologische und bildliche Zeugnisse, germanische vor allem durch sehr späte Quellen, die in einer längst christlichen Kultur eine heroische Vorzeit imaginierten. Wir sprechen daher vorsichtig von «außerchristlichen» Elementen, ohne eine bestimmte Zuordnung zu versuchen.

Mission

Die Geschichte der christlichen Missionen ist vielschichtig und widersprüchlich. Die Ideen der jüdisch-christlichen Sondergruppe erfassten im Römerreich eine breite Mittelschicht, aber auch einzelne vornehme Familien, die gleichermaßen für andere Erlösungsreligionen und Mysterienkulte offen waren. Von den Mysterienkulten sind nördlich der Alpen unter anderem Mithras-, Dionysos- und Isiskulte archäologisch nachweisbar, die unter anderem von Angehörigen der römischen Armee gepflegt wurden.

Die Zeit der Verfolgung der Christen war auch eine Zeit der Verfestigung der Gemeinschaft, brachte aber einen schwerwiegenden sozialen Konflikt mit sich: Was sollte mit jenen Menschen geschehen, die aus Furcht abgeschworen hatten? Die einen lehnten sie als «Verräter» grundsätzlich ab, die anderen suchten Wege der Versöhnung. Auf dieser Seite stand der Kirchenvater Augustinus († 430), und seine Meinung wurde zur offiziellen Kirchenlehre. In der Auseinandersetzung mit einer Sondergruppe in Nordafrika, den sogenannten Donatisten, die den Abgefallenen gegenüber unversöhnlich blieben, verwendet Augustinus zum ersten Mal den Begriff «katholisch» (allgemein) für die Christenheit. Von beiden Streitparteien wurde wechselweise der kaiserliche Hof angerufen.

Die Franken übernahmen von den Römern die Tradition der politischen Mission, wenn nötig mit militärischem Nachdruck. Die Vermischung religiöser und politischer Aspekte charakterisierte die Missionsbemühungen auch weiterhin immer wieder. Seit der Karolingerzeit wurde sogar innerhalb der Kirche Kritik daran laut. Nur in Irland zog das Christentum ohne politischen oder militärischen Druck ein. Daher blieben dort viele vorchristliche Kulturelemente erhalten.

Der Trennung zwischen Byzanz und Rom entsprachen unterschiedliche Kulturen in der griechischen und lateinischen Mission. Die Griechen respektierten stärker die jeweilige Volkssprache. Konstantin, der als Mönch den Namen Kyrill angenommen hatte († 869), entwickelte für die Slawen ein eigenes Alphabet: die glagolitische Schrift, die zu einer Vorläuferin der «kyrillischen» Schrift wurde.

Juden

In vielen Kirchen steht eine Frauengestalt mit verbundenen Augen, die Synagoge symbolisierend, neben der Statue der triumphierenden Kirche. Man stellte dem Zeitalter des (mosaischen) Gesetzes das Zeitalter der Gnade gegenüber. Ausgerechnet das Verständnis ihrer Bibel trennt Juden und Christen: Denn das «Alte Testament» wird im Christentum vor allem als Vorhersage des «Neuen Bundes» gedeutet, schon in der lateinischen Übersetzung durch Hieronymus, die er am Ende des 4. Jahrhunderts angefertigt hatte und die als sogenannte Vulgata (für: allgemein verbreitet) im Mittelalter verbindlich wurde.

Dadurch wurde es für mittelalterliche Theologen noch schwerer, nachzuvollziehen, warum die Juden dem längst angekündigten

Messias nicht folgten, sondern ihn sogar von den Römern töten ließen. Juden wurden beschuldigt, aus ihren Schriften die Erinnerungen an Jesus absichtlich getilgt zu haben. Die Details aus den Gesetzesbüchern waren den meisten Christen unbekannt, die Bräuche der Juden weitgehend unverständlich. Die Beschneidung galt als durch die Taufe ersetzt. Die Speisegebote werden in den Evangelien (Mt 15, 11) ausdrücklich abgelehnt.

Den antijudaischen Aussagen steht indes die Prophezeiung des Römerbriefes (11, 25–27) gegenüber, dass am Ende der Zeiten ganz Israel gerettet würde. Augustinus zieht Psalm 59, 12 («töte sie nicht ...») heran, weil die Juden ja Zeugen des Alten Bundes seien, und erinnert an das Tötungsverbot gegenüber Kain (Gen 4, 15). Eine autoritative Aussage Papst Gregors des Großen (590–604) hielt viele Kirchenfürsten in Schach: Mit Gewalt taufen dürfe man die Juden wegen der Aussage des Apostels Paulus im Römerbrief nicht. Derselbe Papst sprach sich auch gegen die Zerstörung eines jüdischen Bethauses aus. Selbst Bernhard von Clairvaux hat diesen Gedanken aufgegriffen: Er nahm scharf gegen die Judenverfolgungen im Zusammenhang mit den Kreuzzügen Stellung.

Von theologischer und offizieller kirchlicher Seite gab es also keine Rechtfertigung für Judenverfolgungen. Das muss man sich vor Augen halten, um die Wurzeln dieses furchtbaren Übels anderswo zu suchen (S. 156).

Muslime

Nur sehr wenige Gelehrte bemühten sich, die Religion des Islam nachzuvollziehen oder gar zu verstehen. So hat sich z. B. der bedeutende Abt Petrus von Cluny († 1156) den Koran übersetzen lassen und ein Buch über Mohammed geschrieben, das er auch Bernhard von Clairvaux schickte. Ansonsten herrschten geradezu absurde Vorstellungen vom Islam als klischeehaftem Heidentum, dem man Idole und den Glauben an antike Götter nachsagte. Auch Mohammed tritt als einer der «Götter» auf. Das ist umso erstaunlicher, als man mit den «Arabern» ja nicht nur kämpfte, sondern auch regen Handel betrieb. Der islamischen Adelskultur begegneten indes viele durchaus mit Respekt.

Neuerer, «Häretiker» und «Ketzer»

Im Wesentlichen muss man drei Problemfelder unterscheiden: Das eine sind die theologischen Irrtümer, oder was man als solche bezeichnete. Das zweite sind religiöse Bewegungen, die Teilen der kirchlichen Hierarchie als gefährlich erschienen. Das dritte ist die große Gruppe der Katharer, in deren Glauben auf verschlungenen Wegen außerchristliches Gedankengut aus dem Orient eingeflossen ist. Diese drei Problemfelder überschnitten sich in der Realität immer wieder.

Die Fallstricke für Theologen fanden sich hauptsächlich in folgenden Fragen: Eine betraf die Natur Christi, die in der Spätantike hinter der Auseinandersetzung mit den nach einem ihrer Theologen benannten Arianern stand. Es ging darum, ob Christus gottähnlich oder gottgleich sei. Der begriffliche Unterschied liegt im Griechischen nur in einem Jota (-i-), in ὁμός oder ὁμοῖος, homós oder homoíos, gleich oder ähnlich. Eine zweite Frage bezog sich auf das Verständnis der Dreifaltigkeit, womit man auch heute noch Christen in Verlegenheit bringen könnte. Die dritte war die Frage des freien Willens, mit der sich besonders Augustinus im Streit mit den Anhängern des Pelagius († 420, daher Pelagianer) beschäftigte.

Ein schwieriges Feld stellte außerdem das Verständnis des Altarsakraments dar. Viele Menschen fassten die von der Kirche verkündete Realpräsenz (vgl. S. 175) Christi ganz materialistisch auf: Jesus sei in der Hostie anwesend. Daher habe er zu wirken, wo und wobei auch immer. Das führte manchmal zu seltsamen magischen Praktiken. Die Hostie wurde z. B. zum Liebeszauber verwendet und zur Abwehr von Schäden in den Acker eingegraben.

Aufregend in mehr als einem Wortsinn – auch weil die Auseinandersetzungen an moderne Konflikte erinnern – ist die Geschichte vieler religiöser – heute könnte man vielleicht sagen evangelikaler – Bewegungen, besonders im 12. und 13. Jahrhundert. Der Prozess der Verchristlichung einerseits und die zunehmenden Bildungschancen eines Teils der Bevölkerung auf der anderen Seite waren an einem Punkt angelangt, an dem für viele Menschen, besonders in den Städten, der Gegensatz zwischen den evangelischen Idealen und der Realität der kirchlichen Hierarchie schmerzhaft sichtbar wurde. Viele Funktionsträger der Kirche reagierten auf solche Bewegungen mit Misstrauen und Verfolgung, was umso leichter fiel, als manche Wanderprediger aufgrund ihrer Bildungsmängel angreifbare Inhalte verbreiteten. Hier sollen nur zwei Beispiele vorgestellt werden.

Der Kaufmann «Petrus» Waldes – der Vorname taucht erst später auf und ist vielleicht auch symbolisch gemeint – beauftragte um 1170 einen Priester, die lateinische Bibel in seine südfranzösische Sprache zu übersetzen; diese Übersetzung ist nicht mehr erhalten. Er betätigte sich karitativ, besonders während einer Hungersnot in den 70er Jahren und übertrug dann einen großen Teil des Vermögens seiner Frau, während seine Tochter dem Kloster Fontevrault anvertraut wurde. Sein Versuch, 1179 in Rom als Laie die Predigterlaubnis zu erlangen, wurde zunächst mit Hohn beantwortet, aber eine Zeit lang war ihm und seinen Gefolgsleuten in Lyon erlaubt, unter der Aufsicht des Erzbischofs zu predigen. Von der zeitgleich aufkommenden Katharer-Bewegung distanzierte er sich ausdrücklich. Unter dem Nachfolger jenes Bischofs kam es aber zum Konflikt, die Predigterlaubnis wurde entzogen und Waldes exkommuniziert. Auch Papst Innocenz III. reihte Waldes und seine Anhänger im 4. Laterankonzil 1215 unter die Häretiker ein. Die verfolgten «Armen von Lyon», die als Bettler lebten, verbreiteten sich aber über ganz Europa und verbündeten sich, z. B. in Norditalien, mit anderen Gruppen. Einige schlossen sich den Hussiten an, besonders den böhmischen Brüdern. Im 16. Jahrhundert wurden sie Teil der Reformationsbewegung. In Hessen und Württemberg gab es starke Waldensergemeinden, die erst im 19. Jahrhundert in der lutherischen Landeskirche aufgingen. Andere Gruppen gingen nach Übersee. In Italien blühten die Gemeinden nach der Toleranz von 1848 wieder auf.

Eine andere Gruppe wurde hingegen von dem eben genannten Papst Innocenz III. geschützt. Pietro di Bernardone war ein reicher Tuchhändler zu Assisi, der sein Söhnchen Giovanni gerne zu seinen Geschäftsreisen nach Frankreich mitnahm und daher wohl Francesco nannte. Dieser wuchs mit dem Vermögen eines Kaufmannes und dem Selbstbewusstsein eines Adeligen auf und sein Kopf steckte voller Ritterromantik, die damals modisch war. Seine Umkehr geschah nicht plötzlich, sondern in einem Prozess, der etliche Jahre dauerte. Dann, 1206 oder 1207, vollzog er den öffentlichen Akt: Er legte sein weltliches (Ober-)Gewand ab und wurde mit der Stola des Bischofs «eingekleidet». Er wechselte damit öffentlich den Stand, wurde als Büßer so etwas wie ein anerkannter Kleriker und war damit nicht nur durch seine Herkunft in der eng vernetzten Gesellschaft von Assisi, sondern auch durch diese Zeremonie kirchlich einigermaßen geschützt. Von Papst Innocenz III. gewann seine Gruppe die Anerkennung. Der Papst hat wohl die Gelegenheit ergriffen, ein positives Exempel zu statuieren. Dass die Bewegung der «Franziskaner» wie eine Lawine anwachsen sollte, ahnte er nicht. Sie erfasste mit Clara di Bernardino und ihren Verwandten und Freundinnen auch die Frauen von Assisi. Das einzige Problem in der Folgezeit lag darin, dass Franz diese Bewegung kaum organisieren konnte bzw. wollte. Er starb 1226. Bis zur vollen Anerkennung des Ordens, den erst der Generalminister Bonaventura († 1274) einigermaßen in eine einheitliche Richtung lenkte, war es noch ein langer, steiniger Weg.

Wer Ketzer oder Häretiker ist, bestimmten die jeweils herrschenden kirchlichen und politischen Machthaber. Oft war die Entscheidung zwischen Anerkennung oder Verfolgung von Zufällen abhängig. Zumeist waren es weniger die theologischen Ungeschicklichkeiten, welche die oft ungeschulten Laienprediger begingen, sondern deren handfeste Kritik an den Zuständen im Klerus, die eine Verfolgung auslöste.

Aber in einem Fall kamen zwei Faktoren dazu, die zu einer veritablen Katastrophe führten. Die Lehre der Katharer – vom griechischen καθαρός, katharós, rein –, nach einem ihrer Zentren auch «Albigenser» genannt, beinhaltete Einflüsse einer dualistischen Form des Christentums, die seit der Antike abgeurteilt war und möglicherweise auf unbekanntem Weg von der Gruppe der Bogumilen am Balkan kam. Der Dualismus bedeutet, dass man an ein gutes und ein böses Prinzip glaubte und die Welt, wie sie war, als böse ansah. Das Alte Testament wurde abgelehnt, denn darin sei der «böse» Schöpfergott beschrieben.

Für viele wird der Weg in diese Gruppe ein Akt des Widerstandes gegen die Verweltlichung der kirchlichen Funktionsträger gewesen sein. Damit verbunden war aber auch der Widerstand des südfranzösischen Adels gegen das als fremd empfundene Königtum aus dem Norden. Dementsprechend grausam war die Verfolgung.

Im Massaker von Béziers 1209 wurden 20 000 Menschen getötet. Als man den päpstlichen Gesandten fragte, wie man die Ketzer von den Rechtgläubigen unterscheiden könne, soll er gesagt haben: «Tötet sie alle, Gott kennt die Seinen.» So erzählt es immerhin ein Ordenskollege des Gesandten, der Zisterzienser Caesarius von Heisterbach, eine Generation später (Dialogus V 21).

IV Die Stadt

Auch die Stadt ist, wie die Kirche, zuerst einmal eine Gemeinschaft von Menschen, die untereinander und mit ihrem politischen Umfeld durch ein bestimmtes Rechtssystem verbunden sind. Als solche ist die Stadt als Ganzes eine Rechtsperson, die sich von ihrem regionalen und sozialen Umfeld abhebt und ihre Eigenständigkeit – nicht zuletzt durch Mauern, Tore und Türme oder die Abbildungen davon auf Siegeln und Wappen – deutlich anzeigt.

Mauern, Tore und Türme

Die Mauer einer Stadt «birgt», wie die der Burg. Die Menschen innerhalb der Mauern sind demnach Bürger. Dementsprechend hießen in der fränkischen Dichtung Köln Kolnaburg und Rom Rûmuburg; auch Namen wie Salzburg und Regensburg gehen darauf zurück. Das Tor, in vielen Stadtwappen und Siegeln präsent, ist ein erlebbares Zeichen der rechtlichen und wirtschaftlichen Autonomie. Hier wird kontrolliert, wer aus- und eingehen darf, und wird Zoll erhoben.

Eine militärische Schutzfunktion hatte die Stadtmauer selten. Die Belagerung einer Stadt war wie die einer Burg zumeist eher eine Machtdemonstration. Sie wurde selten durch Heldentaten entschieden, sondern vielmehr durch die Erschöpfung der Lebensmittelvorräte oder durch ein Entsatzheer. Auch die von Autoren mit Eifer geschilderten Belagerungsmaschinen hatten vor allem demonstrativen Charakter. Ihre Grundformen gehen bis in die Antike zurück. Wurde eine Stadtmauer «geschleift», legte man nur ein Stück davon um, die komplette Zerstörung wäre zu mühsam

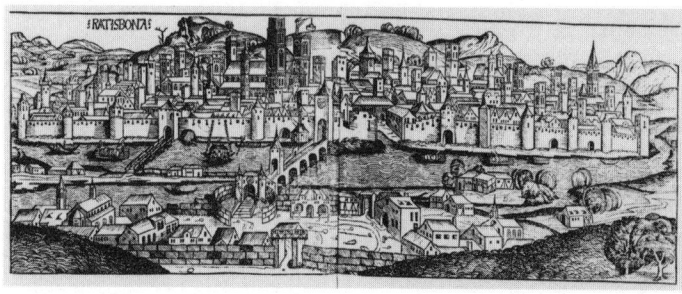

Abb. 22: Regensburg, Schedelsche Weltchronik (1493), fol. 97v–98r; in der Bildmitte die heute noch erhaltene steinerne Brücke

gewesen. Aber die Bewohner verloren dadurch ihre Rechte als Bürger.

Der rechtliche Status einer Stadt hing vor allem vom Stadtherrn ab. Die großen, traditionsreichen Städte beriefen sich auf ihre kaiserlichen Privilegien. Nördlich der Alpen waren die Stadtherren der älteren Städte mit römischer Tradition häufig Bischöfe. Seit dem Investiturstreit begannen sich die Bürger von ihnen zu emanzipieren. Einige der großen Städte stiegen auf zu freien Reichsstädten, aber es gab auch kleinere Territorialherren, die versuchten, durch Städtegründungen zu profitieren. Stadtrechte entwickelten sich, wurden aufgezeichnet und verliehen. Sie enthielten vor allem Bestimmungen über die innere Struktur und die Rechtsgewohnheiten; einen bedeutenden Teil nimmt in der Regel das Erbrecht ein. Einige vorbildliche Stadtrechte wie die von Köln, Lübeck oder Magdeburg wurden weitergegeben, so dass regelrechte Stadtrechtsfamilien entstanden.

Das dritte Element neben Mauern und Toren, das die mittelalterliche Silhouette einer Stadt bestimmt, sind die Türme: nicht nur die der Kirchen, auf welche die Bürger stolz waren und für die sie viel Geld und Mühe aufwandten, sondern auch, wie in Regensburg oder einigen italienischen Städten heute noch sichtbar, die steinernen Wohntürme der großen Familien. Viele andere Häuser waren aus Holz, entweder in Blockbauweise oder im Fachwerkbau.

Flüsse und Umland

Ein Fluss als Verkehrsweg, vor allem für den Transport schwerer Lasten, war für die Lage vieler Städte von Bedeutung; wichtig war, dass man gut anlanden oder Brücken bauen konnte. Die Regensburger steinerne Brücke aus der Mitte des 12. Jahrhunderts ist die älteste mittelalterliche Brücke, die noch in Funktion ist. Der Kern von Paris war die Île de la Cité, eine Insel in der Seine, Köln wurde an einem Nebenarm des Rheins gegründet. Im Wiener Becken fächerte sich die Donau derart auf, dass man sie leicht überqueren konnte. Jenen Arm, an dem die Stadt lag – heute der «Donaukanal» –, musste man schon im Mittelalter künstlich schiffbar halten. Nicht vergessen sollte man die Bedeutung der Wasserkraft für Mühlen, (Loden-)Stampfen und die Entsorgung. Auch viele Brauereien lagen nicht weit vom Fluss, denn sie brauchten Feuerholz, Wasser und Getreide.

Außerhalb der Stadt, vielfach entlang der Ausfallstraßen, lagen die Vororte, deren Gärten die Nahversorgung sicherten und wo Handwerker tätig waren, deren Gewerbe weniger gern in der Stadt gesehen wurde, wie Abdecker und Gerber. Wie vor der Burg gab es in der Regel auch vor der Stadt ein freies Gelände. Dort fanden größere Ereignisse, Märkte und Messen statt. Auswärtige Händler breiteten ihre Waren aus, bei Hof- und Reichstagen entstanden ganze Stadtteile aus Zelten und Hütten, auch Turniere wurden veranstaltet.

Der «ökologische Fußabdruck»

Der «ökologische Fußabdruck» (Rees) einer Stadt reichte ziemlich weit. Die Versorgung mit Nahrungsmitteln musste organisiert werden. Fleischtiere wurden oft von weit her angetrieben. Im

Nahbereich der Städte musste es für dieses Vieh Weideflächen geben; dort deckten sich die städtischen Fleischer ein.

Man hielt bis ins späte Mittelalter Hühner und Schweine in der Stadt. Ihre Haltung war billig, weil sie zum Teil von Nahrungsmittelabfällen und dem Abfall der Mühlen lebten. Ihr Unrat ergab aber eine erhebliche Umweltbeeinträchtigung. Die Transporttiere waren zwar meist in der Vorstadt untergebracht, hinterließen aber auch einigen Mist in der Stadt.

Bis in moderne Zeiten war die Versorgung mit sauberem Trinkwasser ein Problem. Die Brunnen waren lange Zeit meist mit Holz abgeteuft (ausgekleidet). Die Hausbrunnen verschmutzten, weil sie oft in der Nähe der Senkgruben lagen, was immer wieder zu Epidemien führte. Ab dem 13. Jahrhundert legte man zunehmend aus Stein gemauerte Stadtbrunnen an. Einige schöne Exemplare sind ab dem 14. Jahrhundert erhalten. Eine wirkliche Lösung wurde erst in der Moderne mit den Fernwasserleitungen gefunden.

Für die Grundnahrungsmittel brauchte man in nächster Nähe geeignete Anbauflächen. Getreide konnte man am besten auf dem Fluss transportieren, sogar flussaufwärts, wie am unteren Rhein. In der Spätantike, so wird in der Lebensbeschreibung des heiligen Severin († 482) von Eugippius erzählt (c. 3), brach eine Hungersnot in einigen Donaustädten aus, weil der Inn zugefroren war und daher kein Getreide per Schiff geliefert werden konnte. Von Kornspeichern, meist nahe am Fluss, hing nicht nur die Versorgung ab, sondern auch der soziale Friede. Durch obrigkeitliche Regelungen versuchte man die Preisentwicklung unter Kontrolle zu halten.

Das zweite Grundnahrungsmittel des Mittelalters, das Kraut bzw. der Kohl, wurde anfangs in Hausgärten in der Stadt gezogen. Ab dem 13. Jahrhundert war allerdings der Platz in der Stadt zu kostbar. Daher mussten Krautgärten vor der Stadt angelegt werden, und man versuchte, sie besonders zu schützen. In Brixen in Südtirol nutzte man eine Zeit lang eine Eisack-Insel, anderswo besorgte man sich sogar fürstliche Urkunden zum Schutz der Krautgärten.

Stadtherren, Patrizier und Bürger besaßen im Umfeld der Städte umfangreiche Güter. Bis ins späte Mittelalter war ein erheblicher Teil der Stadtbevölkerung immer noch in der Landwirtschaft tätig oder dort wirtschaftlich engagiert. Ein «Landgut», liest man bei Petrus de Crescentiis um 1300, diente nicht nur der Erholung, sondern auch der Sicherung des Nahrungsmittelangebots, und zwar durchaus auch für die Oberschicht. Eine Besonderheit stellte der Wein dar: Er ist relativ gut haltbar, wurde hauptsächlich von der Oberschicht konsumiert und hatte einen hohen materiellen Wert. Allerdings brauchte man für die Herstellung nicht nur Fachleute, sondern auch zu bestimmten Jahreszeiten Arbeitskräfte. Bei Weingütern nahe einer Stadt stammten sie aus der städtischen Unterschicht.

Fisch kam größtenteils frisch, zum Teil sogar als Lebendware in Bottichen auf den Markt. In Wien gab es gar die Bestimmung, dass Fischhändler keinen Hut aufsetzen durften, damit sie ihre Ware schneller verkauften und der Fisch nicht schlecht würde. Bestimmte Arten wurden eingesalzen über weite Strecken transportiert. Es liegt nahe, dass in den Stadtgräben und bei den Mühlen vor der Stadt Fischzucht betrieben wurde und Fische in abgegrenzten Teilen der Gewässer auf Vorrat gehalten wurden.

Der «ökologische Fußabdruck» einer Stadt betraf nicht nur die Versorgung mit Lebensmitteln, sondern auch Holz als Brenn- und Baumaterial. Für dessen Transport konnten noch kleinere Wasserläufe von Bedeutung sein, die, falls erforderlich, abschnittsweise aufgestaut wurden. So weit wie möglich wurde auch das Steinmaterial für die Bauten auf dem Wasserweg transportiert. Die Mengen an Feuerholz, die man brauchte, erforderten Organisation und Rechtssicherheit. Geeignetes Bauholz setzte Forste voraus, von denen möglichst ein Wasserlauf in die Stadt führte; sonst kam der Transport teuer.

Das heißt, der Einfluss einer Stadt musste weit ausgreifen, sonst wurden die Bürger erpressbar. Jedenfalls war das Leben in der Stadt teuer, besonders, als es im Zweiten Mittelalter innerhalb der Stadtmauern nicht mehr genug Platz für die Hausgärten gab.

Straßen, Märkte, Plätze

Das Alltagsleben spielte sich auf den Straßen und Märkten ab, mit zahllosen Gerüchen und lautem Geschrei. Schutz bei schlechtem Wetter boten die Laubengänge und Gewölbe der Häuser, wie sie in Meran und Bozen heute noch erhalten sind. Bei Niederschlag konnte man auf den Straßen kaum gehen. Erst vom 14. Jahrhundert an ließen wohlhabendere Stadtgemeinden ihre wichtigsten Straßen pflastern.

Die verschiedenen Märkte einer Stadt waren jeweils spezialisiert auf bestimmte Waren. Man darf sie sich nicht allzu groß vorstellen. Die größte unbebaute Fläche einer Stadt war der Friedhof, den man zu allen möglichen Zwecken benutzte, sogar zu Festen.

Die Kreuzgänge der Klöster waren auch Treffpunkte der Bürger, bevor eigene Kauf- und Rathäuser diese Funktion übernahmen. Die Häuser der Bettelorden lagen vornehmlich an den Rändern, z. B. auf dem Gebiet der ersten Stadterweiterung, oft direkt an eine neue Stadtmauer angebaut. Nicht wenige Urkunden geben einen klösterlichen Kreuzgang als Ausstellungsort an. Es gab auch «Ratskirchen», wie z. B. in Lübeck die Marienkirche, deren Glocken auch zu Versammlungen riefen. An größeren Kirchen war fast immer eine Bauhütte tätig.

Zu den gut belegten und wichtigen Einrichtungen in Städten und Märkten gehörten die Badstuben. Sie dienten nicht nur der Reinigung mit Sitz- und Schwitzbädern, sondern auch der medizinischen Grundversorgung, z. B. durch den «Bader», der daher seinen Namen hat. Alle ein bis zwei Wochen besuchte man die Badstuben mit der ganzen Familie. Die Männer ließen sich dort rasieren. In der Regel ging es sehr züchtig zu; die gerne reproduzierten Bilder von freizügigen Badeszenen zeigen Dirnenhäuser, die kritisch betrachtet wurden.

Handel und Gewerbe

Bis zur Erschließung fossiler Brennstoffe im 18. Jahrhundert wurde der Transport zu Land mit Saumtieren und Fuhrwerken bewältigt. Bis zu einem Drittel der Agrarflächen wurde für die Ernährung dieser Tiere benötigt. Als das im 19. Jahrhundert zunehmend wegfiel, wurde der Grundstein für die rasante Bevölkerungsvermehrung gelegt, die die Industrialisierung erst möglich machte. In diesem Sinne war, wie der französische Historiker Jacques Le Goff schrieb, das Mittelalter erst mit der Erfindung der Eisenbahn zu Ende.

Zeit

Der jeweilige Sonnenstand genügte für eine agrarische Gesellschaft im Prinzip als Zeitmaß. Zur Messe riefen die Kirchenglocken. In den Städten war, z. B. für die Marktzeiten, eine genauere zeitliche Koordination notwendig, die seit dem 14. Jahrhundert, ausgehend von Italien, die Turmuhren ermöglichten. Der Handel brauchte einen detaillierteren Kalender, denn Zeit wurde Geld. Die Fristen in der Landwirtschaft wurden hingegen mit Heiligenfesten angegeben (S. 177).

Geld

Der Geldfluss war seit der Spätantike stark zurückgegangen. Der in der Karolingerzeit eingeführte Silberpfennig besaß eine hohe Kaufkraft, erreichte aber kaum alle Regionen und betraf am wenigsten den kleinen Geldverkehr. Lesen wir in den Rechtsquellen von Geldsummen, können das auch Verrechnungseinheiten sein, die nicht unbedingt in Münze, sondern mit Gütern zu begleichen waren. Große Strafsummen waren oft reine Abschreckungsmaßnahmen. Sie hätten in solcher Höhe nie vollstreckt werden können. Das eigentliche Ausmaß der Sühneleistung war dann Verhandlungssache.

In zwei Handelsbereichen kam man auch in der Übergangszeit nicht ohne Geld aus: im Salz- und im Weinhandel. In der zweiten Hälfte des 13. Jahrhunderts kam mit den Städten auch das Münzwesen wieder in Schwung. Es entstanden als Leitwährungen der Florentiner Gulden und der venezianische Dukaten. Aber erst im 14. Jahrhundert wurden wieder verbreitet Goldmünzen geprägt, z. B. der rheinische Gulden. Noch lange wurde Geld in Edelmetall-Gewicht gemessen; man sprach im Mittelalter von einem oder mehreren «Pfund Pfennigen». Das englische «Pfund» ist heute noch ein Zeugnis dafür. Das am weitesten verbreitete Münzmetall blieb Silber.

Mit der Wiedereinrichtung von Umschlagplätzen für Güter des täglichen Bedarfs in Märkten und Städten wuchs der Bedarf an kleinen Münzen. Das Hoheitsrecht zur Prägung von Münzen, das Münzregal, beanspruchten die Könige, die geistlichen und die weltlichen Fürsten. Im Zweiten Mittelalter erhielten es auch Städte. Ab dem 13. Jahrhundert wurden die Naturalabgaben in Geld abgelöst. Das machte die Herren räumlich unabhängiger, sie mussten nicht mehr dort wohnen, wo die Abgaben erwirtschaftet wurden. Allerdings wurden sie vom Geldwert abhängig.

Mit der Wiedereinführung einer Geldwirtschaft entstanden zwei Problemfelder. Das eine war ein typisch mittelalterliches. Die Inhaber des Münzregals erlagen der Versuchung, immer schlechtere, d. h. im Material geringerwertige Münzen auszugeben, deren Geltung sie in ihrem Herrschaftsbereich erzwingen konnten. Das zweite Problem, das zum Teil auch mit dem ersten zusammenhängt, ist bis heute nicht lösbar: das der Inflation. So kam es, dass bei festen Zinswerten für manche Landbesitzer das Einkommen sukzessive sank, während die Lebens- und Repräsentationskosten, vor allem in den Städten, immer höher wurden.

Kreditwesen

Wegen des steigenden Geldbedarfs brauchte im Zweiten Mittelalter auch die Landwirtschaft ein Kreditwesen. So mancher Bauer versetzte im Frühjahr den Pflug, um ihn mit dem Erlös der Ernte wieder einzulösen. Selbst Richter versetzten ihre Standeszeichen, bis die Bezahlung durch den Gerichtsherrn endlich kam. Der Pfleger von Schloss Tirol oberhalb von Meran musste monatelang im Gasthaus anschreiben lassen, bis er den Lohn bekam und seine Schulden begleichen konnte.

Handel und Gewerbe brauchten vor allem Betriebsmittel-Kredite, z. B. zur Vorfinanzierung der Ware. Diese machen die bei weitem meisten Kreditgeschäfte aus. Entgegen den Klischees waren nicht nur Juden in diesem Bereich tätig. So mancher Christ ließ aber durchaus sein Geld bei Juden «arbeiten». Juden (vgl. auch S. 141 und 160) siedelten daher nicht nur in den Städten – dazu später –, sondern auch in kleineren Orten, und bekamen durch Kauf und Pfänder Grundbesitz in die Hand, obwohl das in manchen Judenordnungen verboten war. Auf dem Land wurden z. B. auch koschere Speisen und koscherer Wein hergestellt. Diese fanden, unter anderem wegen ihrer Reinheit, zum Ärger christlicher Händler und Fleischer, nicht selten auch nichtjüdische Abnehmer.

In manchen Urkunden sind sehr hohe Zinsen angegeben, was lange Zeit zu der Annahme führte, hierbei handle es sich um Wuchergeschäfte im modernen Sinn. Aber niemand will die Kuh, die die Milch gibt, schlachten. Diese hohen Zinsbeträge wurden, sieht man genauer hin, nur bei Zahlungsverzug berechnet und sollten abschreckend wirken.

Die Bibel (Ex 22, 24; Lev 25, 36 f.; Dt 23, 20 f.) schreibt ein Zinsverbot gegenüber Menschen des gleichen Glaubens oder des gleichen Volkes vor. Juden konnten jedoch an Christen, ohne dieses Verbot zu brechen, Geld gegen Zinsen ausleihen. Man konnte aber das Zinsverbot auf vielfältige Weise umgehen, indem man sich beispielsweise einen Anteil am Ertrag des Pfandes zusichern ließ.

«Wucher» heißt im Mittelhochdeutschen zunächst einfach «Ertrag», *usura* (vgl. frz. *usure*) auch nicht Wucher, sondern Nutzen. In den unter dem Namen Bertholds von Regensburg († 1272) überlieferten Predigten finden sich durchaus antijudaische Passagen, aber nie bei seinen scharfen Kritiken an unerlaubten Geldgeschäften und Spekulationen.

Klöster dienten Fürsten und Adeligen als «Sparkassen», wo sie mit ihren Schenkungen «einzahlten», sich bei Gelegenheit «aushelfen» ließen und dafür wieder eine angemessene Spende versprachen. Dieser Praxis begegnen wir oft bei der Finanzierung von Pilger- und Kreuzfahrten: Adelige ließen sich die fromme Fahrt finanzieren, «schenkten» dafür einen Acker oder ähnliche Güter und revanchierten sich im Falle der glücklichen Heimkehr noch mit einer Reliquie. Manche aber «vergaßen» ihre Schenkung. Dann kam es zum Streit und es konnte vorkommen, dass ein klösterlicher Schreiber genauere Aufzeichnungen über das komplizierte Geschäft verfasste – ein Glücksfall für den modernen Historiker. Das nährt den Verdacht, dass so manches, was als fromme Schenkung in den Urkunden steht, ein recht irdisches Geschäft gewesen sei.

Die päpstliche Kurie, die mit ganz Europa in Kontakt stand, bediente sich seit dem 13. Jahrhundert einer Art bargeldlosen Geldverkehrs, indem sie Beträge über ein Netz von Händlern (Bankiers) auf Abgaben und Gebühren anschrieb und mit solchen Wechseln transferierte. Auch wer an die Kurie reiste, bewegte größere Summen mit diesem System.

Die großen Summen für höhere Adelige, Fürsten und Könige, die jüdische Geldgeber oft nur im Verbund aufbringen konnten, waren im Normalfall Investitionskredite – wenn man, ohne zynisch sein zu wollen, Krieg als Investition gelten lässt. Da es unter Juden ein Konkurrenzverbot gab, entwickelten sich oft recht enge Beziehungen zwischen den Geldgebern und ihren noblen Kunden.

Zu den Lebensverhältnissen der Juden in den Städten werden wir später kommen (S. 160 f.). Das teilweise falsche Bild vom mittelalterlichen Kreditwesen vor dem Wiederaufstieg der Banken ab dem 13. Jahrhundert stammt einerseits aus der antijüdischen Propaganda, andererseits daher, dass auch die Forschung lange Zeit eher die Katastrophen und Verbrechen als den Alltag untersucht hat, in dem das Kreditwesen keineswegs dominiert.

Fernhandel

Der Fernhandel lohnte sich, außer auf dem Wasserweg, d. h. flussabwärts und auf dem Meer, nur mit haltbaren Gütern des gehobenen Bedarfs und mit «Waren», die selbst laufen, wie etwa Rinder. Eine Ausnahme war das Salz, das von jedermann verwendet wurde, aber auch, wo es ging, über größere Strecken auf dem Wasserweg transportiert wurde. Die Hanse, jener berühmte niederdeutsche Städtebund, in dem Städte wie Lübeck, Bremen, Hamburg und Köln eine führende Rolle spielten, konnte im Zweiten Mittelalter übers Meer auch Massengüter wie Holz, Getreide oder konservierte Fische führen. Das Tuch aus Flandern oder England und die Pelze, eine häufige Gegenfracht, wurden aber auch über Land bewegt, wenn die Wertschöpfung hoch genug war.

Wie erwähnt, wurden größere Mengen Wein über die Alpen transportiert, wobei man sich fragen kann, ob nicht das Prestige, einen «Falerner» – der schon in der Antike sprichwörtlich war – zu servieren, höher war als die Qualität, die durch den Transport auf den Saumtieren gelitten haben mag. Unter diesem Namen wurde wohl ein «welscher» Wein verkauft, der wegen seiner Süße die nördlich der Alpen heimischen Sorten leicht ausstechen konnte.

Die klassischen Waren des Fernhandels waren Gewürze, Farben, Edelmetalle und Edelsteine, Pelze und spezielle Waffen. Begehrt an Höfen konnten aber auch seltene Tiere sein, die die Händler mitnahmen, wie Äffchen oder Papageien. An manchen Höfen hielt man sogar einen Löwen, der dort ein armseliges Leben fristete.

Zu den kostbarsten Handelsobjekten gehört die Gewürznelke, die im ganzen Mittelalter nachgewiesen werden kann. Sie kommt aus Madagaskar; mit einem Säckchen davon konnte man reich werden. Gewürznelken ließen sich nicht so leicht verfälschen wie der ebenso kostbare Pfeffer. Böse Zungen behaupten, dass man damit vor allem den Beigeschmack nicht mehr allzu frischen Fleisches überdeckt hat. Das dürfte aber ein Klischee sein, denn gerade jene Leute, die sich Gewürze leisten konnten, waren am ehesten imstande, an frisches Fleisch zu gelangen. Gewürze wurden aus unserer Sicht wahllos gemischt, so dass oft vermutet werden kann, dass eher das Prestige zählte als der Wohlgeschmack; doch über Geschmäcker kann man nicht streiten und Spezereien wurde auch eine medizinische Bedeutung zugemessen.

Farben für die Wandgemälde, die Kleider und die Buchmalerei hatten ebenfalls eine große gesellschaftliche Bedeutung und wurden vielfach aus Mineralien hergestellt. Edle Steine – nach heutiger Klassifizierung vielfach Halbedelsteine – waren selbstverständlich zum einen für den Schmuck wichtig. Dabei zählte nicht nur ihr Wert, sondern auch ihre symbolische Bedeutung, besonders bei Herrschaftszeichen und liturgischem Gerät. Fachleute konnten diese Kunstobjekte regelrecht «lesen». Man sprach den Steinen zweitens praktische und vor allem medizinische Kräfte zu: Die einen behüteten gegen Gift, die anderen gegen Trunkenheit. Vieles davon mag heute esoterisch klingen; für die Menschen im Mittelalter hatte es aber eine hohe symbolische Bedeutung.

Vom Fernhandel profitierten viele, auch die Adeligen. Legitim durch militärisches Geleit, Mauten und Zölle und illegitim durch Raub – und man kann es den Händlern nicht verdenken, wenn sie darin kaum einen Unterschied sahen.

Gewerbe

Im Ersten Mittelalter wurden zahlreiche handwerkliche Tätigkeiten im Rahmen der Grundherrschaft getätigt, nicht unbedingt als Hauptberuf. In vielen Burgen findet man Spuren der Schmiedetätigkeit. Um Mühlen zu betreiben, brauchte man Wasser- und Wegerechte, und die lagen bei der Herrschaft. Die Errichtung von

Back- und Dörröfen konnte ebenso das grundherrliche Einkommen verbessern.

In den zahlenmäßig zunehmenden und anwachsenden Zentralorten und Städten bildeten sich selbstständige Handwerksbetriebe aus, die von den dortigen Rechten und Freiheiten profitierten. Sie schlossen sich in Gilden zusammen, um einerseits Ausbildung, Qualität und Preise zu kontrollieren, andererseits aber auch für ihre Mitglieder eine gewisse liturgische und soziale Versorgung zu garantieren. Diese Professionalisierung hatte unter anderem zur Folge, dass Frauen kaum als Unternehmerinnen tätig werden konnten.

Unterschichten und Randgruppen

Die verschiedensten Tätigkeiten, vom Betrieb der bürgereigenen Landwirtschaft, besonders im Weinberg, über den Baubetrieb bis hin zur Entsorgung, brachten eine neue soziale Gruppe von Menschen in Lohnarbeit hervor, die im Unterschied zur Grundherrschaft nicht mehr an einen bestimmten Haushalt gebunden waren. Es entwickelte sich ein städtisches Proletariat, heute würden wir sagen: *working poor*.

Diese Menschengruppe ist nicht zu verwechseln mit den zugelassenen und oft in Listen eingetragenen, sozusagen «offiziellen» Armen. Diese – nicht selten auf die eine oder andere Art behindert – hatten das Recht, zu betteln und Almosen zu empfangen. An der Wende zur Neuzeit wurden eigene Bettelzeichen eingeführt. Arme wurden in Testamenten bedacht, und zwar nicht nur mit Speisen und Sachspenden, sondern auch mit Bädern, besonders vor hohen Feiertagen. Einkommenslose Fremde wurden hingegen meist der Stadt verwiesen; Ausnahmen konnte man für Pilger machen. Das Exil konnte auch als Strafe ausgesprochen werden. Gaukler und Schausteller waren nur zu Jahrmärkten und Festen geduldet.

Für kranke und alte Menschen wurden Spitäler eingerichtet, die ebenfalls oft in Testamenten bedacht wurden und schließlich eine gar nicht so geringe Wirtschaftskraft in der Stadt hatten. Dort konnte man entweder in einem großen Saal auf Stroh liegend sein Ende abwarten und nicht viel mehr tun, als zu beten, oder man hatte sich «eingekauft» und durfte eines der besseren Zimmer im oberen Stock bewohnen. Als «Spitalmeister» fungierte meistens eine der führenden Personen in der Stadt. Weitgehend ausgesperrt wurden die Aussätzigen (vgl. S. 38). Diese armen Menschen mussten sich, wenn sie in der Stadt bettelnd unterwegs waren, deutlich durch Lautzeichen zu erkennen geben.

Eine kleine Gruppe von Menschen wurde zwar von der Stadt bezahlt, übte aber «unehrliche» Gewerbe aus. Das waren beispielsweise jene, die mit der Entsorgung zu tun hatten, also z. B. Abdecker und Reiniger von Abfallgruben. Manche der Gerichtsdiener gehörten eher zur Mannschaft der Henker; indes galt dessen Gewerbe durchaus nicht überall als «unehrlich». Boten, Ausrufer und Nacht- und Feuerwächter wurden als ehrsame Leute angesehen. Sie wurden, wie die Kirchendiener, auch mit Gewand versorgt.

Eine weitere für das Stadtleben nicht unerhebliche Randgruppe waren die Dirnen. Da eine verhältnismäßig große Anzahl von jungen Männern nicht oder erst spät einen eigenen Hausstand gründen konnte, war deren «Versorgung» den Bürgern «zum Schutz ihrer Frauen und Töchter» durchaus willkommen. Aus der Prostitution gab es zwei Ausstiegsmöglichkeiten: Erstens versuchte man, vornehmlich ab dem 14. Jahrhundert, die Frauen zu missionieren und in klosterartige Gemeinschaften einzuweisen, die meist der heiligen Magdalena geweiht waren; zweitens konnten sie den Weg in eine «ordentliche» Ehe finden.

Sondergruppen

Sondergruppen im sozialen Gefüge einer Stadt waren die Mitglieder der Höfe, die Adeligen, der Klerus und die Juden. Letztere wohnten in der Regel, wie auch die Gewerbetreibenden, in speziellen Vierteln der Stadt. Ein Ghetto im heutigen Wortsinn gab es nicht; der Begriff geht auf ein Stadtviertel in Venedig zurück, in dem seit dem 16. Jahrhundert die jüdische Gemeinde lebte. Es konnte zwar vorkommen, dass das Judenviertel abgesperrt wurde, durch eine Sabbatkette oder das Schließen eines Tores, aber das war vor allem eine Maßnahme, um die Sabbatruhe zu sichern. Da die Juden, ebenso wie der Adel, auf den Hof des Stadtherrn hin orientiert waren, der sie mit Privilegien schützte, lagen beider Wohnviertel sehr oft nebeneinander.

Für das jüdische religiöse Leben brauchte es wegen der Feste und der Reinheitsgebote eine gut funktionierende Infrastruktur, für die die jüdische Gemeinde aufzukommen hatte, ebenso wie für die Steuern an die «Schutzherren». Allerdings trugen die wenigen, die im Geldgeschäft arbeiteten, den Löwenanteil davon. Diese Personen nahmen auch hohe Ausgaben für die sozialen und religiösen Dienste auf sich.

Jede größere jüdische Gemeinde hatte eine eigene Mikwe, das rituelle Bad, das in «reinstem, lebendigem Wasser» durch vollständiges Untertauchen vollzogen wird. Daher wurden in Städten oft tiefe Anlagen gebaut, die bis zum Grundwasser hinunter reichten. Die religiöse Reinigung ist für jede verheiratete Frau nach der Menstruation und nach einer Geburt vorgeschrieben. Auch für Männer gibt es, besonders vor religiösen Zeremonien, solche Reinigungsvorschriften.

Im außerreligiösen Alltag unterschied sich das Leben der Juden nicht wesentlich von dem der zeitgenössischen Christen. Man tauschte Küchenrezepte aus, beschäftigte die gleichen Künstler und las die gleichen Romane. Man besuchte einander bei Hochzeiten. Die jüdischen Begräbniszüge führten durch die Stadt oder, wenn kein jüdischer Friedhof in der Nähe war, weit übers Land. Nur in der Bildung waren viele Juden, besonders aus wohlhabenden Familien, den Christen überlegen. In größeren Gemeinden gab es gelehrte Rabbiner, die für einen großen Umkreis auch als Auskunftspersonen in religiös-rechtlichen Fragen dienten. Ihre «Responsen», d.h. Antworten auf schriftlich vorgelegte Fragen, sind eine großartige Quelle für die Alltagskultur.

Vor diesem Hintergrund erweisen sich die Judenverfolgungen als das Verbrechen, das sie selbst nach den Maßstäben ihrer Zeit waren: Es gab weder religiöse noch kirchliche oder soziale Gründe dafür. Die Vorwürfe des Ritualmordes und der Hostienschändung sind haarsträubender Unsinn, obwohl Darstellungen davon und Gedenktafeln bis in die zweite Hälfte des 20. Jahrhunderts überdauerten. Man muss selbst an die Transsubstantiation glauben, um eine Hostie rituell «schänden» zu wollen. Die Brunnen haben – meist durch Unwissenheit und ohne Absicht – die Christen selbst «vergiftet».

Die grausamen Taten sind die Folgen von blanker Besitzgier, schrecklichen Ängsten vor Ereignissen, für die man die Ursachen nicht kannte und einen «Sündenbock» suchte, und des Misstrauens gegen «Andere». Das wurde von gewissenlosen Menschen ausgenutzt, darunter auch von Geistlichen – entgegen den Weisungen ihrer Obrigkeit und der theologische Lehre. Allerdings wird sich kein Jude zur Osterzeit freiwillig auf der Straße gezeigt haben, da man in der Osterliturgie für die Bekehrung der «verstockten» Juden in den Kirchen betet.

Schließlich ist eine weitere Personengruppe zu beachten, die in der städtischen Gesellschaft allgegenwärtig ist: die in fremde Haushalte eingebundene Dienerschaft. Hier haben sich feudale Prinzipien bis weit in die Neuzeit hinein erhalten. Das betrifft einerseits ihre eingeschränkte Rechtsstellung, die oft – wie bei Handwerksgesellen – ein Heiratsverbot einschloss, andererseits einen gewissen sozialen Schutz, wenn auch in Abhängigkeit. Wie im bäuerlichen Bereich gab es eine soziale Mobilität nach unten: Zweite und folgende Töchter und Söhne kamen in den Dienst. Umgekehrt ist auch die Rede davon, dass Witwen von Handwerkern talentierte Gesellen heirateten, um mit ihnen als Meister das Gewerbe weiterzuführen. Andere Formen der Mobilität nach oben sind fallweise durch besondere Talente bedingt, kaum durch Heiraten.

Der Adel und die Höfe der Feudalherren sorgten in der Stadt zwar für Umsatz, aber nicht für Steuern. Insofern ist auch das eine Sondergruppe, samt dem ganzen dazu gehörenden Personal im Haushalt. Manche Städte hatten sich unterhalb von Burgen entwickelt (vgl. S. 65). Dieser Typ kommt besonders häufig in den Dichtungen vor. Unter Umständen residierte dort später der Stadtrichter, der zunächst vom Stadtherrn bestellt wurde. Größere Fürstenhöfe beanspruchten ganze Stadtviertel. Unter fürstlichem Privileg konnten auch Gewerbe entstehen, die nicht den Zünften unterworfen waren. Jedenfalls aber stand der Münzmeister in fürstlichem Auftrag; manchmal war es ein reicher Jude.

In einer Bischofsstadt gab es, in der Regel um den Dom, noch die Häuser des Domkapitels, der Domherren. Das waren Kleriker, die in der bischöflichen Liturgie und Verwaltung eine bedeutende Rolle spielten und maßgeblichen Anteil an der Bischofswahl haben sollten – wenn dabei nicht, wie es oft geschah, massiver politischer Druck ausgeübt wurde. Die Domschule war ebenfalls eine kirchliche Einrichtung, die Lehrpersonen waren Kleriker. Das wurde auf die Universitäten übertragen, deren Personal ebenfalls die Privilegien von Klerikern hatte. Die Studenten standen als Fremde unter eigener, vom Fürsten privilegierter und von der Universität eingerichteter Gesetzgebung, was immer wieder zu Reibereien mit den Bürgern führte.

Bürger

Die städtische Oberschicht rekrutierte sich aus den wohlhabenden Kaufleuten und Handwerkern einerseits und aus den Ministerialen, wörtlich (adelig lebenden) Dienstleuten, und den Stadtherren andererseits. Vom 12. Jahrhundert an entwickelten sich Funktionen und Gremien zur politischen Mitbestimmung, Räte und Ratsversammlungen. Solche sind erstmals um 1200 in Basel, Straßburg, Worms und Lübeck nachweisbar. Das Wahlrecht war aber zunächst auf bestimmte patrizische Familien eingeschränkt. Ab dem 14. Jahrhundert konnten, manchmal erst nach Aufständen, auch Handwerker Sitze im Rat erringen. Man kam zwei bis drei Mal in der Woche zusammen. Vertrauensperson des Rates war der Stadtschreiber, eine Art oberster Beamter und Notar, der oft auch die Stadtchronik führte.

Zu den Rechten, nach denen eine Stadt strebte, gehörten die Zollfreiheit und der Schutz für den Transport ihrer Versorgungsgüter sowie der Einfluss auf den Durchgangshandel auf den vorbeiführenden Straßen und Flüssen. Besonders vorteilhaft war also, von einer überregionalen Gewalt, die solche Rechte in der Hand hatte, protegiert zu werden.

Das Eigentumsrecht an Grund und Boden in der Stadt musste ebenfalls geregelt werden. Es stand zunächst dem Stadtherrn zu, der dafür Abgaben verlangte. Auch nachdem die Bürger das Eigentumsrecht errungen hatten, konnte es zu einer Trennung zwischen Eigentum und Nutzung kommen: Durch Schenkungen und Vermächtnisse kam viel Grund und Boden in die Hand geistlicher Institutionen, vor allem von Spitälern, die für die Nutzungsrechte entsprechenden Zins kassierten.

Wer Bürger sein wollte, musste an den kommunalen Aufgaben «mitleiden». Das betraf auch die Verteidigung; Mauern, Tore und Türme waren zu errichten und zu erhalten. An den Toren und auf den Türmen mussten Wachmannschaften eingesetzt werden, auch zur Feuerwache. Die Bürger mussten sich selbst ausrüsten und/oder Leute anstellen und ausrüsten, die die militärischen Aufgaben im Ernstfall übernahmen und sich durch regelmäßiges Training darauf vorbereiteten. In den «Zeughäusern» und Museen sind heute unter anderem prächtige Waffen zu sehen, die vornehmlich der Repräsentation dienten, wie z. B. die wundervoll bemalten Setztartschen, bis zu mannshohe Holzschilde. Schon ihr Erhaltungszustand spricht dagegen, dass sie in einem Krieg zum Einsatz kamen.

Der Dichter und Beobachter

Wir haben das Glück, dass eine ausführliche Stadtschilderung von Wien aus der Feder eines der bekanntesten Humanisten seiner Zeit überliefert ist: von Aeneas Silvius Piccolomini, dem späteren Papst Pius II., in seiner «Historia Austrialis» (I 1–3), geschrieben um 1450/51. Aeneas wurde in der Nähe von Siena geboren und hat dort studiert, lernte aber dann auf seinen weiten Reisen viele verschiedene Städte kennen, bis er als Sekretär Kaiser Friedrichs III. nach Wien kam. Der Kaiser krönte ihn zum *poeta laureatus*, lorbeerbekränzten Dichter. Er empfing erst in Wien die Weihe zum Subdiakon, und wir haben gute Gründe anzunehmen, dass ihm das weltliche Leben nicht fremd war.

Wien ist also an der Donau gelegen ... ihr Mauerring umfasst zweitausend Schritte [ca. 3 km, in Wirklichkeit fast 5 km], *aber sie hat überaus große und umfangreiche Vorstädte, die von Gräben und Wällen umgeben sind* [die Befestigung der Vorstädte war ganz neu]. *Die Stadt selbst ist durch tiefste und breiteste Gräben befestigt, dann durch einen sehr hohen Wall, danach durch dicke und hohe Mauern mit zahlreichen Türmen aus behauenem Stein und mit Wehren, die für die Verteidigung im Krieg geeignet sind.*

Die öffentlichen Bauten sind mit unglaublichem Aufwand errichtet, die königlichen nach der Art einer Burg erbaut, mit Sälen, Speiseräumen, Zimmern und dem, was sie «Stuben» nennen, von wunderbarer Größe und mit überaus reichem Schmuck. Als Stuben bezeichnen die Deutschen Räume, in denen in der Winterzeit in Öfen erzeugte Wärme gegen die Kälte des Nordwinds eingesetzt wird.

In einer anderen Version des Geschichtswerkes geht er genauer auf die Bürgerhäuser ein und kommt dabei wieder auf die Stuben zu sprechen; der Südländer muss ziemlich gefroren haben: Die Häuser der Bürger seien geräumig und mit reicher Ornamentik versehen, dabei aber in ihrer Anlage solide und fest. Überall fände man gewölbte Torgänge und breite Höfe. Aber an Stelle der Tri-

Abb. 23: Wien um 1470, Ausschnitt aus dem Schottenaltar

klinien (Speise- oder Schlafzimmer, auf Burgen Kemenate) habe man hier heizbare Zimmer; nur auf diese Weise bewältige man des Winters Strenge.

Zu seinem Glück hat er keinen der furchtbaren Stadtbrände miterlebt, von denen die Menschen recht häufig heimgesucht wurden. Selbst die Dächer der Bürgerhäuser waren nur zum Teil mit Ziegeln gedeckt, wie Aeneas kritisch bemerkt, viele Nebengebäude wohl nur mit Stroh. Auf manchen Städtebildern erkennt man deutlich, dass die Schindeln rot angemalt wurden, um wie Ziegeln auszusehen.

Fenster und Glas – das im 15. Jahrhundert zunehmend verwendet wurde – ließen von allen Seiten das Licht durch, die Tore seien meist aus Eisen. In ihnen hingen, so schreibt er, sehr viele Singvögel. *Das Gerät in den Häusern ist reichlich und proper. Für Pferde und Lastvieh aller Art hat man geräumige Ställe. Die hohe Front der Häuser gewährt einen prächtigen Anblick. Nur das macht einen unschönen Eindruck, dass man die Dächer meist mit Holz deckt, nur wenige mit Ziegeln. Im Übrigen bestehen die Häuser aus Steinmauern.* [Das kontrastiert wohl mit dem Fachwerk, das Aeneas anderswo gesehen hat.] *Innen und außen erglänzen die Häuser von weißem Anstrich. Innen und außen sind die Häuser bemalt; tritt man in ein beliebiges Haus, so glaubt man in den Palast eines Fürsten gekommen zu sein.*

Dazwischen schildert er die Kirchen, besonders die Stephanskirche mit ihrem hohen Turm, und die Reliquienschätze, und fährt folgendermaßen fort:

In den Häusern der gewöhnlichen Bürger aber, die mit hervorragender Großzügigkeit errichtet sind, fehlt es an keinem Schmuck, keiner Bequemlichkeit, und obwohl sich viele private Gebäude bis zum zweiten und dritten Stockwerk erheben, haben die Wiener dennoch nicht weniger Bauten unter der Erde als über der Erde, in denen sie die Weine verwahren. Die Häuser der Adligen und Prälaten sind frei [auch von Steuern], *und keiner der Amtsträger der Stadt hat in ihnen Befehlsgewalt. Der Boden der Straßen und Gassen ist mit festen Steinen gepflastert, so dass er nicht leicht durch die Räder der Fuhrwerke eingefurcht wird.* Das war noch nicht lange der Fall und auch nur auf den wichtigsten Verkehrswegen.

Weiter geht es über die allgemeine Lage der Stadt und die Kirchen, Klöster und Spitäler. *Auch darf man das Kloster des heiligen Hieronymus nicht verachten, in das ehemalige Prostituierte aufgenommen werden, die Tag und Nacht Hymnen in der heimatlichen Sprache singen.*

Über die Universität hat er viel, aber nicht immer Schmeichelhaftes zu sagen. *Übrigens gehen die Studenten selbst eifrig dem Vergnügen nach, sind auf Wein und Speisen begierig, wenige erweisen sich als gelehrt, Tag und Nacht ziehen sie umher und bereiten den Bürgern großen Ärger. Sie kämpfen mit ihnen oft aus den geringsten Ursachen, greifen zu den Waffen und führen Schlachten wie in einem gerechten Krieg. Dazu reizt sie am häufigsten die Zudringlichkeit der Frauen, die sowohl den Freimut haben, zu sprechen, wann sie wollen, als auch zu gehen, wohin sie wollen, und sie sind nicht so keusch, wie sie schön sind.*

Mit fünfzigtausend schätzt er die Zahl der Einwohner bei weitem zu hoch; man geht etwa von der Hälfte aus. Zur Verfassung wird bemerkt: Es gebe einen von einem bestimmten Kreis von Bürgern gewählten und vom Fürsten bestätigten Rat von 19 Männern, einen Richter und einen Bürgermeister. Gerichtet werde nach Gewohnheitsrecht, nicht nach geschriebenem.

Es ist unglaublich, wie viele Ladungen an Lebensmitteln täglich aus den umliegenden Kleinstädten und Dörfern in die Stadt kommen, Brote, Fische, gebackenes Fleisch, auch Eier und Krebse werden auf unzähligen Wagen auf den Markt gebracht. Ausführlich wird die Weinwirtschaft geschildert; dabei ist die Rede von angeblich 1200 Pferden, aber nicht von den Arbeitern. Recht drastisch klingen die Schilderungen von nächtlichen Streitereien und von den Sitten in den Weinschänken. Die Wiener Bevölkerung kommt bei ihm nicht gut weg. Das mag an seiner Perspektive als Geistlicher liegen oder daran, dass sein damaliger Dienstherr, König (später Kaiser) Friedrich III. († 1493), den Wienern nicht besonders freundlich gegenüberstand.

Das Mittelalter der Bürger

In der im Mittelalter viel berufenen ideologischen Ständetrias der Beter, Kämpfer und (Land-)Arbeiter (*oratores, bellatores, laboratores*) kommen die Bürger nicht vor, obwohl es zu allen Zeiten in Europa Händler und Handwerker gegeben hat. Nur einmal, im «Guoten Gerhart» des Vorarlbergers Rudolf von Ems (um 1220, vgl. S. 86), wird bewusst die Figur eines Kölner Bürgers dem König als Vorbild präsentiert; man sagt, es stünde der Kölner Bürger Gerhard Unmaze († 1198) dahinter. Dessen Sohn steigt in den Adel auf, und adeliges Leben bot die kulturelle Orientierung für die städtische Oberschicht.

So mancher reich gewordene Bürger kaufte, baute oder renovierte eine Burg in der Nähe seiner Stadt, wie die Familie Vintler die «Bilderburg» in Runkelstein bei Bozen (S. 70f.). Sie wollten offenbar zeigen, dass sie sich eine ritterliche und adelige Repräsentation leisten konnten, im Gegensatz zu manchem «echten» Adeligen. Die Bilder an den Wänden der bürgerlichen Häuser waren die gleichen wie die in den Burgen.

Neidhart-Spiele waren eine höfische Angelegenheit, aber auch Bürger amüsierten sich damit auf Kosten von «Bauern», mit deren Gestalten man den Landadel karikierte. Man las Ritterromane und sammelte Ritterdichtung. Reiche Kaufleute finanzierten, besonders prächtig in Burgund, fürstliche Höfe, an denen ein künstliches Ritterbild inszeniert wurde.

Vielleicht ist die Erfindung des Sports eine genuin bürgerliche Kulturschöpfung. Wettbewerbe in körperlicher Geschicklichkeit und Kraft hat es immer gegeben und Sieger auch, die Ruhm und Geld davontrugen. Es genügte nicht mehr, aktuell der Beste zu sein, es wurde gemessen und gewogen, und man wachte peinlich genau über die Einhaltung der Regeln. Die systematische Übung in einer für den militärischen Ernstfall weitgehend nutzlosen Kunst wie in den Fechtschulen des späten Mittelalters, war indes etwas Neues, und wurde vom Hofe sogar geadelt.

Die Darstellungen von Kaiser Maximilians Turnierkämpfen orientieren sich an einem zeitgenössischen Fechtbuch. Der «letzte Ritter», als der er sich darstellte, und seine Turnierpartner trainierten hart. Für den Ernstfall beschäftigte sich Maximilian aber intensiv mit der neuen Technologie der Kanonen. Zur Belagerung von Kufstein 1504, wo mehr als 26 Geschütze eingesetzt waren, wurden hochrangige Beobachter eingeladen.

Vieles, was in unseren Köpfen das Bild des Mittelalters ausmacht, stammt aus dem «Herbst des Mittelalters», wie Johan Huizinga das 14. und 15. Jahrhundert in seinem 1919 veröffentlichten Hauptwerk treffend charakterisierte. Die Romantik des 19. Jahrhunderts hatte die ideologisch stark aufgeladenen Bilder aus dem Mittelalter begeistert aufgegriffen. Es gab wohl eine mentale Verwandtschaft: So, wie viele Menschen sich gegen die Folgen der Industrialisierung auflehnten, hatten sich im späten Mittelalter viele Menschen aus Krieg, Not und Elend in Inszenierungen einer nostalgischen Rückschau geflüchtet. Das Buch von Huizinga erschien nicht zufällig unmittelbar nach dem Ersten Weltkrieg, als erneut der Zusammenbruch einer Kultur bewältigt werden musste.

V Fest – Turnier – Krieg

Feste akzentuieren den Alltag. Im Jahres- und Lebenskreis geben sie fast allen Menschen einerseits die Möglichkeit, aus dem Alltag herauszutreten; andererseits geben sie die Gelegenheit, den eigenen Status und die soziale Stellung öffentlich darzustellen. In Chroniken und Romanen sind sie zugleich Deutungen der gesellschaftlichen Strukturen, zeigen die Propaganda der Mächtigen, die bei Festen zum Ausdruck kommt, und dienen als didaktische Richtschnur für die Leserinnen und Leser. Die Rollen von Akteuren und Publikum vermischen sich häufig, aber mit dem Fortschreiten der Zeit wird die Trennung dieser beiden Sphären zunehmend deutlicher.

Kirchenfeste

Uns mögen die Feste im Lebenskreis am nächsten stehen und dann die Feste mit gesellschaftlichem oder politischem Charakter einfallen. Von den Festen im Jahreskreis sind nur mehr die wichtigsten übrig geblieben, teilweise ihres Sinnes entleert. Die Kirche hat viele Darstellungsformen und Anliegen aus dem Alltag der Menschen übernommen, aber auch nahezu allen Festen ihren Stempel aufgedrückt. Diese Wechselbeziehung gilt ebenso für die Musik, wo manchmal die gleichen Melodien verwendet wurden, und sogar für das Theater: Die Kirchenoper nimmt ihren Ausgang von den Osterspielen.

Die Messfeier, der Spiegel aller Feste

Der Festkreis der Kirche hat seinen Kern in der Feier der Eucharistie, des Abendmahles. Im Jahreskreis werden in den Lesungen zur Messe das Wirken und die Passion Jesu vorgestellt. Die Abendmahlfeier selbst ist im Kern ein Nachvollzug der biblischen Szene am Donnerstag vor Ostern, heute Gründonnerstag genannt. Das Wort kommt übrigens von «greinen», d. h. weinen, und nicht von der Farbe grün.

Die Messe hat sich von einem gemeinsamen Liebesmahl der frühen Christen (Agape) zu einem festgefügten Ritus entwickelt. Dessen Grundstruktur samt dem Plan für die Lesungen und der Rolle der Musik war etwa zur Karolingerzeit ausgereift und blieb verbindlich bis zu den liturgischen Anpassungen des 2. Vatikanischen Konzils 1962–1965.

Heute begegnet man einzelnen Objekten der Liturgie in Ausstellungen und Museen und hört Elemente der Messen in musikalischen Aufführungen. Dennoch ist ihre jeweilige Herkunft heute nicht jedem geläufig. Vielleicht hilft dieses Kapitel, sie in ihren ursprünglichen kulturellen Kontext einzuordnen.

Die Kleidung des Priesters ist voll Symbolgehalt. Beim Anlegen wechselt er sozusagen seine Identität, von der Person zum Amtsträger. Häufig erwähnt werden der Amikt, das ist ein Schultertuch (Humerale, von lat. *humerus*, Schulter), das eine Art Kragen bildet, aber auch über den Kopf gezogen werden kann, die Albe, ein leinenes weißes Untergewand in Tunika-Form, absichtsvoll ähnlich dem Taufkleid, die Stola, die um den Hals liegt und in manchen Zeremonien als «leichtes Joch» (Mt 11, 30) ein Symbol für das Priestertum darstellt, und die Kasel, die Oberbekleidung aus einem Stück, die jedoch, sichtbar beim Ausbreiten der Arme, einen Vorder- und einen Rückenteil hat.

Der Einkleidung des Priesters entspricht die Vorbereitung zu einem höfischen Fest, bei dem die standesgemäße Kleidung von großer Bedeutung war. Man schlüpft in eine gesellschaftliche Rolle.

Während der Einkleidung werden vorbereitende Psalmen gebetet. Bevor der Priester in die Kirche geht, soll er sich kämmen; böse Zungen behaupteten, das sei vorgeschrieben, damit ihm keine Laus in den Kelch fiele. Die liturgischen Kämme wären dafür aber eher ungeeignet gewesen. Dann bringt man ihm Wasser, und er wäscht sich die Hände und trocknet sie ab.

Die Farbe von Stola und Kasel wird dem Festkreis angepasst. Weiß ist beispielsweise die Farbe an Festen der Bekenner und Jungfrauen, der Engel, zu Weihnachten, bei Johannes dem Täufer, zu Epiphanie, Lichtmess, am Gründonnerstag, zu Auferstehung und Himmelfahrt, bei der Bischofsweihe und zur Kirchweih. Rot wird gewählt an den Festen der Apostel und Märtyrer, am Fest des Kreuzes (zu dem aber auch weiß getragen wird) und zu Pfingsten. Schwarz galt als passend im Advent und in der Fastenzeit, wurde bei diesen Anlässen aber abgelöst von Violett, und – wie heute noch – bei Totenfeiern (auch dabei kommt manchmal Violett vor). Grün ist die Farbe an gewöhnlichen Tagen.

Der Introitus (Einzug) wird von Gesang begleitet, der bereits das Thema des Tages angibt. Den Priester begleiten die Messdiener, Ministranten. Vor dem Altar betet der Priester, während der Chor noch singt, das Stufengebet. Am mittleren, dem vierten Sonntag in der vorösterlichen Zeit lautet der Introitus: «Freut euch mit Jerusalem! Jubelt in der Stadt ...» (Jes 66, 10 f.). Der vierte Fastensonntag heißt daher nach dem lateinischen Gebet *Laetare*. Das Evangelium erzählt von der wunderbaren Brotvermehrung (Jh 6). Dieser Sonntag unterbrach das Fasten und galt als hoher Festtag. Er war für feierliche Veranstaltungen, auch Krönungen, sehr beliebt und heißt auch «Rosensonntag», weil an diesem Tag der Papst bis zum 19. Jahrhundert eine goldene Rose an besonders verdiente Personen verlieh.

Auch beim Introitus gibt es Parallelen zum feierlichen Einzug eines Fürsten (vgl. z. B. S. 190), bei dem selbstverständlich ebenfalls Musik gespielt wurde.

Abb. 24: Aquamanile in Rittergestalt, 13. Jh., Niedersachsen, heute Metropolitan Museum of Art, New York

Der Altar wird beräuchert. Währenddessen oder danach werden das *Kyrie eleison*, Herr, erbarme dich, und das *Gloria*, Ehre sei Gott, gesungen. In der Advents- und Fastenzeit und an Bußtagen entfällt das Gloria. Dann begrüßt der Priester zum ersten von sieben Malen mit dem *Dominus vobiscum*, der Herr sei mit euch, die Gläubigen.

Nach einem kurzen Gebet des Priesters beginnt der Wortgottesdienst mit der Lesung einer oder mehrerer Passagen aus dem Alten Testament und/oder aus den Apostelbriefen. Diese wurden im Mittelalter wie das Evangelium in der Regel lateinisch vorgetragen und oft erst in der Predigt für die Laien verdeutlicht. Glaubensbekenntnis, Bußgebete und Predigten wurden häufig in die jeweilige Volkssprache übersetzt. Vor dem Evangelium erklingt, außer in der vorösterlichen Fastenzeit, das Alleluja, dessen musikalische Ausgestaltung eine der Keimzellen des Kirchgesangs war.

Darauf folgen die Vorbereitungen für den Kernteil der Messe. Ein leinenes Tüchlein, das Corporale (weil darauf auch das Corpus Christi, der Leib des Herrn, liegt), wird ausgebreitet, darauf der Kelch gestellt, in den ein paar Tropfen Wasser und Wein gegeben werden. Daneben liegt auf einem Tellerchen, der Patene, die Hostie. Der Priester wäscht sich noch einmal kurz und zeremoniell die Hände.

Solche rituelle Händewaschungen sind seit der Antike auch bei festlichen Mahlzeiten im weltlichen Bereich üblich. Diener gießen dabei das Wasser aus einem oft kostbar gestalteten Gießgefäß, dem Aquamanile.

Am Ende der Vorbereitungen wendet sich der Priester an das Volk bzw. die Ministranten mit der Bitte: «Betet, dass mein und euer Opfer dem allmächtigen Vater gefalle», und diese antworten: «Der Herr nehme das Opfer an ...» Es folgen wieder ein *Dominus vobiscum* und die Aufforderung *Sursum corda*, erhebet die Herzen. Dann singt man das *Sanctus*, Heilig.

Schließlich tritt der Priester in den eigentlichen Messkanon ein. In den Messbüchern ist dessen Beginn mit dem *Te igitur, clementissime pater ... rogamus*, dich aber, gütigster Vater ... bitten wir, immer aufwändig ausgestaltet, weshalb bei Ausstellungen meistens diese Seite aufgeschlagen ist (Abb. 25).

Bei den Wandlungsworten handelt es sich formal um einen Bericht von der Einsetzung des Sakraments am Gründonnerstag. Sie lauten nach dem Evangelium «das ist mein Leib» bzw. «mein Blut» (Mt 26–28; Mk 14, 22–24). Lukas (22, 19) fügt noch hinzu: «Tut dies zu meinem Gedächtnis.»

Theologen stellten sich die Frage, ob der Akt des Priesters eine reine Gedächtnishandlung sei oder ein Nachvollzug dessen, was Christus tat. Die Beschreibung einer Wesensverwandlung bei der Weihe von Brot und Wein («Transsubstantiation»), die 1215 auf dem 4. Laterankonzil festgeschrieben wurde, kommt von einem aristotelischen Substanzbegriff, der sich nicht auf die sinnlich wahrnehmbare Realität, sondern auf das (ungreifbare) Wesen eines

Abb. 25: Drogo-Sakramentar, Mitte 9. Jh., fol. 15v, BNF lat. 9482

Dinges bezieht. Das war und blieb aber sehr vielen Menschen, die den philosophischen Hintergrund nicht kannten, kaum zugänglich. Auch Luther bekannte sich im Übrigen zu einer «Realpräsenz» Christi nach der Wandlung, aber er griff einen anderen Diskurs auf; das Stichwort dafür heißt «Konsubstantiation».

Die *Elevatio*, das anschließende Hochheben der Hostie, wurde erst im 12. Jahrhundert üblich. Das Schweigen wird dann gebrochen, es folgt noch einmal ein Schuldbekenntnis. Die Gemeinde, die gekniet hat, steht auf, das «Vaterunser» wird gemeinsam gesprochen. Dann erfolgt der Friedensgruß, ursprünglich ein Kuss, der vom Priester über die Messdiener an die Gläubigen weitergegeben wurde. Die Oblate wird in drei Teile gebrochen, denn am Brechen des Brotes erkannte man den Herrn (Lc 24,

30 f.). Nach der Anrufung «Lamm Gottes» beginnt die Kommunion.

Immer wieder wurde versucht, Laien zum häufigeren Kommunionempfang zu bewegen. Ab dem 4. Laterankonzil (1215) wurde vorgeschrieben, dass alle Gläubigen wenigstens zu Ostern in ihrer Heimatpfarre zur Kommunion zu gehen hatten. Das hat allerdings zur Voraussetzung, dass sie davor zur Beichte gehen und die Buße auf sich nehmen. In vielen Klöstern wurde wöchentlich kommuniziert.

Nach der Kommunion und einem kurzen Gebet werden die Gläubigen mit dem *Ite, missa est* entlassen; gemeint ist, «geht, es ist Entlassung» oder auch «Aussendung». Heute heißt es meist «Gehet hin in Frieden». Die Gemeinde antwortet mit dem *Deo gratias*, Dank sei Gott, das so manche, nachdem sie die ganze Zeit stehen mussten, als «Gott sei Dank» verstanden. Wegen dieser letzten Worte des Priesters heißt das Ganze «Messe».

Innerhalb der Messe sollte bestenfalls über die Lesungen und/oder das Evangelium gepredigt werden. Die großen Predigten, die uns überliefert sind, fanden bei besonderen Gelegenheiten oder überhaupt gesondert von der Messe statt und konnten recht lang werden. Oft wurden sie außerhalb der Kirche gehalten.

Jahreskreis

Für alle Menschen war der kirchliche Jahres-Festkreis wichtig, der auf vielfältige Weise mit dem Wandel der Jahreszeiten verbunden war. Das Kirchenjahr beginnt mit dem Advent. Andere Jahresanfänge waren Weihnachten, der erste Januar und Ostern. Auch Nachklänge des antiken Jahresbeginns am ersten März sind zu finden.

Der Advent ist eine Ruhe- und, streng genommen vom Tag nach dem Martinstag (11. November; S. 183 f.) an, auch eine Fastenzeit. Nach den herbstlichen Erntefesten konnten die Menschen das Fasten schon vertragen – und die Vorräte würden eher für den Winter ausreichen. In dieser Zeit war nicht nur der Fleischgenuss verboten – Näheres dazu bei der österlichen Fastenzeit (S. 180 f.) –, sondern es durften auch bis Weihnachten keine größeren Feiern wie z. B. Hochzeiten, keine Gerichtssitzungen und keine Synoden (Kirchenversammlungen) mehr stattfinden. Niemand wird sie zu einer Zeit, in der die Wege aufgeweicht waren, vermisst haben.

Die Schweine wurden bis in den Spätherbst in den Buchen- und Eichenwäldern gemästet. Ein Teil davon und jenes Vieh, das man nicht über den Winter füttern wollte, wurden geschlachtet. Im optimalen Fall geschah das mit Beginn des Frostes, so dass man das frische Fleisch länger aufbewahren konnte. Der Großteil aber wurde geräuchert oder eingepökelt. Die Sonntage unterbrachen das adventliche Fasten, so dass mancher Braten willkommen war, auch Beute von der Jagd, die, soweit es das Wetter zuließ, weiterging.

Das Weihnachtsfest wurde in allen kleinen und großen Kirchen feierlich begangen. So mancher Bischof oder Abt wusste ein Lied davon zu singen – nicht nur in der Liturgie, sondern auch, weil er die ganze Entourage eines Herrschers oder anderer Großer zu versorgen hatte. Von Weihnachtsgeschenken ist allerdings im Mittelalter noch nicht die Rede.

In die Weihnachtsbräuche ließ sich mühelos auch die außerchristliche Symbolwelt zur Wintersonnenwende aufnehmen. «Das Volk, das im Dunkeln lebte, hat ein helles Licht gesehen» (Mt 4, 16 nach Jes 9, 2), konnte man zu Weihnachten in der Liturgie hören. Das gibt Hoffnung in der Finsternis des Winters. Auch Juden feiern im Dezember ihr Lichterfest, Chanukka, das in der Diaspora oft Züge des Weihnachtsfestes angenommen hat. In Wien stand der erste Lichterbaum im 19. Jahrhundert in einem jüdischen Haushalt. Nachrichten von geschmückten Bäumen zu allen möglichen Anlässen sind noch viel älter, aber reichen kaum ins Mittelalter zurück.

Verschiedene Spiele der Krippenszene sind sehr alt. Franz von Assisi hat sie 1223 mit lebendigen Tieren und Menschen nachgestellt. Daraus soll sich die uns vertraute Krippe entwickelt haben. Mit dem dritten Weihnachtstag, dem Fest des heiligen Johannes des Evangelisten, verbindet sich der Brauch der «Johannes-Minne», bei dem Wein in der Kirche geweiht wird und man einander zutrinkt. Der Wein des Herbstes war zu diesem Zeitpunkt bereits fertig. Der heutige Neujahrstag (zu den Jahresanfängen vgl. S. 177) ist der achte Tag nach Weihnachten (Oktav) und daher der Abschluss des kirchlichen Festkreises.

Der nächste größere Feiertag ist der «Dreikönigstag», offiziell der Tag der Erscheinung des Herrn, Epiphanie. Ursprünglich waren darin die vier ersten offiziellen Auftritte Christi miteinander verbunden: Die Geburt, die Anbetung durch die Magier aus dem Morgenland (Mt 2), die Taufe im Jordan (Mt 3, 13–17) und die Hochzeit von Kana (Joh 1, 1–11). Das Evangelium bezieht sich aber von alters her auf die Magier, und diese gerieten in den Vordergrund. Ihre Dreiheit geht auf die symbolischen Gaben Gold, Weihrauch und Myrrhe zurück, ihre Namen tauchen schon in der Spätantike auf. Heute macht man aus C + M+ B, Caspar, Melchior und Balthasar, den Segensspruch *Christus mansionem benedicat*, Christus segne das Haus.

Ein weiterer «Auftritt» des Jesusknaben steht hinter dem nächsten Fest, das viele Wandlungen durchgemacht hat, mit dem häufigsten Namen Mariä Lichtmess am 2. Februar. Nach dem jüdischen Gebot ist es der Tag der Reinigung für die Frau, die einen Sohn geboren hat, und der Tag, an dem dieses Kind als Erstgeborener dem Herrn (vgl. Lk 2, 22–32) geweiht wird. Man zog symbolisch in einer Prozession mit Kerzen dem Erlöser entgegen.

Woher der Brauch der Kerzen kam, bleibt im Dunkel der Legende, wenn es nicht bloß eine Umsetzung des im Evangelium verwendeten Isaias-Zitates (Jes 49, 6) über das «Licht für die Heiden» ist. Ebenso unsicher ist der Zusammenhang mit vorchristlichen Festen der Römer, für die der Februar ein Reinigungsmonat war, oder der Kelten. Prediger im Mittelalter wetterten dagegen, welchen Prunk man mit den Kerzen trieb, um den Wohlstand zu zeigen. Lichtmess war im Mittelalter der Tag des Dienstbotenwechsels und ein beliebter Zahlungstermin.

Mit dem Rebenschnitt im Weingarten beginnt im Februar die Jahresarbeit, dann folgt je nach Region und Wetter bis in den März die erste Bestellung der Gärten und Felder. Solange Frost herrscht, können adelige Gesellschaften leicht mit den Pferden auf die Jagd gehen; vor allem die Beizjagd mit Greifvögeln wird geübt. Zwischen Epiphanie und dem Beginn der Fastenzeit sind Hochzeiten und Gerichtssitzungen möglich.

Verschiedene Narrenfeste in der Zeit zwischen dem Fest der unschuldigen Kinder (28. Dezember) und dem Aschermittwoch sind überliefert. Beispielsweise wurde in den Klöstern eine Art «Verkehrte Welt» gefeiert, indem Kinder oder junge Kleriker für einen Tag die Ämter der Oberen übernahmen; Ähnliches war schon in der Antike bei den Saturnalien zwischen Herren und Sklaven Brauch. Was wir als Faschingsbrauchtum kennen, ist allerdings erst in der nachreformatorischen Zeit in katholisch gebliebenen Ländern gewachsen.

Je nach Osterdatum beginnt im Februar oder Anfang März mit dem Aschermittwoch das österliche Fasten. Es kommt gerade recht, denn die Wintervorräte gehen zur Neige. In den Ländern nördlich der Alpen ergab sich ein Problem: Da nicht nur Fleisch, sondern auch Fleisch- und Milchprodukte verboten waren, kamen die Köchinnen, die Schmalz zu verwenden gewohnt waren, in Schwierigkeiten. Olivenöl war ein teures Importgut. Reiche Leute besorgten sich sogenannte «Butterbriefe», die ihnen den Gebrauch von tierischem Fett erlaubten.

Am 25. März, also genau neun Monate vor dem nächsten Weihnachtsfest, ist Mariä Verkündigung (Lk 1, 26–38).

Der Festkreis zu Ostern ist im Christentum von besonderer Bedeutung. Am Palmsonntag gedenkt man des Einzugs Christi in Jerusalem mit einer förmlichen Prozession, die Gelegenheit bietet, das gesellschaftliche Gefüge darzustellen. Nicht selten wurde der Tag genutzt, um einen feierlichen Einzug eines Fürsten oder Bischofs zu veranstalten.

Der Armendienst am Gründonnerstag, nach dem Vorbild der Fußwaschung Christi an den Aposteln (Joh 13), machte die Bedeutung der Armenfürsorge vor dem versammelten Klerus sichtbar. Am Karfreitag schwiegen auch damals schon, als Zeichen der Trauer, die Glocken und alle Metallgeräte, mit denen sonst zum Gottesdienst gerufen wurde.

Seit dem Karfreitag hatte die Eucharistie an einem besonderen Ort geruht, von dem sie am Ostersonntag feierlich wieder eingeholt wurde. Das war ein zentrales Element der theatralischen Gestaltung, die um das christliche Osterfest entstand. Beim Ostermahl verteilte der Bischof persönlich Stücke des Lammes und vom Speck, die er bei der Messe geweiht hatte, an die anwesenden Mitglieder der bischöflichen Familia, d. h. die von ihm als Herrn abhängigen Personen. Daraus entstand die österliche Speisenweihe. Die Bauern hatten vor den Feiertagen Lämmer und Eier anzuliefern, aber auch die vornehmeren Mitglieder der Familia und befreundete Adelige kamen nicht ohne Ostergeschenk. Die Herren gaben auch ihrerseits Geschenke aus.

Musiker begleiteten das Festmahl. Die Lieder der Feiernden hatten wohl nur am Anfang geistliche Themen, gegen die Tänze haben jahrhundertelang Moralisten vergeblich gewettert. In der Liturgie am Ostermontag segnete der Bischof in besonderer Weise das versammelte Kirchenvolk. Die ganze Osterwoche galt als Festwoche, in der auch in den strengsten Klöstern der Speisezettel opulenter war und es zusätzlich Wein zu trinken gab.

Der Tag des heiligen Georg am 23. April war wieder ein wichtiger Zins- und Gerichtstag. Die Frühjahrsarbeit sollte bis dahin im Wesentlichen abgeschlossen sein. Wie Georg – erst in der Kreuzzugszeit – zum Drachen kam, den er vielleicht vom Erzengel Michael übernahm, ist nicht ganz klar.

Zwischen Ostern und Pfingsten fanden die meisten politischen Versammlungen und Feste statt. Eine größere Zahl von Menschen und ihre Reittiere konnten jetzt ernährt werden; bis zur Heuernte war in der Landwirtschaft nicht viel zu tun. Das Pfingstfest findet am fünfzigsten Tag nach Ostern statt und hat daher seinen Namen bezogen (Πεντηκοστή [ἑμέρα], Pentēkostē [hēmera], der fünfzigste [Tag]). Zehn Tage davor ist Christi Himmelfahrt, immer an einem Donnerstag. In der Woche vor Christi Himmelfahrt finden die Bitttage statt: Die Bauern haben ihre Pflicht getan, um die neue Ernte zu sichern, nun kam es auf den höheren Segen an, damit sie gedieh.

Der Juni war der Heumonat. Am 24. Juni findet das Fest Johannes des Täufers statt. Zwei Wochen davor sollte wieder gefastet werden. Es war ein Hochfest, doch nicht bloß wegen der Bedeutung dieses Wegbereiters Christi. Es war die Zeit des Mittsommerfestes, das ganz besonders in keltischen Ritualen eine überragende Rolle spielte. Christliche Autoren berichten nicht gerne darüber.

Zu Peter und Paul, am 29. Juni, wurden Adelige manchmal noch für politische Geschäfte oder Rechtsfragen zu Hof gerufen. Die Anlässe gingen aber nach Pfingsten deutlich zurück. Auch hohe Adelige kehrten heim auf ihren Besitz und verteilten ihre Gefolgsleute auf die Güter, damit sie bei der beginnenden Ernte helfen oder Aufsicht führen konnten. Es gibt eigentlich keine Sommerdichtung im Wortsinn in der mittelalterlichen Jahreszeitenlyrik; wenn etwas «Sommerlied» heißt, blühen noch die Blumen in der Wiese, die aber bald nach Pfingsten gemäht wird. Im Juli fanden keine Gerichtsversammlungen statt, und es gibt keine besonderen Feiertage. Niemand sollte von der Arbeit abgehalten werden.

Petri Kettenfeier am 1. August läutet ein neues Lebensgefühl ein. Ein Teil der Ernte ist eingebracht, das Überleben für ein weiteres Jahr gesichert. Jetzt geht es um Fülle und Freude. Das Marienfest Mitte August, Mariä Himmelfahrt, ist vielleicht das älteste Fest der Gottesmutter. Es ist ein Dank- und Bittfest zugleich und verbindet sich seit dem 10. Jahrhundert mit der Kräuterweihe. Auch Mariä Geburt am 8. September ist ein altes Fest; es wurzelt in einem apokryphen Evangelium, dem Protoevangelium des Jakobus. Die außerhalb des offiziellen Kanons der Evangelien überlieferten

Geschichten über Maria, ihre Eltern und die Kindheit Jesu erfreuten sich großer Beliebtheit.

Am 17. September ist das Fest des heiligen Lambert, der es zu einem wichtigen Viehheiligen gebracht hat, am 21. das Fest des Apostels Matthias, ein Zinstermin. Zu Michaeli am 29. September, einem weiteren wichtigen Zinstermin, sollte die Schweinemast beginnen. Der Erzengel als Seelenführer war Patron vieler Kirchen.

Das jüdische Neujahr (Rosch ha-Schana), das Versöhnungsfest (Jom Kippur) und das Laubhüttenfest (Sukkot), die in den Herbst fallen, werden wohl auch von christlichen Nachbarn bemerkt worden sein.

Doch allzu oft wurde in dieser Jahreszeit der Friede gebrochen. Kaum war das Getreide geerntet, begannen Kriege. Große Ansammlungen von Menschen konnten jetzt ernährt werden, das Getreide in den Scheunen der Feinde konnte als Beute locken. Die sumpfigen Niederungen an den Flüssen waren weitgehend trocken, so dass die Heere rasch vorankamen. Fand kein Krieg statt, dann immerhin eine Jagd, ein standesgemäßes Herbstvergnügen, auf das auch viele Bischöfe nicht verzichten wollten, obwohl sie als Geistliche eigentlich keine Waffen führen durften. Wenn die Abgaben eingetrieben waren, konnten sich Adelige wieder ein ritterliches Leben leisten.

September und Oktober sind im Bauernjahr einerseits bestimmt von der Weinlese, andererseits von der Aussaat des Wintergetreides. Außerdem war noch viel zu ernten, vor allem das kostbare Lagerobst, Äpfel und Birnen, und die wichtigste Nahrungsgrundlage für den Winter neben dem Getreide: das Kraut (Kohl). Ein weiteres haltbares Lebensmittel wurde eingesammelt: die über den Sommer, oft auf den Almen, produzierten Käse, hart oder geräuchert, und oft gerade so groß, wie sie zwei Hände formen konnten.

Ab der Jahrtausendwende verbreitete sich der Gedanke, an der Wende vom Oktober zum November ein allgemeines Totengedenken zu begehen (Allerseelen und Allerheiligen). Zu Martini dann, am 11. November, waren neben anderen Abgaben die Gänse fällig.

Das, was sie kostbar machte, waren ihre Federn, die Vögel selbst wurden oft in einem Festmahl gemeinsam von Herren und Knechten gegessen. Es war das letzte vor der weihnachtlichen Fastenzeit. Solche standesübergreifenden Festmähler waren wichtig für den Zusammenhalt einer Familia. Diese Zinstermine blieben auf diese Weise auch den Bauern nicht nur in schlechter Erinnerung. Der Aposteltag des Andreas am 30. November war ein weiterer wichtiger Abgabetermin.

So ist der ganze Jahreskreis eingebettet in den Zyklus der Heiligenfeste. Krönungen von Herrschern und Amtseinführungen von Bischöfen und Päpsten fanden fast immer an besonderen Heiligenfesten oder bestimmten Sonntagen im Kirchenjahr statt, deren Evangelien – wie das vom Sonntag Laetare (vgl. S. 173) – als eine Art Programm gelten konnten. Beliebte Volksfeste waren die Kirchweihfeste, bei denen die Heiligen, denen die jeweiligen Kirchen geweiht waren, eine große Rolle spielten. Oft wurden dabei deren Reliquien in Prozessionen herumgetragen. Das geschah manchmal auch, wenn für einen Kirchenbau gesammelt wurde.

Reliquien

Reliquien sind Gedenkstücke an Heilige oder an die Erlösungstat Christi. Das können Überreste des Körpers sein, der Gewänder oder andere Objekte, die mit der verehrten Person in Verbindung standen. Auch «Kontaktreliquien» wurden hoch geschätzt, d. h. Objekte, die man mit besonders wertvollen Reliquien in Berührung gebracht hatte. Schon der Kirchenvater Augustinus hatte mit dieser manchmal recht materialistischen Form des Märtyrer- oder Heiligengedenkens seine Schwierigkeiten, aber aus dem europäischen Christentum ist sie nicht wegzudenken.

In der Reliquie wurde die Präsenz der heiligen Person gesehen, an die man sich im Gebet mit der Bitte um Vermittlung zu Gott wandte. In jedem Altar ist eine Reliquie, vorzugsweise des Kirchenpatrons, eingelassen. Es gab einen regelrechten Reliquienhandel und zahllose Reliquienfälschungen. Mit den angeblichen Spänen des Kreuzes könnte man viele Wägen füllen. Der französische König verteilte – nicht ohne politische Absichten – großzügig Stücke von der Dornenkrone (vgl. z. B. S. 69), die in der Sainte Chapelle aufbewahrt wurde. Die Christus-Reliquien hatten auch einen politisch legitimierenden Charakter. Der Kirchenlehrer Ambrosius beispielsweise berichtet 395 zum ersten Mal von der Auffindung des wahren Kreuzes durch Helena, die Mutter Kaiser Konstantins des Großen. Vom Heiligen Gral war im Zusammenhang mit der Artus-Dichtung schon die Rede (S. 74). In diesem Kontext wurde auch auf das Heilige Blut verwiesen, das sich in manchem Fürstenschatz befand.

Die Heilige Lanze, mit der Jesus am Kreuz angeblich in die Seite gestochen wurde (vgl. Joh 19, 34), gehörte ebenfalls zu diesen Gedenk-»Reliquien» an die Erlösungstat Christi. Die Lanze, die in der Wiener Schatzkammer aufbewahrt wird, stammt zwar aus der Karolingerzeit, aber metallurgische Analysen haben ergeben, dass in das Eisen ältere Partikel eingeschmolzen worden waren, die man wohl für Teile der Kreuzesnägel hielt. Die Achatschale in der Wiener Schatzkammer, die aus dem 4. Jahrhundert stammt, wurde oft mit dem Gral in Verbindung gebracht.

Lebenskreis

Die Taufe als symbolische Reinigung ist, nicht nur in der jüdischen Tradition, längst vor dem Christentum bekannt. Für die Christen bedeutet sie die Aufnahme in die Gemeinde und ersetzt die Beschneidung. Der Kirchenvater Augustinus propagierte die Kindertaufe.

Seit dem späten 12. Jahrhundert existierte die Vorstellung, dass ungetaufte Kinder nicht in den Himmel kämen, sondern in einem «Limbus» bleiben müssten. Diese Vorstellung war zwar nie Bestandteil der offiziellen Glaubenslehre, ist aber erst in jüngster Zeit ausdrücklich als veraltet bezeichnet worden. Unter diesem Limbus verstand man eine Art Zwischenort ähnlich dem, den man sich für die ebenfalls ungetauften, aber verdienstvollen Menschen des Alten Testaments und für die frommen Heiden vorstellte (Dante, Inferno 4, 45). Er wurde in der «Unterwelt» gedacht, nahe der Hölle, jedenfalls fern vom Anblick Gottes. Daraus entstand das Missverständnis, es sei ein eher düsterer Ort; das war er z. B. für Thomas von Aquin († 1274) durchaus nicht.

Solche Lehren, vielleicht auch noch vergröbernd gepredigt, setzten die Eltern in den ersten Lebenstagen eines Kindes unter Umständen schwer unter Druck. Die meisten Geistlichen verschwiegen zudem, dass jeder Christ taufen könne. Eine Nottaufe für das ungeborene Kind noch im Mutterleib war aber ausdrücklich verboten. Viele versuchten also, besonders schwache Kinder so rasch wie möglich zu einem Priester zu bringen.

Allerdings liest man ebenso im umgekehrten Fall, dass Familien der Oberschicht die Taufe so lange hinauszögerten, bis ein möglichst repräsentativer Pate oder eine Patin anwesend war und sich ein großer Kreis der Familie sammelte. Die Patenschaft schuf eine auch rechtlich relevante verwandtschaftliche Beziehung und half daher, das feudale Netzwerk zu verstärken. Sogar Verträge wurden durch Patenschaften, z. B. die eines Herrschers für den Sohn eines anderen, gefestigt.

Die Firmung schließt den Taufprozess ab. Bei der Erwachsenentaufe wird die Salbung unmittelbar danach gespendet. Schon in der Kirchenväterzeit war es zumeist der Bischof, der die Salbung und die Handauflegung zur Bekräftigung der Taufe vollzog. Ab dem 12. Jahrhundert wurden die theologischen Grundlagen für die Herausbildung der Firmung zu einem eigenen Sakrament geschaffen. Für die Lebenswirklichkeit der meisten Menschen spielte die Firmung im Mittelalter aber keine besondere Rolle.

Nach der jüdisch-christlichen Tradition ist die Ehe genau genommen das älteste Sakrament: Man bezieht sich auf den Schöpfungsmythos mit Adam und Eva, die vor dem Sündenfall ausgesprochene Weisung «Seid fruchtbar und vermehret euch»

(Gen 1, 28) und die Hochzeit von Kana (Jh 2, 1–11), das erste Wunder Christi.

Aber im ersten Jahrtausend spielte die Kirche im Heiratsgeschehen kaum eine Rolle. Die Eheschließung war ein Vertrag zwischen zwei Familien und diente oft der Herstellung und Festigung eines Bündnisses. Wichtig waren daher die Öffentlichkeit und die Anwesenheit möglichst prominenter Zeugen. Die Kirche versuchte, nach römischer Tradition, ein Eheverbot wegen zu naher Verwandtschaft durchzusetzen, was in adeligen Kreisen lange Zeit nicht besonders gut ankam. Außerdem sollte die Ehe nach kirchlicher Vorstellung nicht erst durch den Beischlaf, sondern schon durch den Konsens der beiden Partner begründet werden. Grundsätzlich ist der Priester bei der Eheschließung bis zum heutigen Tag nur Zeuge, das Sakrament spendet das Paar einander. Auch im Nibelungenlied gehen die Ehepaare erst nach der vollzogenen Hochzeit in die Kirche.

Schon in der Römerzeit war die Ehe mit Unfreien verboten – und das Verbot wurde immer wieder gebrochen. Nach strengem Recht sollten die Kinder «der ärgeren Hand» folgen, d. h. den Stand des rangminderen der beiden Partner annehmen. Auch das wurde immer wieder missachtet. Für die Spätantike und das frühe Mittelalter wird berichtet, dass junge Männer in der Jugend eine feste Partnerin, oft minderen Standes, hatten – wie z. B. der Kirchenvater Augustinus selbst – und erst später eine standesgemäße Ehe schlossen.

Für Menschen ohne eigenen Hausstand, also für einen erheblichen Teil der Bevölkerung, gab es lange Zeit kaum einen Grund, eine förmliche Ehe zu schließen; manchen war es sogar verboten. In diesem Bereich begann die Kirche erst im späteren Mittelalter sich langsam durchzusetzen. Nur bei Bauern mit eigenem Hof lag es im Interesse der Herrschaft, für eine rechtlich geregelte Nachkommenschaft zu sorgen. Außereheliche Kinder waren nicht erbberechtigt, wurden aber, wie immer wieder zu beobachten ist, von den Vätern versorgt. Für ein geistliches Amt war außereheliche

Geburt ein Hindernis, von dem man sich jedoch dispensieren lassen konnte.

Viele Menschen der Oberschicht schufen sich ein weiteres Fest im Lebenskreis: Die feierliche Schenkung eines Vermögensteils an eine kirchliche Institution. Sie begründete ein spezielles Verhältnis mit den dort beheimateten geistlichen Personen, auf deren Gebet man großen Wert legte. Außerdem konnte man sich in Klöster, die man bestiftet hatte, im Alter zurückziehen, konnte dort im Notfall um Unterstützung bitten, vielleicht von dort auch geistliches Personal für Kanzlei und Erziehung bekommen und, was am wichtigsten schien, sich dort einen Begräbnisplatz sichern.

Für Menschen im Mittelalter war der Tod allgegenwärtig. Wenn es irgendwie ging, machte man aus dem Übergang in das Jenseits ein öffentliches Ereignis. Ein plötzlicher Tod schien eine Strafe Gottes zu sein. Man ordnete seinen Nachlass, hielt noch eine mahnende Rede und bereitete sich durch Beichte und Kommunion auf den Tod vor. Es gab ein Sakrament des Trostes, die Krankensalbung, die früh schon zum Sterbesakrament verkam. Im Testament wurden auch wohltätige Stiftungen festgehalten. Darunter waren Spenden für die Armen, Aufträge für eine Anzahl heiliger Messen und die Feier von Jahrtagen.

Das Begräbnis war eine bedeutende öffentliche Veranstaltung, auch für die jüdische Bevölkerung. In großer Prozession wurde der Leichnam zum Friedhof geleitet. Für die Hinterbliebenen war das nicht nur ein Ritual des Trostes, sondern auch eine Gelegenheit, gesellschaftliche und familiäre Verbindungen zu erneuern.

Höfische Feste

Ein «Hof» ist zunächst eine Gruppe von Personen um einen hohen Adeligen, einen Fürsten oder König – mitsamt dem ganzen Personal. Diese Gruppe bestimmt, was «höfisch» ist, und das nachhaltig:

Höfische Feste

Wir verwenden immer noch das Wort «höflich» für gutes Benehmen.

Der Hof oder Teile davon waren viel unterwegs, denn der Fürst musste sich zeigen und im ganzen Herrschaftsgebiet seines Amtes walten, beispielsweise als Gerichtsherr. Die benötigte Infrastruktur fand er an bestimmten bevorzugten Orten, Pfalzen (von lat. *palatium*, Palast), wenn er nicht bei einem der Großen, vornehmlich Geistlichen, zu Gast war. Im späteren Mittelalter blieben Teile der Höfe, z. B. das Pariser «Parliament», der königliche Gerichtshof, in Städten, die zu Residenzen wurden. Aber die Könige und Fürsten selbst reisten weiterhin viel. Umzug und Einzug blieben bis in die Neuzeit ein wesentliches Element höfischer Selbstdarstellung. Höfisches Auftreten hatte also immer auch einen medialen Charakter und dadurch eine starke Vorbildwirkung.

Geistliche Höfe, vor allem die von Bischöfen, waren nicht derart mobil. Wenngleich der Bischof selbst mit seinem Gefolge ebenfalls ständig unterwegs war, um zu visitieren und Synoden abzuhalten, blieb der Kern seiner Verwaltung am Bischofssitz. Pfarrpriester mussten mindestens einmal im Jahr zur Bischofskirche kommen, nämlich vor Ostern, um das Salböl (Chrisam) abzuholen. Bei dieser Gelegenheit wurden Einzelne geprüft und – in der Karwoche bis zum Mittwoch – viele Geschäfte abgewickelt.

In Rom wurden seit Papst Leo IX. († 1054) regelmäßig Fastensynoden abgehalten, die auch – wie z. B. im sogenannten Investiturstreit – politischen Charakter annehmen konnten. Im Übrigen war der päpstliche in vielerlei Hinsicht das verwaltungstechnische Vorbild aller Höfe. Bischöfe sollten ihn regelmäßig besuchen, Herrscher mussten ständig mit ihm in Verbindung bleiben, nicht nur für die Kaiserkrönungen. Über die päpstlichen Höfe in Rom und – zeitweise – in Avignon liest man von Zeitgenossen viel Kritik. Sie betraf die moralische Seite der Hofgeistlichkeit, die Notwendigkeit, gute Beziehungen zu haben oder sich zu beschaffen, wenn man etwas erreichen wollte, und die Gebühren, die für jede Amtshandlung erhoben wurden.

Musik

Musik ist ein bestimmendes Element aller Höfe. Aber was ist Musik? Ist das, was Wolfram von Eschenbach über den Einzug Gahmurets, des Vaters Parzivals, dichtet, Musik oder Lärm gewesen?

Höfslîchen durch die stat	Mit Pracht hielt da der Held seinen
der helt begunde trecken,	Einzug in die Stadt und weckte alle, die
die slâfenden wecken.	noch schliefen. Viele Schilde sah er
Vil schilde sach er schînen.	blinken. Es schallten vor ihm mit
Die hellen pusînen	großem Getöse Posaunen. Zwei
mit krache vor im gâben dôz,	Tambure warfen ihre Schlegel und
von würfen und mit slegen grôz.	machten viel Krach mit ihren
Zwên tambûre gâben schal:	Trommeln: Über die ganze Stadt hallte
Der galm übr al die stat erhal.	der Lärm. Doch wurden in das Lied
Der dôn iegoch gemischet wart	auch andere Töne eingemischt von den
mit floytieren an der vart:	Flötenspielern, die im Zug mitritten;
ein reisenote si bliesen.	die spielten eine Kriegsmusik. Wir
Nu sulen wir niht verliesen,	dürfen aber nicht vergessen, auch von
wie ir hêrre komen sî.	ihrem Herrn zu reden und wie der da
Dem riten videlaere bî.	eingezogen ist: Bei ihm waren die Fiedler.

Wolfram, Parzival 62, 26–63, 12, Übersetzung nach Knecht. Vgl. ebenda 19, 6–12.

Jedenfalls war das, was man hörte, sorgsam inszeniert. Der Held ist einer, der «Lärm» machen darf. Die Flötisten bezeichnen seinen Beruf als Krieger. Die Fiedler stehen für seine höfische Zucht. Es ist also anzunehmen, dass sie neben den Pauken und Trompeten durchaus zur Geltung kamen, auch wenn einem dabei vielleicht der Spruch Wilhelm Buschs einfällt: «Musik wird oft nicht schön empfunden, weil sie stets mit Geräusch verbunden.»

Aber eben das ist auch ein Aspekt der Musik: Wer beherrscht den Klangraum (vgl. S. 103)? Das kann tatsächlich Lärm sein, den die einen machen dürfen, während er bei anderen beanstandet wird. Bei der Kirche sind es die Glocken, die den Tagesablauf anzeigen, bei Umzügen eine entsprechende Instrumentalmusik oder – vor allem im geistlichen Bereich – Gesang. Auch in der Kirche sind es vor allem die Stimmen; die Orgel ist im Mittelalter noch nicht weit verbreitet.

Die Ausbildung in Musik war sowohl bei Geistlichen als auch bei Weltlichen von außerordentlicher Bedeutung. Die Schule des Hörens war zugleich eine Schule der Orientierung und des Entzifferns der klanglichen Botschaften. Dass diese Fähigkeit eine wichtige Rolle spielte, galt für die Kirche, wo der wichtigste Teil der geistlichen Handlungen, wie erwähnt, lange Zeit hinter dem Lettner stattfand (vgl. S. 100); das galt auch für den Hof, wo nicht nur der kleine Kreis um die Führungsfiguren Bescheid bekommen sollte; und das galt schon gar für die Schlacht, wo Boten allein zu gefährdet und zu langsam gewesen wären.

Außerdem ist Musik Trägerin von Texten. Das beginnt mit der Hörbarkeit: Eine gut ausgebildete Stimme kann einen Text in einer Kirche, einem Saal bei Hofe, ja sogar über einen Marktplatz hörbar und verstehbar vortragen. Urkundentexte wurden, das ist ausdrücklich überliefert, «gesungen», *alta voce*, mit gehobener Stimme. Das geht weiter mit der Akzentuierung und Färbung: In Theater und Film wird die Begleitmusik heute noch benutzt, um die Erwartungshaltung des Publikums zu lenken. Der Sänger inszeniert den Text mit seiner Stimme und seinem Begleitinstrument. Das reicht bis dorthin, wo die Musik eine eigene, verbal gar nicht ausdrückbare Botschaft sendet, die von vielen Menschen als besonders emotional empfunden wurde und wird.

Vor allem bei der Lyrik müssen wir uns immer wieder vor Augen halten, dass der Text allein nur ein Element der Botschaft bietet. Ob ein Lied ernst, sentimental oder spöttisch gemeint ist, kann erst im Vortrag mit musikalischer Begleitung nachvollzogen werden.

Diese Texte wurden nicht nachträglich «vertont», sondern mit dem Ton «geboren». Oft wurden schon bekannte Melodien verwendet, wodurch sich für die damaligen Zuhörerinnen und Zuhörer ein weites Feld an Assoziationen ergab.

Umgekehrt erscheinen uns Huldigungstexte oft stereotyp, öde, ja unglaubwürdig. Sie sind aber, in entsprechendem Vortrag und besonders mit Musik, nur ein Element des höfischen Gesamtkunstwerks, das als Ganzes wahrgenommen wurde. Laien hörten dabei, insbesondere bei lateinischen Texten, wohl nur bestimmte Stichworte heraus, wie die Vergleiche mit David oder Salomon, genossen das Ritual aber insgesamt sehr wohl.

Es war aber nicht alles so bedeutungsschwer, was mit Musik zu tun hatte. Die Tafelmusik musste nicht nur die Geräusche der Servierenden und der Speisenden übertönen, sondern auch insgesamt eine angenehme Atmosphäre schaffen. Manche werden den kunstvollen Vorträgen sogar zugehört haben, mancher Musiker wird indes von der allgemeinen Unaufmerksamkeit frustriert worden sein. Aber fehlen durfte die Tafelmusik nicht.

Ein Element des Festes konnte sein, wenn hochgestellte Personen selbst zum Instrument griffen, wie das von Tristan (vgl. S. 81), aber auch von Ruodlieb überliefert ist, dem Helden einer lateinischen Dichtung aus Tegernsee um 1050. Diese Auftritte zeugten nicht nur von Bildung, sondern auch von Weltläufigkeit, denn man konnte – wie Tristan – zeigen, dass man die neuesten Moden beherrschte. Es gab anscheinend sogar eine Art Wettstreit zwischen Berufssängern und adeligen Personen des Hofes.

Zur Musik gehört auch der Tanz. Er kann einem Umzug auf kleinstem Raum gleichen, einer Selbstdarstellung des Hofes. Der Tanz der Spielleute kann übergehen in Akrobatik und ist reine Unterhaltung. Bauern hingegen können angeblich nicht tanzen – und tun es doch: Das heißt dann bei vornehmen Leuten «springen», und sie ahmen es zu ihrem Gaudium gerne nach.

Das Muster-Fest

Zu Pfingsten des Jahres 1184 hielt Kaiser Friedrich I. Barbarossa in Mainz eine *curia famosissima et celeberrima*, einen sehr berühmten und feierlichen Hoftag, ab.

Ichn vernam von hôhzîte	Ich habe von keinem Fest
in allen wîlen mâre,	je erzählen hören,
diu alsô grôz wâre,	das ebenso groß gewesen wäre
alsam dô het Êneas,	wie das, das Eneas veranstaltete,
wan diu ze Meginze dâ was,	außer dem, das zu Mainz stattfand,
die wir selbe sâgen,	das wir selbst gesehen haben.
desn dorfen wir niet frâgen,	Danach brauchen wir uns nicht zu erkundigen:
diu was betalle unmâzlîch,	Es war ganz unermesslich groß
dâ der keiser Friderîch	wo Kaiser Friedrich
gab zwein sînen sunen swert,	zwei Söhnen das Schwert gab
dâ manech tûsend marke wert	und wo für viel tausend Mark
verzeret wart und vergeben.	verbraucht und verschenkt wurde.

Heinrich von Veldeke, Eneas 13 222–237,
übers. nach Dieter Kartschoke

Auf der Ebene zwischen Rhein und Main war eine riesige Stadt aus Hütten und Zelten errichtet worden. Sogar eine Kirche und eine Pfalz aus Holz wurden gebaut. Von solchen temporären Architekturen liest man immer wieder. Auch bei der Hochzeit der Nichte von König Ottokar Přemysl 1264 wurde eine Kirche aus Zeltstangen und Tuch errichtet (Ottokar, Reimchronik 7953–56).

Die Chroniken berichten nur vom Fest selbst und nicht von der mühevollen Vorbereitung. Die erforderte von Seiten des Einladenden einiges politisches Geschick. Die einen konnte man befehlen, die anderen musste man bitten, manche musste man dulden. Viele Gäste mussten alles aufwenden, was sie verfügbar hatten, für die Ausstattung, die Reise, die Vorbereitung des Quartiers und den höfischen Auftritt. Zuerst suchte man gerne einen Ort auf, der weniger als eine halbe Tagesreise vom Ziel entfernt war. Diener wurden vorausgeschickt, um Quartier zu machen und die Ankunft anzukündigen, und währenddessen wurde geputzt und poliert, um am nächsten Tag mit vollem Pomp auftreten zu können.

Am Pfingstsonntag 1184 fand eine feierliche Festkrönung des Kaisers, der Kaiserin und ihres Sohnes Heinrich VI. statt. Das gab dem hohen Klerus jede Möglichkeit, sich zu produzieren. Die Herrschaften gingen «unter der Krone» – dafür wurden eigene Festkronen hergestellt – zum folgenden Festmahl, bei dem die Fürsten formell ihre Hofämter als Truchsess (Vorsteher der Hofhaltung), Mundschenk, Kämmerer (Aufseher über die Finanzen) und Marschall (vgl. S. 228) ausübten. Dazu kamen viele Knappen und Diener, um den Leuten zu servieren und den höheren Herrschaften vorzuschneiden. Dort kam es, wie fast unvermeidlich, zu einem Streit über die Sitzordnung. Alle bedeutenderen Leute hatten ein Vermögen ausgegeben für die Kleidung; Seide wird erwähnt, Pelz sowieso. Aber auch die Tücher und das Geschirr auf der Tafel waren kostbar. Teller brauchte man nicht, denn das Fleisch wurde auf Brotstücke gelegt, aber man verwendete meist kostbare kleine Gefäße für die Gewürze und Schüsseln für die Beilagen und Soßen.

Ein weiteres Hauptereignis war die Schwertleite (Ritterweihe, vgl. S. 46) an die beiden Kaisersöhne Heinrich und Friedrich. Reichlich wurden Geschenke verteilt an Ritter, Gefangene, Kreuzfahrer und Spielleute: Pferde, Gewänder, Gold und Silber. Dann fand ein großes Turnier statt, an dem angeblich 20 000 Ritter teilnahmen. Das ist selbstverständlich viel zu hoch gegriffen, aber man kann sich doch vorstellen, dass sich eine mittlere Stadt bei diesem Hoftag versammelt hatte. Für die Damen, die Geistlichen und die älteren Ehrengäste, die nicht mehr mitkämpften, musste ein eigenes Gestell aufgebaut werden, von dem aus sie das Turnier verfolgen konnten, mit Tüchern verhängt und mit einem Sonnendach.

Bewundert wurde in Mainz die Fülle der Güter, die der Versorgung dienten: Erwähnt werden der Wein, der den Rhein herauf und herunter herbeigebracht wurde, und riesige Hühnerställe. *Man gab in allen ze vil ezzen unde trinken*, man gab allen mehr als genug zu essen und zu trinken (Eneas 13148 f.). Es ging wohl so zu, wie es auch Hartmann von Aue vom Artus-Hof schildert:

Dise sprâchen wider diu wîp,	Die einen unterhielten sich mit den
dise banecten den lîp,	Frauen, andere gingen spazieren oder
dise tanzten, dise sungen,	tanzten, sangen, liefen, sprangen, sie
dise liefen, dise sprungen,	hörten Saitenspiel, schossen auf die
dise hôrten seitspil,	Scheibe, redeten von der Mühsal der
dise schuzzen zuo dem zil,	Liebe oder von großer Tapferkeit.
dise redten von seneder arbeit,	
dise von grôzer manheit.	

Hartmann, Iwein 65–72,
übers. nach Max Wehrli

Allerdings kam damals am dritten Tag ein starker Wind auf, der die Kapelle und zahlreiche Hütten und Zelte zum Einsturz brachte und einige Opfer kostete. Dennoch erledigte man vor allen Anwesenden wohl vorbereitete Reichsgeschäfte, die dem Frieden dienten. Es gab zwar Stimmen, die von einem üblen Vorzeichen unkten – die Kaiserin Beatrix starb im gleichen Jahr im November –, aber angesichts der grundsätzlich positiven Stimmung im Reich wurde dieses Unglück politisch nicht ausgenutzt (vgl. S. 216). *Unheil habe swer ez wil*, Unglück habe, wer es haben will, bemerkt Heinrich von Veldeke kurz vor dem zitierten Bericht (13 063). Im Fall des Mainzer Hoffestes hatten die *spilman und diu gerende diet*, die Spielleute und Lohnsänger, offenbar genug bekommen, *daz si dannen schieden frô und lob dem kunege sungen* (13198 f.). Auch der Dichter selbst hatte genügend Motivation erhalten: Er setzte das reale Ereignis ins Umfeld seines antiken Stoffes. Aber nicht nur die Spielleute und Dichter machten Propaganda, auch die große Zahl an qualifizierten Dienern, die rund um ein solches Ereignis tätig waren, und die vielen Kaufleute, die daran satt verdienten, erzählten wohl zuhause davon.

Jagd

Auch die Jagd ist eine Art höfisches Fest. Nicht selten wurden sogar im Zusammenhang mit Hoftagen Jagden veranstaltet. Bei der waidgerechten mittelalterlichen Jagd hatten die Tiere eine gewisse Chance den Jägern gegenüber. Aber waidgerecht ist ein dehnbarer Begriff: Seit dem frühen Mittelalter gab es für die Herrschaft reservierte Jagdgebiete, in denen das Wild den Jägern zugetrieben wurde. Solange Naturalwirtschaft herrschte, litten die Bauern unter der herrschaftlichen Jagd weniger als in der Neuzeit, weil die Felder einigermaßen geschont wurden, solange Frucht darauf stand; es mussten ja auch die Herren davon leben. Wenn allerdings Bauern in einem geschützten Jagdgebiet roden wollten, wurden sie vertrieben.

Großen Nutzen als Nahrungsquelle hatte die Jagd nicht, außer dass – unter unverhältnismäßig hohem Aufwand – danach ein Fest gefeiert werden konnte. Brauchte man rasch Wild, stellte man Fallen auf. Niederwild war gerade einmal für die Beizjagd interessant, ansonsten fing man es mit Schlingen, Fallen und Netzen. Vögel konnten ebenfalls als Ziel für die Beizvögel dienen, die meisten aber gingen auf die Leimrute.

Siegfried schlägt auf der Jagd alle möglichen und unmöglichen Tiere: einen Löwen – den erschießt er mit einem Pfeil –, einen Wisent, einen Elch, Hirsche und Hinden und einen Eber – mit dem Schwert und nicht, wie normal gewesen wäre, mit dem Sauspieß –, und zum Schluss noch einen Bären, und zwar zu Fuß. Er reitet nicht allein, sondern mit einer ganzen Jagdgesellschaft, darunter ein erfahrener Jäger, und ein Jagdhund stöbert ihm das Wild auf. Dann hört man Hörnerklang, die Jagd ist beendet – aber die Dienerschaft war nicht gekommen mit dem verdienten Trunk. Siegfried hatte auf Wein, Met und *lutertranc* (vgl. S. 28) gehofft, und muss nun mit Wasser vorliebnehmen. Dort an der Quelle tötet ihn Hagen (Av. 16). Das ist, bis auf die dichterischen Überhöhungen, recht realistisch geschildert und musste es wohl auch sein, denn die Zuhörer kannten sich aus.

Ein besonderer Experte ist Tristan. Der Dichter Gottfried von Straßburg schildert in fast 600 Versen – das braucht eine Vortragszeit von etwa einer Stunde – wie der junge Held fachgerecht einen Hirsch zerlegt und bei der Begegnung mit dem König damit seine höfische Gewandtheit offenbart. Er wird Jägermeister, ein Hofamt, dem die Jäger unterstehen. Das Publikum muss der Darstellung gebannt gefolgt sein. Die gesamte Schlüsselszene des Epos mit dem Minnetrank und der ersten Annäherung von Tristan und Isolde umfasst nur 100 Verse mehr.

Wildtiere in Fabeln und Legenden haben meistens sehr stereotype Eigenschaften, die ihnen noch in neuzeitlichen Märchen anhaften und die zum Teil schon aus der Antike stammen. Eine Beobachtung verdanke ich einem Verhaltensforscher: Fast alles, was an Schrecken den Wölfen zugeschrieben wurde, dürfte verwilderten Hunden anzulasten sein, denn Wölfe sind normalerweise viel zu scheu, um sich menschlichen Ansiedlungen zu nähern.

Zu den bekanntesten Tieren des Waldes zählt eines, das zwar überhaupt nie jemand gesehen hat, das aber geschildert wird wie jedes andere tatsächlich lebende Tier, eher noch genauer, wegen seiner besonderen Eigenschaften: das Einhorn. Es ist nicht allzu groß, eher wie ein Kitz. Es kann nur durch eine *reine maget* gefangen werden und ist damit ein Symbol für Christus. Alle waren überzeugt, dass es Einhörner gäbe. Zu den «unveräußerlichen Erbstücken des Hauses Österreich», heute noch in der Wiener Schatzkammer zu besichtigen, gehört neben der erwähnten Achatschale (S. 185) ein Narwalzahn, den man für das Horn eines Einhorns hielt. Dieses «Ainkhürn» wurde 1540 König (Kaiser) Ferdinand I. geschenkt.

Hunde und Katzen

Bei Festen und Jagden dürfen Hunde nicht fehlen. Seit vorgeschichtlichen Zeiten wird ein regelrechter Kult um Hunde betrieben. Schon in den frühmittelalterlichen Volksrechten sind spezielle Bezeichnungen für ihre Fähigkeiten überliefert: Da gibt es den Leithund, den Treibhund, den Spürhund, den Biberhund, den Windhund, den Habichthund, einen, der speziell auf Schwarzwild dressiert ist, und natürlich auch die Hirten- und Hofhunde. Schon zur Karolingerzeit klagt der Bischof Jonas von Orléans († 843), indem er eine Passage des Kirchenvaters Augustinus aufgreift:

Es gibt aber viele, die kehren von der Jagd zurück und kümmern sich mehr um ihre Hunde als um ihre Knechte. Und sie lassen ihre Hunde bei sich schlafen oder bei sich zur Tafel niederlegen und geben ihnen täglich in ihrer Gegenwart zu fressen; ob aber ein Knecht von ihnen den Hungertod erleidet, wissen sie nicht; und was schwerer wiegt, wenn man für ihre Hunde nicht ausreichend gesorgt hat, dann wird wegen eines Hundes ein Knecht getötet. Man sieht freilich in den Häusern einiger Leute prächtige und fette Hunde herumstreifen, Menschen aber bleich und wankend daherkommen (De institutione Laicali II 23, 216, Übersetzung nach Kortüm).

Es gibt aber auch die verschiedensten Schoßhunde, die allenthalben in den zeitgenössischen Bildern figurieren. Das vielleicht bekannteste Tier heißt Petitcreiu und bezaubert Tristan in einer betrübten Stimmung; es stammt aus Avalon, dem Feenland, und hat ein Glöckchen umgehängt, dessen Töne jede Depression zu vertreiben vermögen. Tristan muss es seiner Herrin bringen, besteht daher eine entsprechende Heldentat und verlangt dafür das Tierchen. Dessen Eigner bietet ihm stattdessen seine Schwester und den halben Besitz an – aber das lehnt der Held ab; auch das ist wieder eine knappe Stunde Vortrags wert (15 765–16 297). In einer Parabel des «Stricker» (1. Hälfte des 13. Jh.s) mahnt ein Adeliger vor einer Reise seinen Amtmann, zwei Dinge, die ihm lieb sind, in

Höfische Feste

Abb. 26: Schotten-
altar, Wien, 1470/80

seiner Abwesenheit besonders zu behüten: seine Tochter und seinen Hund – immerhin in dieser Reihenfolge.

Wenigstens in einer Szene ist ein Hündchen auch bei Geistlichen positiv konnotiert: In manchen Darstellungen des zwölfjährigen Jesus im Tempel sitzt ein Hündchen vor dem Kind: Es hört, im Gegensatz zu den Erwachsenen, aufmerksam zu – und gibt dem Maler Gelegenheit, seine hundeliebenden Auftraggeber zu begeistern.

Katzen kommen hingegen im Mittelalter nicht sehr oft vor, zumindest in der Frühzeit. Sie sind selten und teuer. Manchmal wird eine erwähnt als Hüterin der Getreidevorräte vor Mäusen. Ein Mönch in St. Gallen fürchtet sich vor einer Katze und hält sie für einen Dämon. Vom Kloster Reichenau im Bodensee ist ein altirisches Gedicht von einer spielenden Katze überliefert. Erst ab dem 13. Jahrhundert finden sich Belege, dass eine Katze am Ofen liegt und sogar ein *katzen vensterlîn* in der Haustür hat.

Turnier und Kampf

Das Turnier ist in der Regel ein Waffengang zwischen zwei Parteien auf freiem Feld (auch Buhurt genannt). Den Zweikampf nennt man Tjost. Das Turnier ist im 12. Jahrhundert vom reinen Kräftemessen und militärischen Training zum umfassenden Spiel geworden, in dem die ritterliche Gesellschaft sich selbst darstellte. Der Tjost ist etwas jünger. Trotz der immer wieder erneuerten Kampfregeln und der Verwendung stumpfer Waffen war das Spiel lebensgefährlich und wurde daher auch noch im 12. Jahrhundert verboten – was wenig nützte. Die Kirche stellte offiziell den Tod im Turnier einem Selbstmord gleich – was niemanden im Adel besonders kümmerte, auch die zusehenden Geistlichen nur selten.

Es gibt zwei Parteien, die miteinander kämpfen, aber die Auseinandersetzung vollzieht sich in Einzelkämpfen, in die sich offenbar normalerweise niemand einmischt. Am Kampffeld sind nicht nur die Ritter anwesend, sondern auch ihre Schildknappen, die Reservelanzen und wohl auch sonstiges Gerät bereithalten. Es ist schwer, in dem Gewimmel jemanden zu erkennen, außer er führt eindeutig identifizierbare Wappen, was nicht immer der Fall ist. In einem Bericht reitet inmitten des Turniers eine Botin zu einem einzelnen Ritter, ohne dass sie gefährdet ist. Dass dieser die Botschaft überhaupt akustisch vernimmt, im Lärm und unter dem Helm, ist verwunderlich.

Im Kampfspiel werden nicht immer klare Mannschaften gebildet, oft ergeben sich die Bündnisse spontan. Es wäre wohl interessant, wenn wir die versteckten Botschaften der Dichter, die hinter den Schilderungen stecken können, heute verstünden. Denn die ganze Veranstaltung hat hochpolitischen Charakter: Wo das Fest stattfindet, wer dort Gast ist, wer gegen wen kämpft, welche Mannschaften gebildet werden, das alles bildet den Stand der jeweiligen Adelsparteiungen für den Kenner exakt ab, inklusive Vermögensnachweis, wenn man die Ausstattung beurteilt.

Der Stoß mit dem Speer im Tjost war Inbegriff der Männlichkeit, nicht weit vom Paarungskampf, wenn die Damen zuschauen, ob es nun um das Leben oder «nur» um die Ehre geht. Beim Schaukampf war die Stätte hergerichtet, möglichst mit festem Sand, ein *griezwarte* (von *griez*, Sand) fungierte als Schiedsrichter, auf Tribünen drängten sich Zuschauer, vornehmlich Frauen. Von den Fürsten und den Frauen wurde der eine oder andere «Held» regelrecht gesponsert, und das ging vom Lanzenfähnchen bis hin zur ganzen Rüstung. Dabei wurde auch hoch gewettet.

Wenn der Unterlegene vom Pferd fällt, *hinders ors ûf den sâmen*, hinter das Ross auf den Boden (Wolfram, Parzival 60, 19), ist das an sich schon ziemlich gefährlich. Ist der Kampf dann noch nicht erledigt, kann er mit Schwertern weitergeführt werden. Dabei werden vor allem funkensprühende Schläge auf den Helm geschildert. Im Ernstfall, also im Krieg oder beim gerichtlichen Zweikampf, wird besonders auf die Halsberge, einen Ringkragen, gezielt. Immer wieder kommt es dabei vor, dass man gar nicht den Ritter, sondern zuerst das Pferd «absticht» – das Wort kommt aus der Turniersprache –, was als extrem unritterlich galt, aber sehr effektiv war.

Am Ende eines Turniertages gehen alle ins Bad und lassen sich ihre Wunden mit Salben kurieren. Während dann die Herren feiern, müssen die Knechte die Rüstungen für den nächsten Tag wieder sauber bekommen. Kettenhemden werden in ein Fässchen mit Seifenwasser gesteckt, das geschüttelt wird, bis der Rost abgefallen ist.

Turnierteilnehmer gingen regelrecht auf Tournee, und es sind bekannte Namen darunter, die auch in Geschichtsquellen genannt

Abb. 27: Zwei in ihrer Zeit berühmte Turnierkämpfer:
Guillaume le Maréchal sticht Balduin von Guînes vom Pferd, aus einer
Handschrift der Chronica maiora des Matthäus Parisiensis
(Cambridge, Corpus Christi College Library, vol 2, p. 85, 13. Jh.)

werden. Hier ein kleines «Who's who»: Graf Karl der Gute von Flandern († 1127), die Grafen Balduin II. († 1205) und Arnold II. von Guînes († 1220), die allesamt ihre Chronisten fanden, Galbert von Brügge und Lambert von Ardres († nach 1203). Auch William Marshal (Guillaume le Maréchal, † 1219) startete seine Karriere auf Turnieren, wurde berühmt als der «beste aller Ritter» und Lord Marshal von England, der unter fünf Königen aus dem Hause Plantagenet diente. Über ihn ließ sein Sohn eine Geschichte niederschreiben, ein frühes Werk in anglonormannischer Sprache.

Die Ausrüstung kostete ein Vermögen, man kann sich den Preis entsprechend dem eines Sportwagens gehobener Klasse vorstellen. Sie ist bei einer Niederlage an den Sieger verloren und muss gegen eine hohe Summe ausgelöst werden. Hinzu kamen die Kosten für Zelte, Pferde, Verpflegung, Unterkunft und Gastung, die besonders hoch waren, wenn das Turnier in oder bei einer Stadt ausgerichtet wurde, aber auch für Geschenke und Personalkosten samt deren Ausrüstung. Ganze Wälder von jungen Fichten, die beim Aufprall auf den Schild dekorativ splittern, werden als Lanzen bei einem Turnier gebraucht. Speere aus Esche, wie sie in der Dichtung immer wieder erwähnt werden, verwendet man nur im ernsten Kampf, sonst wären sie zu gefährlich. Ein Champion macht auch seine Knappen reich mit Beute und mit Lösegeld. Außerdem war es nicht gleichgültig, von wem man besiegt wurde: Man konnte damit renommieren, welchem Helden man sich gestellt hatte, und es bildete sich so eine Art Personenverband (vgl. S. 226) des Siegers.

Uns mag es heute seltsam erscheinen, dass die Dichter nichts dabei fanden, ihre Helden mit allerlei Wunderwaffen zu versehen, die bis heute die Abenteuerbücher füllen. Das kann ein Identifikationsangebot gewesen sein. Welches spielende Kind träumt nicht einmal von Excalibur, dem Schwert des Königs Artus? Eine wundersame Ausrüstung ist keine Erfindung des Mittelalters: Wir wissen, die Rüstung des Aeneas hat ein Gott geschmiedet. Dennoch zeiht ihn niemand ungerechtfertigten Vorteils. Iwein hat ständig einen Löwen bei sich, der ihm immer wieder Hilfe bietet, was ihm bzw. dem Dichter offenbar beim Publikum Applaus einbrachte. In der damals üblichen allegorischen Deutung stellt er einerseits die innere, tierische Kraft Iweins dar, war aber auch Sinnbild für das Recht, in dessen Namen der Ritter sein Abenteuer besteht.

Zweikampf und Gottesurteil

Da der Standpunkt vertreten wurde, dass jeder Freie mit der Waffe für sein Recht einstehen sollte, und jemand, der oder die das nicht kann, einen «Fürkämpfer» suchen musste, waren der gerichtliche Zweikampf und die Fehde normale Elemente des Rechtslebens. Der Zweikampf konnte auch an die Stelle einer Fehde treten. Es herrschte die Vorstellung, dass Gott dem Gerechten zum Sieg verhelfe. Heute würden wir sagen, daraus sei ein so starker sozialer Druck entstanden, dass diese Erwartung sehr häufig in Wirklichkeit eintrat. Das Verfahren wurde jedoch kirchlicherseits lange diskutiert.

Die Idee des Gottesurteils, des Ordals, findet sich in vielen Kulturen und in vielfältigen Formen: Der Griff zum heißen Eisen oder in siedendes Wasser oder Öl gilt dann als Rechtfertigung, wenn die Brandwunde problemlos verheilt. Bei einer anderen «Probe» wird ein Beschuldigter gefesselt ins Wasser geworfen. Was es dann bedeutete, ob die Person unterging oder nicht, das konnte hier und dort verschieden ausgelegt werden. Da eine Reihe von Ordalen im Alten Testament überliefert ist, gab es offenbar anfangs von kirchlicher Seite kaum Widerstand. Bereits seit der Karolingerzeit kamen jedoch Bedenken auf.

Auf dem 4. Laterankonzil 1215 wurde Geistlichen die Teilnahme an solchen Ereignissen verboten. Das Verbot wurde schließlich nach und nach von weltlicher Seite übernommen. Sie blieben aber bis ins 13. Jahrhundert in Gebrauch, und einige Formen lebten in den Hexenprozessen der Frühen Neuzeit wieder auf.

Fehde

Die Fehde galt lange Zeit als ordentliches Rechtsmittel. Sie entsprang der Vorstellung, es gebe eine Racheverpflichtung. Diese findet sich tatsächlich im Alten Testament; dennoch hat die Fehde nichts mit dem Christentum zu tun. Schon früh wurde versucht, durch hohe Sühnezahlungen, die ganze Sippen mitzutragen hatten – das sogenannte «Wergeld» (von *vir*, Mann, d. h. «Manngeld») –, die Blutrache zu vermeiden. Zu bestimmten heiligen Zeiten und gegenüber gesetzlich Wehrlosen wie Frauen und Klerikern sollte ein Gottesfriede herrschen.

Die Fehde musste, um rechtens zu sein, öffentlich erklärt, «angesagt» werden. Es konnten auch Städte gegen Adelige und Adelige gegen Fürsten die Fehde erklären. Oft war das Hauptziel die Schädigung des Gegners, genau genommen der Leute des Gegners, und das geschah häufig durch Raub und Brandstiftung; die Hauptleidtragenden waren die Bauern.

Die Landfriedensgesetzgebung versuchte, die Fehden durch strenge Regeln einzudämmen. Kaiser Friedrich I. Barbarossa bemühte sich sogar, die Fehden gänzlich abzuschaffen und die Fälle erlaubter Tötung auf Notwehr einzugrenzen. Ab dem 13. Jahrhundert verbesserte sich der Zugang zur gerichtlichen Rechtsprechung, unter anderem durch die Einrichtung fester Gerichtssprengel. Aber erst im 16. Jahrhundert beendete die Durchsetzung der landesherrlichen Gewalt in den Territorien und eines allgemeinen Strafgesetzes die Fehde.

Fehden wurden unter Umständen in Form von Turnieren ausgetragen, die durchaus blutig enden konnten. Bernhard von Clairvaux z. B. versuchte, mit einer Serie von Briefen, darunter einem an Abt Suger von St. Denis, den Vertrauten des französischen Königs, den angesagten Zweikampf zwischen dem Sohn des Grafen von Champagne und dem Bruder des Königs zu verhindern.

Krieg

Der Übergang zwischen Kampfspiel und Krieg konnte fließend sein. Bis in 14. Jahrhundert versuchte man noch, Kriege mit den Regeln des Turniers zu gestalten. Versagten die Regeln oder hielt sich jemand nicht daran, endete das in einer Katastrophe. Als in der Schlacht bei Fontenoy 841 aus einem kriegerischen «Gottesgericht» ein sinnloses gegenseitiges Abschlachten wurde, schien das Zeitgenossen wie ein Zusammenbruch jeder Moral. Daher wurden Regelverstöße mit Recht als gefährlich angesehen und waren verpönt. Zwei Beispiele aus dem frühen und dem späten Mittelalter zeigen das deutlich: Als sich das «gemeine Volk» 859 miteinander verschwor, Widerstand gegen die ständig angreifenden Wikinger zu leisten, wurden diese Leute von den eigenen Adeligen niedergemacht. Die Bewegung unter Jeanne d'Arc, die letztlich zum Ende des Hundertjährigen Krieges führen sollte, war zunächst anscheinend selbst den Siegern nicht genehm; zumindest unternahmen sie 1431 nichts, um die spätere Nationalheldin vor Verurteilung und

Tod zu retten. Ebenso bekannt ist die Hilflosigkeit, mit der die Ritterheere den Schweizer Eidgenossen ausgeliefert waren, die sich nicht an die Regeln hielten.

Es gab Heerfolgepflichten und Richtlinien, wer wem bei welcher Gelegenheit wie viele Bewaffnete zuzuführen hatte, und es gab Bündnisse, Verträge und familiäre Verpflichtungen, aber das Entscheidende war die «Motivation». Die war entweder materieller Natur – Lohn und Beute –, oder der «Werber» konnte plausibel machen, dass ein Einsatz im Interesse der Beteiligten stand.

Die Lehensverpflichtung beruhte auf dem Grundsatz von *consilium et auxilium*, Rat und Hilfe. Das bedeutet, dass jene Leute, die sich zu Hilfe verpflichtet fühlen sollten, zuerst um Rat gefragt werden mussten. Das wird in der Dichtung bei mustergültigen Herrschern immer wieder betont, wohl weil es das adelige Publikum so hören wollte.

Jeder kriegerischen Auseinandersetzung, im Großen wie im Kleinen, ging also ein reger diplomatischer Verkehr voraus, der schon wesentlich den Ausgang eines Unternehmens vorbestimmte. Das konnte so weit gehen, dass noch kurz vor der Schlacht eine «Abstimmung mit den Füßen» stattfand, ein Teil des Adels die Seite wechselte und die schwächere Partei abziehen musste.

Ein ritterliches «Heer» war eine Ansammlung von Personengruppen unter der Führung ihrer jeweiligen Herren. Diese Personen waren manchmal erkennbar an Tracht, Helmschmuck, Wappen, Mänteln oder Pferdedecken, manchmal benutzte man eigene Feldzeichen. Man konnte aber auch täuschen, wie es angeblich in der Schlacht von Mühldorf 1322 zwischen Ludwig dem Bayern und Friedrich dem Schönen geschah. Die beiden rivalisierten nach einer Doppelwahl um das Königtum. Da sollen plötzlich Ritter mit Pfauenstößen auf den Helmen aufgetaucht sein, und Friedrich glaubte, es seien seine Leute.

Die Entscheidungen im Hundertjährigen Krieg zwischen England und Frankreich fielen nicht im ritterlichen Kampf: Zu Beginn, z. B. in der Schlacht von Crécy 1346, waren noch die walisischen

Bogenschützen überlegen, deren Langbogen aus Eibe eine Reichweite bis zu 250 m hatten und bis 160 m zuverlässig trafen. Die Schützen konnten 10–12 Pfeile in der Minute abschießen. Mit der viel schwerer zu handhabenden Armbrust konnten nur zwei Bolzen in der Minute abgeschossen werden. Sie war zu defensiven Zwecken von der Stadt- oder Burgmauer aus gut zu gebrauchen. Übrigens gab es ihretwegen die ersten «Abrüstungsverhandlungen»: Schon 1139 wurde ihr Einsatz verboten, selbstverständlich vergeblich.

Es gab schon im 14. Jahrhundert die erste «Kanone» mit dem schönen Namen «Rimbaud» oder «Pot de fer». Mehr als fürchterlichen Krach brachten sie aber nicht zustande, Steinwände widerstanden ihnen bis zur Mitte des 14. Jahrhunderts weitgehend unbeschadet. Im selben Jahrhundert ersetzte allmählich der Plattenpanzer das Kettenhemd: In der Theorie – und im Turnier – ein Fortschritt zum Schutz gegenüber Pfeilen und Bolzen, im Ernstfall aber eine Katastrophe. Wenn der Träger mit dem teuren Panzer auf den Rücken fiel, war er hilflos wie ein Käfer.

Die Zukunft gehörte den zu Fuß kämpfenden Söldnern mit ihren Spießen und Armbrüsten, bis die Feuerwaffen effektiv einsetzbar wurden. Aber die Söldner musste man sich leisten können, und wenn man sie entließ, konnte es geschehen, dass sie ihren weiteren Unterhalt durch Raub und Mord bestritten.

Der Kampf in nahezu jeder Form wurde als Element des adeligen Selbstverständnisses ideologisch verbrämt, aber auch gewinnbringend ausgenutzt. Daraus ergab sich eine Art Zirkel: Die Angst vor ständig kampfbereiten Adeligen war durchaus real. Als einziges Mittel zur Friedenssicherung bot sich wiederum ein kampfbereiter Adel an, der dadurch scheinbar eine wichtige soziale Funktion erhielt.

Opfer

Eine Frau betet um 1200, *daz ich iemir giscendet werde, von deheime irdischin menischin, und mir des gunnist, mit dinir gnade, daz ich dise welt virwandelon muoze, ungischendet, und min wib-*

lich ere an mir niemir ginideret werde: dass ich nie geschändet werde, von keinem Menschen auf der Welt, und dass Du mir das gönnst in Deiner Gnade, dass ich in dieser Welt leben darf, ungeschändet, und meine weibliche Ehre an mir nie mehr gemindert werde. Es gab zwar die «Regel», dass eine Dame – von Frauen niederer Ränge ist ohnehin nie die Rede – niemals angegriffen werden dürfe, wenn sie allein sei. Ist sie in Begleitung, könne man sie durch einen Kampf ihrem Beschützer abgewinnen. Aber auch daran hielt sich wohl selten jemand, der nicht die Rache ihrer Verwandtschaft fürchtete. Nach einer Belagerung waren die Frauen in der Burg oder der Stadt Beute, nichts anderes, auch wenn das manche Zeitgenossen als skandalös empfanden. Dafür gibt es zahlreiche Belege, und zwar nicht nur im Nahen Osten bei Kreuzzügen, sondern mitten im christlichen Europa. Nur wenn man sie gegen hohes Lösegeld verkaufen konnte, kamen sie unter Umständen davon.

Im Landfrieden von 1224, der Vorbild für spätere wurde, war zu schwören: Geistliche, Frauen, Nonnen, Bauern, rechtmäßige Jäger, Fischer und Juden sollen an jedem Tag und zu jeder Zeit gesicherten Frieden haben an Leib und Gut. Kirchen, Friedhöfe, Pflugäcker, Mühlen und Dörfer in ihrer Umzäunung sollen denselben Frieden haben. [Ebenso] alle Straßen zu Lande und zu Wasser ... Wer einen offenbaren Feind hat, darf ihn am Montag, Dienstag oder Mittwoch außerhalb der genannten Anlagen und Orte an seinem Leib, nicht aber an seinem Gut schädigen, doch so, dass er ihn nicht gefangen nimmt. Am Donnerstag, Freitag, Samstag und Sonntag soll jedermann gesicherten Frieden haben.

Der berühmte Mainzer Landfrieden von 1235 wurde nicht nur lateinisch, sondern auch in der Volkssprache niedergeschrieben. Dort wird ausdrücklich befohlen, dass jemand vor einer Fehde sein Recht vor Gericht suche. Das setzte aber gerechte Richter voraus – und die waren keineswegs immer zu finden.

Möchten wir in einer Gesellschaft leben, in der man auf solche Landfrieden schwören musste? Oder in der ein ritterbürtiger Dichter Erfolg hatte, wenn er Folgendes von sich gab? Dante hat ihn übrigens in die Hölle versetzt, unter jene, die Zwietracht stifteten (Inferno 28, 134).

Be·m platz lo gais temps de pascor,	Wohl gefällt mir die fröhliche
que fai fuolhas e flors venir;	Osterzeit,/die Blätter und Blüten
e platz mi, quan auch blaudor	entstehen lässt;/und es gefällt mir, wenn
dels auzels, que fan retentir	ich die Fröhlichkeit der Vögel höre, die
lor chan per lo boschatge;	ihr Lied durch den Wald erschallen
et platz mi, quan vei sobrels pratz	lassen;/und es gefällt mir, wenn ich auf
tendas e pavilhos fermatz;	den Wiesen Zelte errichtet sehe;/und ich
et ai gran alegratge,	habe große Freude,/wenn ich über das
quan vei per chamanha renjatz	Feld Ritter und gewappnete Pferde
chevaliers e chavals armatz.	aufgereiht sehe.
E platz mi, quan li corredor	Und es gefällt mir, wenn die Läufer/die
fan las gens e l'aver fugir;	Leute und die Habe zur Flucht
e platz mi, quan vei apres lor	zwingen;/und es gefällt mir, wenn ich
gran re d'armaz ensems venir;	nach ihnen viele Bewaffnete zusammen-
e platz mi en mon coratage,	kommen sehe;/und es gefällt mir in
quan vei fotz chastels assetjatz	meinem Herzen,/wenn ich mächtige
e·ls barris rotz et esfondratz	Burgen belagert sehe/und die
e vei l'ost el ribatge,	Schutzwälle durchbrochen und zum
qu'es tot entorn claus des fossatz	Einsturz gebracht/und das Heer am Ufer
ab lissas de fortz pals serratz.	sehe,/das ganz rundherum von Gräben
	und mit Palisaden aus starken, dichten
...	Pfählen eingeschlossen ist.
E quan er en l'estorn entratz,	Und wenn er in den Kampf eingetreten
chascus om de paratge	sein wird,/soll jeder Mann von Abkunft
no pens mas d'asclar chaps e bratz	nichts denken als an Köpfe und Arme zu
que mais val motz que vius sobratz.	zerspalten,/denn mehr wert ist ein Toter
	als ein lebendiger Besiegter.

Bertran de Born († um 1215) P.-C. 80, 8 a

Das mag wie dichterisch überhöht klingen, aber folgende Notiz stammt aus dem Alltag des bayerischen Grafen Siboto IV. von Falkenstein, aus den Jahren zwischen 1170 und 1190:

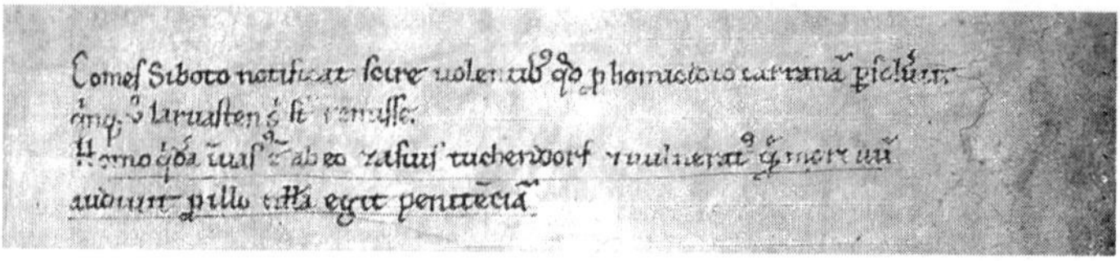

Abb. 28: Codex Falkensteinensis, BHStAM KL Weyarn 1, fol. 1r:
*Comes Siboto notificat scire volentibus, quod pro homicidio carranam
persolverit; quinque vero iarvasten sibi sunt remissae. Homo
quidam invasus est ab eo et a suis Tuchendorf et vulneratus, quem mortuum
audivit; pro illo nullam egit penitantiam.* Graf Siboto tut kund denen, die es
wissen wollen, dass er für einen Totschlag seine Buße abgelegt hat; fünf
Jahrfasten sind ihm nachgelassen worden. Ein gewisser Mensch wurde von ihm
und den Seinen überfallen in Tuchendorf und verwundet, von dem er hörte,
dass er gestorben sei; für den hat er keine Buße getan.

Sie steht auf der ersten Seite des berühmten Falkensteiner Codex, der einen Überblick über die Besitzungen des Grafen enthält. Der Text stammt von geübter Schreiberhand, wohl von einem Geistlichen, der ein für das Seelenheil seines Herrn relevantes Faktum in dessen wichtigstes Buch eintrug. «Jahrfasten» heißt, ein Jahr lang zu fasten wie in der vorösterlichen Zeit. Dabei konnten dem Grafen seine Gefolgsleute «helfen», indem sie ihm einen Teil der Buße abnahmen; oder er konnte durch eine fromme Stiftung Nachlass bekommen.

Bis in die Gegenwart verwandte man den Begriff «gerechter Krieg» und berief sich dabei auf den Kirchenvater Augustinus. Aber was wirklich bei ihm steht, klingt anders: Erstens antwortet Augustinus unausgesprochen auf Cicero und andere klassische Autoren und bezeichnet gegen diese alle römischen Eroberungskriege als ungerecht. Vor allem aber fordert er, dass Christen am besten überhaupt keine Kriege führen sollten, und wenn sie schon dazu gezwungen wären, dann wenigstens gerechte.

Außerdem muss man die lateinischen Adjektive einmal hinterfragen: Das «Heilige Römische Reich», *sacrum imperium*, ist selbstverständlich nicht an sich heilig, sondern rechtfertigt sich aus einem heiligen Grund, nämlich Gott. Ein *bellum iustum*, gerechter Krieg, ist niemals an sich gerecht, sondern weil er – eventuell – einen gerechten Grund hat. Aber was ist das?

Romzug

Eine besonders heikle Sache war der Romzug, z. B. zur Kaiserkrönung. Auf der einen Seite musste er mit dem Papst abgestimmt werden, aber auch mit den Adelsparteien in Rom und den Mächten, durch deren Gebiete man fahren würde. Auf der anderen Seite musste im Reich eine loyale Statthalterschaft eingerichtet werden, ja, wenn möglich, die Nachfolge geklärt sein.

Versammlungsort für einen Romzug war häufig Augsburg. Von dort ging es nach Süden über Füssen und Reutte zum Fernpass, dann schräg über das Mieminger Plateau, bis man in der Gegend von Telfs oder etwas oberhalb ins Inntal kam. Die Strecke über den Reschenpass wäre weiter gewesen und streckenweise damals schwer passierbar. Daher zog man meistens über den Brenner, wie schon zur Römerzeit. Allerdings war die Römerstraße unterhalb von Klausen bis ins 15. Jahrhundert nicht passierbar, so dass man auf den Ritten hinaufsteigen musste und bei Bozen wieder ins Tal kam (vgl. S. 240). Es gibt übrigens viele Klagen über die Beschwerlichkeit der Reise, aber keine über Versorgungsprobleme. Allerdings musste man mit den Einheimischen am Weg immer wieder verhandeln. Die Adeligen im kleinen Ort Arco am oberen Ende des Gardasees, der nach Dante (Inferno 20, 62) Deutschland abriegelt, brachten es auf diese Art bis zur Grafenwürde. Die Herrscher hofierten sie, damit sie nicht den Weg versperrten.

War die Reise gut vorbereitet und waren die Zeiten günstig – was selten genug vorkam –, war der künftige Kaiser willkommen und hohe Summen wurden eingenommen durch Abgaben und an Gebühren für Privilegien. Andernfalls wurde es blutig, wenn man entweder in die Auseinandersetzungen italischer Interessengruppen hineingezogen wurde oder die Reichshoheit, der *honor imperii*, wiederhergestellt werden musste. Belagerungen waren eine zweischneidige Sache, denn nicht selten litten nicht nur die Leute in den Burgen oder Städten, sondern auch das Heer der Belagerer unter Hunger, weil sie recht rasch die ganze Gegend kahl gegessen hatten. Musste man in den Süden ziehen, kam noch eine andere Gefahr hinzu: die Malaria.

Soweit man dies beurteilen kann, ist der Kulturaustausch bei solchen Fahrten gering. Handel, regelmäßige Reisen, z. B. an die Kurie, und Pilgerschaft brachten weit mehr. Die Ritter aus dem Norden bestätigten die Vorurteile gegen sie: Sie konnten mit dem südlichen Wein nicht umgehen und waren hinter jedem Rock her. Die stereotypen Vorwürfe blieben über Jahrhunderte gleich.

Kreuzzüge

Ähnliches haben Forschungen zu den Kreuzzügen ergeben. Der Import von Luxusgütern, mit dem die Seestädte wie Venedig und Genua und der Templerorden enorme Gewinne machten, wurde manchmal durch Eroberungen während der Kreuzzüge unterstützt.

Man verbreitete über den Islam die absurdesten Geschichten von Götzendienst und Vielgötterei, obwohl einzelne Gelehrte besser Bescheid wussten, wie z. B. Otto von Freising (Chronik VII 8). Man sah andererseits in den Strukturen der islamischen Oberschicht – wohl nicht ganz zu Unrecht – zahlreiche Parallelen zum europäischen Feudalismus. Es suchten zwar, wie erzählt wird, nach der Schlacht die Kämpfer beider Seiten Hilfe bei islamischen Ärzten, aber der Einfluss dieser Medizin, die noch auf antike Kenntnisse zurückging, kam über Süditalien und das islamische Spanien nach Europa. In Spanien zerstörte dann die christliche Reconquista (Rückeroberung) die letzten bedeutenden Reste der antiken Kulturen.

Dass niemand von den Kriegern die hochentwickelte Bewässerungs- und Gartenbaukultur beachtete, ist nachzuvollziehen. Es sind kaum Kulturpflanzen durch die Kreuzzüge nach Europa gekommen, sie gingen ebenfalls andere Wege.

Am ehesten wurde noch der Austausch zwischen den dominierenden westeuropäischen Adeligen und denen aus Mitteleuropa gefördert. Dabei scheint sich ein gewisses Interesse an antiken Stoffen und Themen entwickelt zu haben, wie möglicherweise die erwähnten Wandbilder zu Winkl (S. 94) zeigen.

Es mag sein, dass sich auch das Interesse an Philosophie und Geisteswelt der griechischen Antike durch die Kreuzzüge und das lateinische Kaiserreich in Byzanz von 1204–1261 verstärkt hat. Zumindest die Griechischkenntnisse müssten besser geworden sein. Aber, wie schon erwähnt (S. 125), führte der Hauptweg zur Anregung der Scholastik ebenfalls über das islamische Spanien.

Noch weitere Kriege wurden «Kreuzzüge» genannt: zum einen die Wiedereroberung Spaniens, die Reconquista, deren Verlauf keineswegs dem heroischen Bild entsprach, das man nachträglich davon malte, und deren Held Rodrigo Diaz, verherrlicht als El Cid, eine ziemlich zwielichtige Figur war. In diese Reihe gehören auch der schon erwähnte Albigenser-Kreuzzug (S. 146), der mit beispielloser Grausamkeit geführt wurde, und ein «Kreuzzug» gegen die Stedinger Friesen 1234, vor dem sich der Erzbischof von Hamburg-Bremen die päpstliche Erlaubnis geholt hatte, einen Aufstand der freien Bauern und Adeligen grausam niederzuschlagen, und schließlich der weitgehend erfolglose Kreuzzug gegen die Elbslawen (Wenden) unter dem Welfen Heinrich dem Löwen 1147.

Ab dem 13. Jahrhundert konnte man «Preußenfahrten», auch «Litauerreisen», unternehmen. Die bekannteste davon ist jene von Ottokar II. Přemysl 1255, die zur Gründung von Burg und Stadt Königsberg führte. Im 14. Jahrhundert wurden solche Reisen vom Deutschen Orden für seine «Kriegsgäste» regelrecht touristisch organisiert. Man wurde in Königsberg vom Hochmeister empfangen, Prominente wie der habsburgische Herzog Albrecht III. bekamen sogar ein ritterliches Festmahl. Dann brannte man ein Dorf nieder, brachte ein paar arme «Heiden» um und erhielt als Lohn den begehrten Ritterschlag.

Abenteuer

Man konnte, wie Oswald von Wolkenstein († 1455, vgl. S. 64 f.), auch als einfacher Adeliger recht weit herumkommen:

Durch Barbarei, Arabia,	Durch Berberland, Arabien,
durch Hermani in Persia,	Armenien in Persien
durch Tartari in Suria,	die Tartarei (Krim) und Syrien,
durch Romani in Türggia,	durch Byzanz, ins Türkenreich,
Ibernia,	Irland (ev. gemeint Iberia = Georgien),/die
der sprüng han ich vergessen.	Sprünge sind vorbei.
Durch Reussen, Preussen,	Durch Russland, Preußen, Estland,
Eiffenlant,	nach Litauen, Livland über den
gen Litto, Liffen, übern strant,	Strand/nach Schweden, Dänemark,
gen Tennmarckh, Sweden, in	Brabant,
Prabant,	~~durch Flandern, Frankreich, England~~
durch Flandern, Franckreich,	und Schottland,
Engelant	so hoch geht's nicht mehr raus!
und Schottenland,	Durch Aragon, Kastilien,
hab ich lang nicht gemessen,	Granada und Navarra (bask.
Durch Arragon, Kastilie,	Nafarroa),/von Portugal, Spanien,
Granaten und Afferen,	bis Kap Finisterre,
auss Portugal, Ispanie	die Provence bis Marseille.
bis gen dem vinstern steren,	
von Profenz gen Marsilie.	

Oswald von Wolkenstein, Kl 44

Nachhaltige Auswirkungen hatten die Kreuzzüge auf die europäische Gesellschaft selbst. Einer der Hintergründe für die Bewegung

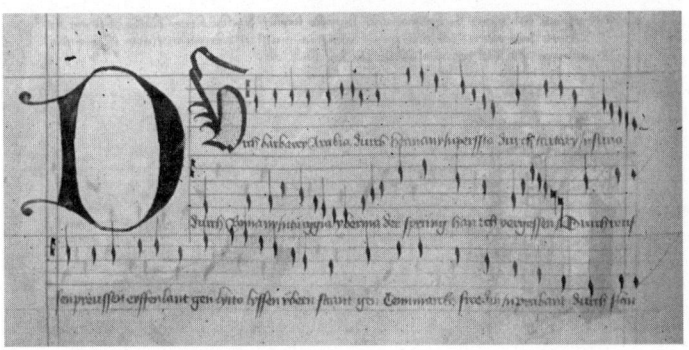

Abb. 29: Oswald von Wolkenstein, Kl 44, in der von ihm selbst besorgten Ausgabe von 1432, heute Innsbruck, Universitäts- und Landesbibliothek, fol. 18v, mit Mensuralnotation (brevis und semibrevis). Den vermutlichen Irrtum mit [H]ibernia hat er offenbar selbst übersehen.

war ein Bevölkerungsüberschuss, besonders in der Oberschicht, der durch die verbesserten Lebensumstände nach der Jahrtausendwende entstanden war. Besonders in Westeuropa, wo kaum mehr Landreserven zur Verfügung standen, hatten viele zweite und weitere Söhne, die nicht erben konnten, keine standesgemäßen Aussichten. Ihnen kam der Aufruf gerade recht. So stabilisierten die Kreuzzüge die feudale Struktur der Gesellschaft und gaben einem Adel, der zunehmend seine gesellschaftliche Funktion zu verlieren drohte, neue Legitimation. Die meisten Zeugnisse der mittelalterlichen Adelskultur sind tatsächlich erst aus dieser Zeit erhalten.

VI Kultur-Landschaften

Es ist noch gar nicht so lange her, da wäre dieses Kapitel bestenfalls am Anfang des Bandes unter dem Titel «naturräumliche Voraussetzungen» denkbar gewesen. Nun soll es zusammenfassend den äußeren Kreis der menschlichen Kultur beschreiben. Mit dessen innerstem, dem Körper, haben wir unsere Suche begonnen. Wieder geht es zuerst um die materielle Basis, aber unter einem besonderen Aspekt.

Die Umweltgeschichte, die in den letzten Jahren zu einer anerkannten Disziplin unter den historischen Wissenschaften geworden ist, beschäftigt sich mit der Wechselwirkung von Umwelt und Gesellschaft. Sie handelt also nicht nur – in Anlehnung an eine berühmte Formulierung von Arnold J. Toynbee – von Challenge, Herausforderung durch die Natur, sondern immer zugleich von Response, Antwort durch die menschliche Kultur.

Das gilt beispielsweise für das Wetter. Eine Klimageschichte aus den schriftlichen Quellen zu schöpfen, erwies sich als gar nicht so einfach: Die Chronisten schrieben nicht vom realen, messbaren Klima, so sehr sich Umwelthistoriker das wünschen würden. Sie schauten, um ein vereinfachendes Bild zu gebrauchen, wenn alles politisch schief lief, aus dem Fenster und stellten fest, das Wetter sei natürlich dementsprechend. Wenn die Lage in Wirtschaft und Gesellschaft gut war, wurde selbst eine kleine Eiszeit kaum wahrgenommen; man zog sich einfach wärmere Gewänder an.

Nicht einmal bei Himmelszeichen wie dem Halleyschen Kometen hatte man allzu große Schwierigkeiten, sie so zu interpretieren, wie man die Lage eben gerade empfand: Der Komet auf der Tapisserie von Bayeux deutet einerseits auf das Unglück König Harolds in der Schlacht von Hastings 1066, aber für die siegreichen Normannen war er offenbar ein Glückszeichen. Für Giotto († 1337) war er ein Bild für den Stern von Bethlehem (S. 244), passte aber auch zu den schwierigen Zeiten, in denen er wieder erschien.

Landschaft und Weltbild

Der Begriff «Landschaft» als «vom Menschen als solches wahrgenommenes Gebiet, dessen Charakter das Ergebnis des Wirkens und Zusammenwirkens natürlicher und/oder anthropogener Faktoren ist» (Europäische Landschaftskonvention) wurde erst seit dem 16. Jahrhundert geläufig. Bis dahin betrifft das Wort zumeist, wie schon die Brüder Grimm bemerkten, «die gesamtheit der vornehmen, der landherren, im gegensatz zu volc»; sie zitieren Gottfrieds Tristan:

Nu daz der dritte tac dô wart,	Als der dritte Tag da anbrach,
dô kam al diu lantschaft	da kam die ganze Ritterschaft
und volkes ein sô michel craft,	und so viel Volkes,
daz der stat bî dem mer	dass die Stätte am Meer
aller bevangen was mit her.	ganz voller Menschen war.

Gottfried, Tristan 6496–6500

Aber zahlreiche Beispiele des Landeslobes – das lateinische Fachwort für den idealisierten Ort heißt *locus amoenus*, reizender Ort – beschreiben, anknüpfend an antike Vorläufer, was Menschen von einem Land erwarteten. Ein relativ frühes, für spätere Autoren sehr einflussreiches Beispiel ist das Landeslob des Angelsachsen Beda Venerabilis († 735):

Optima frugibus atque arboribus	Die [britische] Insel ist reich an
insula [Brittania] et alendis apta	Früchten und Bäumen und zur
pecoribus ac iumentis, vineas etiam	Haltung von Haustieren und Vieh
quibusdam in locis germinans, sed et	geeignet, sie bringt an einigen Orten

avium ferax terra marique generis diversi, fluviis quoque multum piscosis ac fontibus praeclara copiosis; et quidem praecipue issicio abundat et anguilla. ...
Habet fontes salinarum, habet fontes calidos ... Quae etiam venis metallorum, aeris, ferri, plumbi et argenti fecunda gignit et lapidem gagatam ...

Weinreben hervor, ist aber auch zu Lande und zu Wasser reich an Vögeln verschiedener Art und berühmt für sehr fischreiche Flüsse und ergiebige Quellen; sie hat vor allem Salm und Aal im Überfluss. ... Sie hat Salzquellen, hat auch warme Quellen ... und ist auch reich an Erzadern, Kupfer, Eisen, Blei und Silber und bringt Gagat hervor ...

Beda, Historia I 1, 26,
Übersetzung nach Spitzbart

Dieser kleine Ausschnitt zeigt den mehrfach gelenkten Blick des Autors. Er war mit sieben Jahren in ein Kloster gekommen und blieb von seinem zehnten Lebensjahr bis zu seinem Tod in St. Paul in Jarrow bei Newcastle upon Tyne. Seine Welt war die der Bücher und nicht des eigenen Erlebens. Er wollte schildern, wie viel seine Heimat mit den Ländern der Antike gemeinsam habe. Dennoch erschien das von ihm gezeichnete Bild seinen Lesern nicht gänzlich als irreal, denn in diesem Fall wäre der Text nicht überliefert. Er lenkte seinerseits den Blick anderer und fand viele Nachahmer.

Fragt jemand, was vom Mittelalter geblieben ist, werden die meisten zuerst an Kirchen und Museen, Ruinen und andere Überreste denken, dann vielleicht an Schöpfungen der Dichtung und Geisteskultur und schließlich an moderne Vorstellungen in Zusammenhang mit Gegenwartsflucht, Romantik und Aufklärung. Kaum jemandes Blick wandert zum Fenster hinaus. Dorthin möchte ich nun den Blick der Leserinnen und Leser lenken, um einiges zu zeigen, was im Mittelalter zum ersten Mal oder wenigstens neu geformt worden ist. Das mag auf den ersten Blick erstaunlich erscheinen angesichts der Regulierungen und Anpassungen des 19. und 20. Jahrhunderts, der tief eingreifenden Agrarreform des Barock und der bewussten Landschaftsgestaltung der Renaissance. Aber zuletzt wurde der Blick der Forscher geschärft: Die ökologischen Probleme der jüngsten Zeit zwangen uns vermehrt, zu den Anfängen der mitteleuropäischen Kulturlandschaft zurückzuschauen.

Römisches Erbe

Von «Anfängen» zu sprechen, ist in der Geschichtswissenschaft immer problematisch: Sogleich wird ein Fachmann für die Zeit davor mit Recht betonen, in «seiner» Zeit sei mindestens ebenso Bedeutsames geschehen. Das trifft für die Römerzeit in vielen Teilen Europas zweifellos zu. Die Ausbeutung ganzer Landstriche im Süden, nicht zuletzt durch die Bedürfnisse der römischen Armee und durch die arbeitsteiligen Monokulturen ist, z. B. im Karst, nie wieder gutzumachen. Die Kornkammer des Römischen Reiches in Nordafrika wurde nie mehr rekonstruiert. Die systematische Bewässerung anderer Gebiete, in den Alpen z. B. die Waale im Vinschgau (von *aquale*, Wasserlauf), hat den Menschen Lebensräume erschlossen, um die wir heute wieder kämpfen.

In Gebieten mit besonders starker romanischer Tradition sind teilweise die römischen Agrarstrukturen heute noch sichtbar. In der deutschen Sprache sind in Form von Lehnwörtern Erinnerungen an wichtige Elemente der Agrarkultur erhalten, die durch die Römer über die Alpen gebracht oder wenigstens, aus keltischen Wurzeln, überformt wurden: die Alm (*alpes*), «der» (in manchem Dialekt noch erhalten) Butter (*butyrus*), der Senn (von *senior*, Altknecht) usw., abgesehen von zivilisatorischen Annehmlichkeiten wie der Straße (*via strata*, gepflasterte Straße) oder dem Fenster (*fenestra*).

Noch in der Spätantike mussten viele Bereiche der Landwirtschaft grundlegend umgestellt werden. Der großräumige Warenaustausch funktionierte nicht mehr (vgl. S. 150); Olivenöl kam nicht mehr über die Alpen. Der Großgrundbesitz verlor die Sklaven, die die mehrspännigen Ochsengespanne geführt hatten. Daher richtete man den Pflug für kleinere Gespanne ein, bei denen ein Pflüger ausreicht. Die verbliebene Bevölkerung zog sich in befestigte Orte zurück. Aber, um eine lange Geschichte kurz zu machen, man darf sich die Umstellungen auf dem Land nicht zu radikal vorstellen: Die neuen Herren, egal, woher sie kamen, brauchten ebenfalls eine Grundversorgung.

Wer einmal «römisches» Obst gekostet hatte – die meisten Zuchtformen kamen von weiter her, viele aus dem Orient –, wird kaum mehr Sehnsucht nach Holzäpfeln und -birnen gehabt haben, und die Bäume überstanden manchen Sturm. Das Wort für den Pfirsich wurde früh übernommen (von *Persica*), und seine Kerne finden Archäologen im ganzen Mittelalter. Die Völker der großen Wanderbewegungen am Übergang von der Spätantike zum frühen Mittelalter strebten ja nicht ins Leere, sondern wollten so viel wie möglich von der römischen Zivilisation profitieren. Trotz aller Gewaltanwendung ließen sie auch Schmiede am Leben, die sie für ihre Waffen und Repräsentationsgegenstände brauchten, und die Winzer ließen sie weiterhin keltern (*calcare*, treten, in der Torkel, der Weinpresse, *torculum*), auch wenn sie für den Wein (*vinum*) vielleicht nicht immer zahlten, den sie aus den Kellern (*cellarium*) holten.

Ein Grund für Wanderbewegungen aus dem Norden war vielfach der Hunger. Germanische Landwirtschaft, wenn in aller Kürze eine solche Verallgemeinerung erlaubt sei, scheint recht krisenanfällig gewesen zu sein. Es ist archäologisch nachgewiesen, dass manche Gruppen ein fast nomadisches Leben führten: Ganze Dörfer wurden verlegt, wenn der Boden ausgelaugt war. Die wichtige Kunst der Düngung wurde nicht immer und überall beherrscht.

Im Bereich der Viehzucht setzte sich die keltische bzw. germanische Agrarkultur aber gegen das scheinbar bessere römische Vorbild durch. Die Größe der Rinder ging radikal zurück, bis zu einer Widerristhöhe von 1,10 m. Die römische Zucht konnte oder wollte man offenbar nicht weiterführen. Waren die Zuchttiere alle ge-

Kultur-Landschaften

Abb. 30: Pflügender Bauer, Salzburger Kalendar, um 818, ONB Cod. 387, fol. 90v

schlachtet worden oder war es der Stolz auf das eigene Vieh, das in den keltischen und germanischen Oberschichten genauso viel Prestige genoss wie in den römischen, wo aus *pecus* (Vieh) *pecunia* (Geld) wurde?

Die «jungen» Völker brachten außerdem etwas Neues: Schweine. Diese sahen nicht viel anders aus als heute noch Wildschweine, mit denen sie sich auch paarten, wenn sie im Herbst zur Mast getrieben wurden. Schweinehirt zu sein, war im Unterschied zur Aussage der Bibel (Lk 15, 15) ein zwar harter, aber angesehener Beruf. Man kann seither Europa in zwei Zonen teilen: die der Schafe und Ziegen und die der Schweine. Das Kleinvieh war für die tägliche Versorgung lange Zeit weit wichtiger als die Rinder.

Karolingische Reform

In der Karolingerzeit wurden die römischen Agrarschriftsteller systematisch abgeschrieben und verbreitet (vgl. S. 135). Die damals durchgeführte Agrarreform wirkte vermutlich nachhaltiger als andere Errungenschaften dieser Zeit im Bereich der Kirchen- und Staatsreform. Denn der Adel stellte, wie erwähnt (S. 56), nur die eine Seite des Feudalsystems, der unfreie, aber zugleich auf seinem

Gut frei arbeitende Bauer die andere. Den Erfolg verdankt dieses Konzept einer weiteren Erfindung: der Hufe. Die «Hufen», Bauernstellen – vom mhd. Wort *huoba* kommt der häufige Name «Huber» –, waren genau so groß, dass eine bäuerliche Kernfamilie mit ihrem Personal davon leben konnte. Das waren in mitteleuropäischen Ertragsverhältnissen etwa 30 Joch, ca. 10–15 Hektar. Diese «Hufenverfassung» wurde innerhalb von wenigen Generationen in vielen Teilen des Frankenreiches eingeführt, wohl nicht nur von oben befohlen, sondern wegen ihrer Flexibilität und Praktikabilität auch vor Ort akzeptiert. Bei Grundstücksgeschäften rechnete man nur mehr selten mit einzelnen Äckern und abstrakten Flächenmaßen, sondern in Hufen. Das war der erste Schritt zur Gestaltung einer typisch mitteleuropäischen Kulturlandschaft.

Millennium und ottonische Renovatio

Allerdings bezog sich die Siedlungsfläche bis zum Ende des ersten Jahrtausends vor allem auf die landwirtschaftlichen Gunstlagen. Gegen Ende des ersten Jahrtausends christlicher Zeitrechnung spürten die Menschen zum ersten Mal so etwas wie «Grenzen des Wachstums». Der von der Natur mehr oder minder bereitwillig zur Verfügung gestellte Lebensraum wurde eng.

In dieser Zeit kamen einige Gelehrte auf die Idee, die Welt würde ohnehin nach tausend Jahren untergehen. Ein Mönch namens Arnold von St. Emmeram in Regensburg hatte besonderes Pech: Auch er fürchtete den Weltuntergang im Jahr 1000. Als dieser nicht eintrat, kam er zur Überzeugung, es wären tausend Jahre nach dem Tod Christi gemeint. Er erlebte noch voller Angst das Jahr 1033. Nicht, weil so viele Menschen die Offenbarung des Johannes kannten (Offb 20, 1–10) oder einen Kalender hatten – als populärste Jahresangabe galt die Regierungszeit des Herrschers –, sondern weil es tatsächlich Krisenerscheinungen gab, kam es mancherorts zu einer Hysterie.

Für andere war es schon eine Zeit der beginnenden Blüte. Besonders im Südosten des Reiches spürte man deutlich die Erholung nach der Abwehr der Ungarngefahr mit der Schlacht auf dem Lechfeld 955. Die *Renovatio imperii Romanorum*, Erneuerung des Reiches der Römer, wie Otto III. († 1002) sein Programm nannte, hatte nicht nur eine damals nur wenigen zugängliche Facette in Kunst und Gelehrsamkeit. Sie bekam auch ein solides Fundament im Alltag vieler Menschen. Es begann nun die harte Arbeit, einen Teil der noch vorhandenen Wildnis in Kulturland umzuwandeln.

Wald und Wildnis als Orte der Kultur

Die Wüste spielt in der biblischen Geschichte eine große Rolle. Sie ist ein Ort des Übergangs, am Rande der Zivilisation, aber auch symbolisch an der Grenze zwischen dieser Welt und dem Jenseits. Das Volk Gottes wandert durch die Wüste ins gelobte Land (Buch Exodus, bes. 16f., Verkündigung an Mose Ex 3). Gott wird geradezu definiert als einer, «der sein Volk durch die Wüste führte» (Ps 136, 16). Man flüchtet dorthin wie Elija (1 Kön 19, 4), der dann am Berg Horeb seine Bestätigung als Gottesdiener erfährt, oder zieht sich dorthin zurück und wird, wie Jesus, in Versuchung geführt (Mt 4, 1–11). Johannes verkündete aus der Wüste den Messias und taufte jene, die umkehren wollen (Mt 3, 1–6). Man konnte zu ihm hinaus gehen, wie zu vielen Wüstenheiligen und Säulenpropheten und im Mittelalter zu den Einsiedlern und Mönchen. Die Kolonisierung der «Wüste» durch Mönche ist nicht bloß ein nützlicher Nebeneffekt, sondern eine Konsequenz ihrer Berufung.

Wo waren Wüste und Wildnis im mittelalterlichen Europa? Es war vor allem der Wald. Aber, so seltsam die Frage klingt, was ist ein Wald? Jede Person hat ein bestimmtes Bild davon im Kopf, und fast jede ein anderes. Was wir in Europa heute als Wald vorfinden, ist fast immer das Produkt jahrhundertelanger Bewirtschaftung. Das wäre lateinisch *silva* und ist schon vielfältig genug. Wenn sich Johannes in *einin walt* zurückzieht (Speculum ecclesiae deutsch

82/15), dann ist das in der lateinischen Terminologie ein *saltus*, ein Gestrüpp.

Der Übergang zwischen der Zivilisation und der Wildnis ist fließend, und zwar nach beiden Seiten. In den entlegeneren Gebieten waren geachtete Spezialisten unterwegs, wie z. B. Hirten und Imker, Förster und Jäger. Viele Wälder unterlagen einer besonderen Nutzung. Das konnte die Gewinnung von Reisig für das Küchenfeuer sein, die Weide im Wald, die Bienenzucht im Auengebiet oder der herrschaftliche Vorbehalt nach dem Forst- und Jagdrecht (S. 67). Wir kennen Gebiete temporärer Nutzung, wie wir es im Vorfeld von Burgen, Versammlungs- und Gerichtsplätzen fanden (S. 65). Solche Fluren heißen in der Dichtung oft «Heide», und das reimt sich auf «Freude».

Die Wildnis, der wir in den Dichtungen begegnen, ist eher ein Gemütszustand denn eine Gegend: Dort findet man Bewährung, z. B. wenn man höfische Regeln verletzt hat (Erec, S. 18), und kommt dann «geheilt», d. h. wieder mit den Tugenden des Standes versehen, heraus. Dort irrt einer herum, wenn er den Verstand verliert (Iwein, S. 77); dort finden sich Riesen, Zwerge, Drachen und Räuber, gegen die man kämpfen muss, um sich als Ritter zu beweisen. Dort treffen sich die Paare und finden Erfüllung ihrer verbotenen Liebe (Tristan, S. 81).

Die eigentliche Wildnis ist je nach Gegend und Klima grundverschieden. Sie reicht von dornigem Gestrüpp bis zu Baumgruppen mit hohem Laubanteil, sehr oft mit sumpfigen Abschnitten. Den meisten Menschen machte das Angst. Gefährlich waren nicht so sehr die Tiere, die selten Menschen angreifen, gefährlich waren die «Räuber». Denn die Wildnis ist gesetzlos, eben unzivilisiert. Selten waren sie ohne Grund zu Räubern geworden, sondern vielmehr durch Schicksalsschläge aus dem sozialen Netz gerissen.

Ein «erfolgreicher» Einsiedler geht in die «Wüste», und man hört nichts mehr von ihm. Aber schon Augustinus kritisiert den radikalen Anachoreten: «Du verlässt die menschlichen Dinge, und du sonderst dich ab. Wem wirst du von Nutzen sein? ... Glaubst du, weil du rasche Beine hast, die Brücke zu überschreiten, du dürftest sie abbrechen?» (Comm. in Ps. 99, 9). Die Einsiedler, von denen positiv berichtet wird, bleiben Bezugspersonen für Menschen innerhalb der Zivilisation, die sie aufsuchen, ihren Lehren zuhören, sie versorgen oder sich in ihrer Nähe niederlassen, weil der stetige Pilgerstrom ein gutes Auskommen bietet. Ganze «Städte» können daraus entstehen, wie Glendalough in Irland, wohin sich der heilige Kevin zurückzog.

Das werdende Land

Was ist, im Gegensatz zur Wildnis, nun ein «Land» im Mittelalter? Erst im Rahmen der «Territorialisierung» im 12. Jahrhundert verschmolzen allmählich die einzelnen Elemente von Landschaft, Kirche und Herrschaft zu einem geographisch umgrenzbaren Raum. Wie sah es vorher aus?

Netzwerke

Es ging weniger um Territorien als um zwischenmenschliche, ökonomische und machtpolitische Netzwerke. Solche sozialen Netze gibt es heute noch, neben, über und unter der institutionell organisierten Gesellschaft. Die Netzwerke im Ersten Mittelalter wurden von adeligen Familien durch gezielt hergestellte Verwandtschaftsbeziehungen gestärkt, bzw. ergaben sich daraus.

Über der sehr locker, manchmal fast inselartig besiedelten Landschaft lag ein komplexes Gefüge von Herrschaft und Besitz. Wie im Kleinen jeder Bauer sich bemühte, an allen Fluren, die in seiner Umgebung für die eine oder andere Bewirtschaftung besonders günstig waren, seinen Anteil zu haben, so suchten die Adeligen, sich weit verstreut dort Besitz und Herrschaftsrechte zu verschaffen, wo sie bestimmte Produkte erwarten konnten oder aus politischen Gründen präsent sein wollten.

Dasselbe trifft auf die geistlichen Herren zu, die auch außerhalb ihrer Diözesen Besitz hatten. Besonders begehrt waren Weingüter (vgl. S. 27), zu denen sich die Kirchenfürsten meist auch die nützlichen Zollfreiheiten zu beschaffen wussten. Es konnte zudem im Interesse der hohen Politik stehen, bestimmte Regionen geistlichen Herren anzuvertrauen. Erwähnt habe ich schon die Klöster, die Alpenein- und -übergänge hüteten (S. 122). Leicht einzusehen ist, dass Bistümer wie Salzburg, Chur, Brixen oder Trient ihre Bedeutung auch eben diesen Alpenübergängen verdankten. Es mag etwas überraschend sein, wenn man anhand der weit verstreuten Besitzungen des 1007 von Kaiser Heinrich II. gegründeten Bistums Bamberg bemerkt, dass dieses offenbar nicht nur als «Missionszentrum» in Richtung Nordosten dienen sollte, sondern auch ungeschützte Wege nach dem Süden anvertraut bekam: Man findet Bamberger Besitz im oberösterreichischen Alpenvorland und vor allem in Kärnten an den Straßen ins Kanaltal nach Friaul, zum Predilpass zwischen Italien und Slowenien, zum Wurzenpass über die Karawanken und südlich davon.

Das «Land» war also zunächst ein vielfältiger Aktionsraum von Personen, und wo diese einander trafen, war es – in einem wörtlichen Sinn – präsent. Die Nähe zum Fürsten oder König bestimmte in diesem Personenverband den Rang. Für ihre aktuelle Politik waren Könige und Fürsten abhängig von der Mitwirkung der adeligen Hauptakteure. Ihre Macht war daher auch ganz wesentlich davon bestimmt, wo sie selbst das Sagen hatten: innerhalb ihrer eigenen ökonomischen und personalen Netzwerke, also dem Bereich, den man später häufig unter der Bezeichnung «Hausmacht» findet.

Kirchenhoheit

Dabei spielte der Einfluss auf kirchliche Institutionen eine große Rolle. Die Kirche war auf zwei Ebenen besonders auf die Laien angewiesen: zum einen, wie mehrfach erwähnt (vgl. u. a. S. 110), als Sponsorinnen und Sponsoren, Errichter und Erhalter von Kirchen und darüber hinaus als Vögte. Geistliche konnten, weil sie nicht kämpfen durften, nicht selbstständig vor Gericht auftreten. Dafür brauchten sie *advocati*, Rechtsvertreter, woraus sich das Wort «Vogt» bildete. Die Vögte bekamen Teile der bei Gericht anfallenden Gebühren, nahmen Einfluss auf die von ihnen vertretenen Institutionen und benutzten nicht selten Kirchengut als Basis für ihre eigenen Interessen. Unzählige Streitigkeiten waren die Folge.

Die Adeligen, Fürsten und Könige waren ihrerseits auf die Kirchen angewiesen: Ihr Anliegen war nicht nur die geistliche Betreuung, sondern auch die Besetzung von Posten. Damit konnte man nicht erbende Verwandte standesgemäß versorgen, den Einfluss auf die entsprechende Institution erhöhen und innerhalb des Verwandtschaftsverbandes Geistliche als Vermittler zum himmlischen Herrn haben. Die Besetzung der Bistümer war für die römisch-deutschen Könige bis zum Investiturstreit ein wichtiges Herrschaftsinstrument. Danach musste jedoch selbst der König bestimmte Regeln einhalten, wenn er auf Bischofswahlen Einfluss nehmen wollte. Die französischen Könige behielten den direkten Zugriff noch länger, denn die Kirche trachtete dort zunächst nach einer Emanzipation von den Fürsten und benötigte dafür den Schutz des Königs.

Die Oberschicht war also vielfach eingebunden in ein weiteres Netzwerk, das ihre Beziehungen zu kirchlichen Institutionen bildeten. Die Kontrolle über dieses Netzwerk war einer der wichtigsten Schritte zur Landesbildung. Bei der Neustrukturierung der Diözesen im 12. Jahrhundert, mit der konsequenten Einrichtung eines Pfarrnetzes (vgl. S. 110), suchten die Bischöfe wenn möglich Fürsten als starke Partner. Die Zisterzienser akzeptierten überhaupt nur Fürsten als Vögte. Andere Einrichtungen unterstützten die Fürsten, damit ihre Dienstleute bevorzugt Vogteirechte bekamen. So gelang es ihnen nach und nach, eine Kirchenhoheit in ihren werdenden Ländern, den Territorien, zu gewinnen.

Gerichte

Ein weiterer Bereich, in dem die Landesbildung ansetzte, war das Gerichtswesen. Schon der Personenverband der «Landschaft» verstand sich als Gemeinschaft des gleichen Rechts, des Landrechts. «Recht» bedeutet zunächst einmal die Gewohnheit einer Personengruppe, ihre alltäglichen Konflikte zu regeln. Nach dem Vorbild des römischen Rechts und im Interesse von Herrschern konnte es aufgeschrieben werden. Das geschriebene Recht war im Mittelalter aber in keinem Fall eine stetig anzuwendende Norm wie der Code Napoleon oder das Bürgerliche Gesetzbuch, sondern bestenfalls eine Beispielsammlung, nach der sich eine Gerichtsversammlung richten konnte, wie bei den Präzedenzfällen im angelsächsischen Recht.

Die Zugehörigkeit zu einer Rechtsgemeinschaft verlor man im Laufe seines Lebens genauso wenig wie die Zugehörigkeit zu einem Volk; Rechtsgemeinschaft und Volk kann unter Umständen dasselbe bedeuten. Man konnte also in der Fremde verlangen, nach eigenem Recht beurteilt zu werden. Niemand – außer dem Kaiser – spricht oder setzt neues Recht, sondern das Recht wurde in einer Gerichtsversammlung gefunden, die aus jeweils standesgleichen Personen zusammengesetzt war. Der Gerichtsherr, wie hochgestellt auch immer, war theoretisch nur der Vorsitzende dieser Versammlung, der das Verfahren regelte.

Es gab eine Stufenleiter der Gerichte, vom Dorfgericht, das kleinere Konflikte regelte, bis zum Gericht unter dem Vorsitz des Fürsten bzw. Königs, dem in der Regel die Blutgerichtsbarkeit, d. h. die Fälle, bei denen Todesstrafe drohte, vorbehalten war. Dasselbe galt im kirchlichen Bereich, wo die schwereren Fälle dem bischöflichen Gericht vorbehalten waren, manche sogar dem Papst. Die Landesherren waren die Vorsitzenden von Gerichten, die über die höheren Adeligen urteilen sollten. Das zuständige Hofamt war das des Marschalls. Lange Zeit wandten sich die Menschen an dasjenige Gericht, bei dem sie am ehesten hoffen konnten, ihr Recht zu finden. Im 13. Jahrhundert bildeten sich langsam feste Gerichtssprengel und Zuständigkeiten heraus.

Marken und Länder

Im Altsiedelland überlagerten einander die verschiedenen Netzwerke besonders dicht. Interferenzen waren nicht zu vermeiden und eine Abgrenzung der Herrschaft war schwer zu ziehen. Etwas anders waren die Voraussetzungen in den Marken. Markgrafen standen zwar in der Rangordnung unter den Herzogen, hatten aber aufgrund ihrer Funktion im Grenzschutz eine unmittelbare Beziehung zum König bzw. Kaiser. Aus dem Grenzsaum wurde relativ schnell ein eigenes Land, denn die Markgrafen hatten in militärischen Dingen den direkten Zugriff auf die Mannschaften anderer adeliger und kirchlicher Gewalten. Außerdem gab es meist spezielle Abgaben zur Aufrechterhaltung einer militärischen Grundpräsenz. Und drittens waren die Marken ein Entwicklungsgebiet, in dem man talentierte Leute einsetzen konnte.

Das Werden eines Landes ist ein über viele Generationen reichender Prozess. Dazu gehören materielle und personale Ressourcen, große organisatorische Fähigkeiten und die Schaffung eines Gemeinschaftsbewusstseins. In Westeuropa waren zuerst die Auseinandersetzungen der Kapetinger-Könige mit den Fürsten und dann der Hundertjährige Krieg maßgeblich dafür, dass die Vorstellung von einer territorialen Nation wie «Frankreich» und «England» in den Köpfen der Bewohner entstand.

Kolonisation

Die Zisterzienser wollten nicht nur zum Geist der Regel des heiligen Benedikt zurückkehren, sie gingen tatsächlich in die «Wüste», d. h. meist den Wald. Sie ließen sich, wenn man nachrechnet, oft etwa eine halbe Tagesreise von der Zivilisation entfernt nieder, damit Lieferanten und Besucher am selben Tag wieder zurückgehen konnten, denn die an sich von Benedikt vorgesehenen Verpflichtungen zur Gastlichkeit hätten die Askese gestört. Manchmal, wie in Zwettl (Niederösterreich), wurden sie in ein nur locker besiedeltes Gebiet berufen und wandelten die Infrastruktur dort um.

Kolonisieren heißt nicht bloß, eine Wildnis zu roden und urbar zu machen, sondern vor allem, sie in ein Herrschaftsgefüge einzuordnen. Das geht nicht immer ohne Streit. Nicht selten stößt die Absicht auf andere, schon länger vorhandene Interessen. So geschah es schon bei der Gründung von Fulda (744), wo «plötzlich» Leute mit «ungerechten» Ansprüchen auftauchten. Archäologische Grabungen haben gezeigt, dass der Platz schon vorher bewohnt war. Leere Wildnis gab es bereits im frühen Mittelalter nicht mehr unbegrenzt.

Kolonisieren bedeutet auch Freiheit, nicht nur für Mönche. Man musste geeignete Leute dafür motivieren, die harte Arbeit der ersten Jahre auf sich zu nehmen. Meist schickte man sie in Gruppen, unter der Leitung einer erfahrenen Person, dem «Lokator», und versprach ihnen für den Anfang Abgabenfreiheit und eine gewisse Autonomie; sogar die freie Pfarrerwahl kam vor. Mit diesem Recht wurden deutsche Siedler in die Ostgebiete gelockt. Dieses «deutsche Recht» wurde auch slawischen Personengruppen und Dörfern gewährt. Die Entwicklungsarbeit der Zisterzienser wird, im Unterschied zu anderen, politisch motivierten Expansionen, in Polen bis heute positiv eingeschätzt.

So entstand ein Landschaftstyp, in dem kleinere und meist gepflegte Waldungen Bestandteil der Kulturlandschaft wurden. Dieser Typ wurde namengebend, wie im Bayerischen Wald oder im Waldviertel in Niederösterreich. Die Umwandlung der Landschaft hatte eine ökologische Folge, die Zeitgenossen gar nicht auffiel: Die Rodung förderte die Erosion. An den Unterläufen der Flüsse, die aus Rodungsgebieten kamen, stieg der Wasserspiegel bis zu einem halben Meter, was mancherorts die Fruchtbarkeit des Bodens erhöhte.

So wurde das 13. Jahrhundert zu einer «Erntezeit des Mittelalters», im 14. Jahrhundert aber mehrten sich die Krisen. Das hervorstechendste Symptom für diese strukturellen Probleme ist die Pest um die Mitte jenes Jahrhunderts (S. 39 f.).

Bergbau und Landschaft

Die Bodenschätze werden bei nahezu jedem *locus amoenus* (S. 217) erwähnt. Aber selten wird einem bewusst, wie stark der Bergbau in die Gestaltung der Landschaft eingriff. Das gilt schon für die vorgeschichtliche Zeit, aus der Archäologen so manche große Halden kennen, wo Wanderer unberührte Natur vermuten. Schwerwiegende Auswirkungen für die Landschaft hatte der Bergbau der Antike. Das keltische Königreich Norikum war berühmt durch das norische Eisen vom Hüttenberg in Kärnten und – vielleicht – vom Erzberg in der Steiermark. Es war für die Kulturgeschichte nicht ohne Folgen, dass dieses Königreich ohne Krieg ins Imperium Romanum eingegliedert wurde: Auf diese Weise blieb innerhalb der römischen Zivilisation viel keltisches Kulturgut erhalten. Auf Grabsteinen sieht man Abbildungen von Bürgern in der römischen Toga, deren Ehefrauen ein keltisches Gewand tragen.

Der vorgeschichtliche Abbau von Salz in Hallstatt in Oberösterreich und bei Hallein in Salzburg ging in der Römerzeit aufgrund der Konkurrenz des billigeren Meersalzes zurück. Am Erzberg in der Steiermark begann der Abbau erst – wieder? – im 12. Jahrhundert. Während man die Salzquellen in Reichenhall schon im frühen Mittelalter erfolgreich ausbeutete, wurden die Salzlager am Dürrnberg bei Hallein und in Hallstatt ebenfalls erst wieder im 12. Jahrhundert in größerem Stil erschlossen.

Bis dahin wurden sowohl für Eisen als auch für Salz kleinere und kleinste Lagerstätten genutzt. Auch Raseneisenerz – das sind metallhaltige Sedimente, die durch Wasserläufe ausgeschwemmt und abgelagert wurden – war wichtig, und der Besitz solcher Gewinnungsstätten begehrt. Das galt besonders an Verkehrswegen, wo man Eisen besonders für die Hufeisen brauchte, die immer wieder abfielen und verloren gingen. Als dann die großen Bergbaugebiete wieder in Betrieb gingen, änderten sich auch die Verkehrswege und die Interessen der Fürsten und Adeligen grundlegend.

Bergbau war eigentlich Königsrecht, «Regal», das aber durch die Fürsten beansprucht wurde. Die Sonderrechte und der damit verbundene große Gewinn haben dazu beigetragen, dass massiv in die Umwelt eingegriffen werden konnte. Das geschah nicht nur zum Nachteil der Lebenswelt. Eine ganze Reihe von modernen Fremdenverkehrsgegenden sind Bergbau-Folgelandschaften, wie z. B. das Salzkammergut, die Gegend um Kitzbühel in Tirol und die Eisenstraße zwischen Steiermark und Niederösterreich.

Zum eigentlichen Abbaugebiet gehörten große Zonen, die der Versorgung und Verarbeitung dienten. Das betrifft z. B. das eben genannte Salzkammergut – die Einkünfte im oberen Trauntal gehörten der «Kammer» der Habsburger, daher dieser Name – und das niederösterreichische Alpenvorland im sogenannten «Mostviertel», wo auch die Wasserkraft für den Schmelz- und Schmiedeprozess zur Verfügung stand.

Benötigt wurden Nahrungsmittel für die im Bergbau Tätigen und Holz für den Ausbau der Stollen und für das Erhitzen der Sole (Salz-Wasser-Lösung), das jeweils spezielle Eigenschaften aufweisen musste. Es ist eindrucksvoll, dass die intensive Nutzung im alpinen Raum nicht zu größeren ökologischen Problemen führte.

Die bedeutendsten Bergbaustätten für Silber, das wichtigste Münzmetall (vgl. S. 154), in den Alpen waren die von Trient und Schwaz (Tirol). Der Kupfer- und Silberbergbau in Schwaz wurde allerdings erst um 1400 ausgebaut. Überregionale Bedeutung hatten beispielsweise auch die Vorkommen in Iglau (Jihlava) und Kuttenberg (Kutná Hora) in Böhmen und Mähren, am Rammelsberg bei Goslar und in Freiberg im Erzgebirge.

Im Zusammenhang mit dem Bergbau entwickelten sich spezielle Wirtschafts- und Sozialstrukturen. Fachkräfte wurden oft von weit her geholt und brachten ihre Sprachen und Kulturen mit, die sie aufgrund des besonderen Schutzes, den sie genossen, sehr lange beibehalten konnten. In der Zips (Spiš, Szepes) im Norden der Slowakei wird heute noch deutsch gesprochen, zumindest in Hopgarten (Chmel'nica, Komlóskert).

Akzente und Zeichen

Jede Person trägt Bilder von Landschaften in sich, die früh im Leben geprägt worden sind. Bedeutsam ist der jeweilige Standort der Menschen in der Natur. Wer in Friesland lebt, wo Deiche die höchste Erhebung sind, bekommt einen besonderen Begriff vom Meer. Wer am Abend von Ungarn gegen Westen fährt, sieht am Horizont ein «Gebirge». Von der anderen Seite aus erscheint der Name «Leitha-Gebirge» eher übertrieben. Wer in der Poebene nach Norden blickt, kann sich gut vorstellen, wie gewaltig die Alpen den Römern erschienen; kann dahinter überhaupt noch eine zivilisierte Welt liegen?

Dazu kommen, fast unmerklich, gewohnte Muster, die im Laufe der Geschichte von Menschen geschaffen wurden. Einerseits entstanden sie durch die Bewirtschaftung. Feldgrößen und -formen, straßenbegleitende Alleen sind meistens erst in der Neuzeit entstanden, doch der geschulte Blick bemerkt noch die alten Fluren.

Andererseits spiegeln sie bewusste Intentionen. Für den Bologneser Petrus de Crescentiis († 1320/21) in der beginnenden Renaissance war es ein Thema, wie man Bewässerungskanäle anlegen solle und wo man Bäume pflanzte, damit die Landschaft ein ausgewogenes Bild ergebe. Für die Brüder von Limburg und ihren Auftraggeber, den Herzog von Berry, war im beginnenden 15. Jahrhundert die Landschaft vor den abgebildeten Burgen offenbar genauso wichtig wie diese selbst. Beides spiegelt den Gestaltungswillen der Herrschaft.

Viele Landschaftselemente haben rein praktische Ursachen: Die Breite der Straßen sollte verhindern, dass die Ackerfrüchte von den Reit-, Zug- und Tragtieren angeknabbert werden, aber auch – wie einmal ausdrücklich bemerkt wird – ermöglichen, dass man Räuber rechtzeitig sah. Die überregionale Straße ist eine eigene Rechtszone und damit ein fürstliches oder königliches Band, das ein Land erfasst. Brücken müssen durch Vorwerke geschützt werden, ihre Aufbauten zeigen oft, dass sie ebenfalls ein eigener Rechtsbezirk sind: nicht nur, weil man für ihre Überquerung Zoll zu zahlen hat, sondern auch, weil auf ihnen Geschäfte abgewickelt werden können, die anderen Regeln als in der Stadt unterworfen waren.

Untersucht man spätmittelalterliche und neuzeitliche Landschaftsdarstellungen genauer, so fallen in der Umgebung von Herrschaftssitzen oft solide gebaute Mühlen und Schmieden auf. Außerdem gehören zur Herrschaft deutlich markierte Gerichtsstätten. Zeichen zeigen in und vor Städten und Märkten das dort ausgeübte Recht an. Der Pranger ist Zeichen und Instrument des obrigkeitlichen Rechtsvollzuges, der Galgen, der außerhalb der Orte, aber weithin sichtbar stand, zeigte die hohe Gerichtsbarkeit (also inklusive der Todesstrafe) an. Viele Wegzeichen und Denkmäler waren ursprünglich Rechtsdenkmäler, z. B. an Zuständigkeitsgrenzen von Gerichten.

Der Bau einer Höhenburg (vgl. S. 62) hatte natürlich auch strategische Gründe. Mancherorts aber, wie z. B. in der Pfalz im Rheinland oder im niederösterreichischen Kamptal, kann man am militärischen Aspekt zweifeln: Dort und in anderen Gegenden geht es vor allem um die Präsenz der Herren in einer gesellschaftlich bedeutsamen Umgebung.

Symbolische Präsenz in der Landschaft ist ein wichtiges Motiv, auch wenn ein Herr gar nicht auf der Burg sitzt. Präsenz zeigen auch viele Klöster, vor allem des «alten» Ordens der Benediktiner. Allerdings muss man berücksichtigen, dass diese nicht selten an aufgegebenen Burgbergen gestiftet wurden. Funktion und Repräsentation gehen ineinander über, und zu beiden gehört der Bezug zum Umland. Die Bauten gliedern es und richten den Blick der

Menschen aus, und zwar sowohl auf sie hinauf als auch von ihnen herunter. Sie stellen das Selbstbewusstsein der Menschen sichtbar in die Gegend.

Pilgerwege

Andere Zeichen markieren Pilgerwege, als Wegweiser und fromme Verweilorte, aber auch als Hinweise auf den geschützten Rechtsstatus, den Pilger auf diesen Wegen genossen. Diese hatten, neben ihrem Pilgergewand, normalerweise die Bestätigung oder ein Zeichen einer geistlichen Obrigkeit dabei, die ihren Status auswiesen. Der wurde offenbar auch missbraucht, denn sonst wäre aus dem Wort «Pilger» nicht das in Österreich bekannte «Pü(l)cher», Gauner, geworden. Viele Wallfahrtsorte wurden von klösterlichen Gemeinschaften betreut oder gingen aus Klöstern hervor. Wichtige internationale Wallfahrtsziele waren Jerusalem, Rom und Santiago. Viele Rom-Pilger gingen zusätzlich auf die adriatische Seite zum Sporn des «Stiefels» nach Monte Sant'Angelo am Gargano.

Große Bedeutung hatten aber auch die zahllosen regionalen Wallfahrtsziele. An Maria, der Gottesmutter, konnte man sich mit allen Anliegen wenden, und Marien-Heiligtümer gab es allerorts. Die überlieferten Wundergeschichten, z. B. bei dem Zisterzienser Caesarius von Heisterbach († 1240), haben nahezu anarchische Züge: Seiner Mutter konnte Christus ja nichts verwehren, auch wenn es den herrschenden Regeln widersprach. Das ergibt in den Legenden die köstlichsten Geschichten. Maria streitet mit den Teufeln um eine Seele, dient anstelle einer Pförtnerin im Kloster, bis die reuig wieder zurückkehrt, und wenn ein unkeuscher Mönch zu sterben droht, dessen Schuld nicht zu leugnen ist, dann erweckt sie ihn wieder zum Leben, damit er ausreichend büßen kann.

Dazu kamen, wie erwähnt (S. 39), die «Spezialisten» und «Spezialistinnen» unter den Heiligen. Sie helfen gegen Krankheiten von Mensch und Tier, behüten vor Feuersbrunst und sorgen für erwünschte Nachkommen. Das ganze Spektrum menschlicher

Ängste, Bedürfnisse und Sehnsüchte tut sich in diesen Geschichten auf. Die populärsten waren die 14 Nothelfer, denen im Spätmittelalter zahlreiche Kirchen geweiht wurden. Drei davon nennt der volkstümliche Merkspruch: «Margareta mit dem Wurm (Drachen), Barbara mit dem Turm, Katharina mit dem Radl, das sind die drei heiligen Madl.» Margareta ist für die Gebärenden, Barbara für die Bergleute und Katharina für Schulen und Gelehrte zuständig.

Wohlhabende Leute konnten für Bitt- und Dankwallfahrten auch mehr oder minder professionelle Stellvertreter engagieren. Daneben gab es Bußwallfahrten, zu denen Delinquenten je nach der Schwere ihres Verbrechens verurteilt wurden.

Reisende und Straßen

Guane cumetger, brothro? Wo kommst du her, Bruder? Das ist eine Frage aus einem kleinen Handbüchlein für Romanen, die in Länder germanischer Sprache reisen wollten, die sogenannten Pariser Gespräche aus dem 9. Jahrhundert. «Ich war in der Francia», in der Île de France. «Wo hast du geschlafen?» «Im Haus des Grafen.» Es folgen Flüche auf den Knecht, Warnungen davor, mit der falschen Frau zu schlafen, und Anleitungen, wie man etwas zu essen und zu trinken bekommt. Die Ausrüstung wird beschrieben: Pferd, Schild, Speer, Schwert, Handschuhe, Stab, Messer. Auch eine Kerze konnte der Reisende gebrauchen. *Trenchet cher guole in gotes minne in aler goten helien minne, sancte Maria frauve und der ihuer mine hu*, trinkt in der Liebe zu Gott, in aller Heiligen Liebe, in der Liebe zu Sankt Marien, unserer Herrin, und in der Liebe zu euch» (Übersetzungen nach Haubrichs), so lautet der formelle Trinkspruch.

Es sind nur wenige solche Texte erhalten. Berühmt sind auch die sogenannten Kasseler Glossen (um 810), die unter anderem die Langlebigkeit der Vorurteile bezeugen: *Stulti sunt Romani, sapienti sunt Paiori, modica est sapienti in Romana, plus habent stultitia quam sapientia*, in der Volkssprache: *Tole sint Uualhâ, spâhe sint Peigria; luzîc ist spâhi in Uualhum, mêra hapênt tolaheitî denne spâhi.* Dumm sind die Welschen, klug die Bayern. Klein ist die Klugheit bei den Welschen, sie haben mehr Dummheit als Klugheit.

Wer ist, außer den schon genannten Pilgern, am häufigsten unterwegs? Wir sind in diesem Bändchen den meisten schon begegnet. Adelige sind viel unterwegs, zur Ausübung ihrer Pflichten und Rechte bei Gerichtssitzungen und Hoftagen, zu Kämpfen und Kriegen oder schlicht, um – vor allem in Zeiten der Naturalwirtschaft – ihr Einkommen abzuschöpfen. Viele Familien und Klöster haben ihre Besitzungen entsprechend verteilt, um möglichst oft auf eigenem Grund logieren zu können, und subventionieren gezielt geistliche Einrichtungen, in denen sie unterkommen können.

Im Herbst 1203 war Bischof Wolfger von Passau, der 1204 dann Patriarch von Aquileja wurde, zu einer routinemäßigen Visitationsreise in seinem Donaubistum unterwegs, wovon uns Rechnungsnotizen über seine Ausgaben erhalten sind. Am 10. November 1203 erhielt, wie erwähnt, Walther von der Vogelweide nach dieser einzigartigen Quelle vom Passauer Bischof Geld *pro pellico*, für einen Pelzmantel (vgl. S. 48).

Ständig trafen beim Bischof Boten aus allen Himmelsrichtungen ein oder er schickte welche aus. Am 22. September 1203 gab der Bischof in St. Pölten einem Boten des ungarischen Königs eine Summe *pro tunica*, für einen Umhang, und löste ihm ein Pfand aus; dem Boten war offenbar das Geld ausgegangen. Am selben Tag bekam ein Bote aus Böhmen Botenlohn. Ein weiterer traf ihn kurz darauf in Znaim, in Weitra trafen Boten des Königs und des Markgrafen von Landsberg ein. Dann kam einer aus Passau, der einen jungen Hund mitbrachte. Im Oktober mussten dem Boten von Zähringen die Beinschienen gerichtet werden; er und ein anderer Bote eines bayerischen Grafen erhielten relativ hohe Summen, ebenso ein Bote des Erzbischofs. Daneben werden noch *cursores*, Läufer, des Bischofs selbst erwähnt.

Man muss sich vorstellen, welchen Aufwand die Boten zu treiben hatten, um herauszufinden, wo ihr Adressat gerade war. Bote zu sein war ein geachteter, aber anstrengender Beruf. Die Boten hatten selten allzu viele Schriftstücke bei sich, meist gerade so viel Text, dass er als eine Art Ausweis gelten konnte. Wichtiger war in der Regel, was sie mündlich vortrugen. Ihr Beruf konnte gefährlich werden, aber es muss für sie als Einzelpersonen leichter gewesen sein, ans Ziel zu kommen, als für einen adeligen oder geistlichen Herrn. Der Abt von Cluny, Petrus Venerabilis († 1156), entschuldigt sich einmal nicht nur mit seiner Krankheit, sondern auch mit den Unruhen der Zeit, die ein Durchkommen fast unmöglich machten – und schickt das Schreiben mit einem Boten. Bernhard von Clairvaux redet sich damit heraus, er würde schon persönlich kommen, wenn er wüsste, wo sich sein Briefpartner aufhielte – und schickt diese Nachricht mit einem Boten, der den Adressaten offenbar gefunden hat.

Zuhause hatten viele Boten eine etwas größere Hufe (Hof, vgl. S. 222), weil sie ja auch das Pferd und einen zusätzlichen Knecht für die Zeit ihrer Abwesenheit durchfüttern mussten. Vom Botenlohn konnte ihnen wohl über die Reisespesen hinaus etwas geblieben sein. Ab dem 13. Jahrhundert wuchs dann die Schriftlichkeit derart an, dass die Boten wirklich nur mehr Transporteure von Poststücken wurden.

Im Nachrichtenverkehr zu und zwischen geistlichen Institutionen, aber auch für den diplomatischen Dienst bei Fürsten und Königen wurden Geistliche eingesetzt, denen man verantwortungsvolle Verhandlungen anvertrauen konnte. Sie besorgten daneben den gelehrten Austausch, indem sie nicht nur Nachrichten, sondern auch Abschriften von gelehrtem Schriftgut transportierten, nicht selten auf Bestellung.

Die Reisegeschwindigkeiten hingen von der Verfügbarkeit von Reit-, Last- und Zugtieren ab. Viele Jahrhunderte lang schaffte man im Schnitt etwa 30 km am Tag. Das galt noch für die Postkutschenzeit; danach waren Reisende gründlich durchgeschüttelt.

Hält man sich das vor Augen, wird man weniger spotten, wenn sich die Zeitgenossen fürchteten, als auf einmal die Eisenbahn 30 km in der Stunde zurücklegen konnte. In Sonderfällen konnten bei ständigem Pferdewechsel viel höhere Geschwindigkeiten erreicht werden. Den Rekord unter den mir vorliegenden Daten hält ein Doge, der beschuldigt worden war, in Venedig einen Brand gelegt zu haben: Er brachte auf der Flucht mit Pferden in der Poebene an einem Tag angeblich 200 km hinter sich.

Im frühen Mittelalter findet man noch gelegentlich zweirädrige Wagen zum Personentransport, aber bald fanden sich offenbar keine geeigneten Straßen mehr. Wagen dienten fast nur für den Nahverkehr, vierrädrige, lange Zeit mit Scheibenrädern, für schwere Lasten und zweirädrige Karren für das Heu.

Ferntransporte wurden im Ersten Mittelalter vor allem mit Saumtieren erledigt. Auch Säumer waren recht angesehen, und es gab eigene Säumerlehen, wo vermutlich auch die Tiere gehalten wurden. In den Alpen ergaben sich daraus gegenüber der Römerzeit neue Routen: Für die Saumtiere waren Steigungen keine Schwierigkeit, solange sie Futter bekommen konnten. Man war mindestens eine Woche lang in den Bergen, und wenn man das Futter hätte mitnehmen müssen, wäre kaum mehr Platz für die Nutzlast übrig geblieben. Daher ging man auch über höhere Pässe, wenn die zuführenden Täler und Hochebenen genug Wiesen hatten, die im Sommer nicht austrockneten. Erst im 14. und 15. Jahrhundert wurden viele Straßen wieder so ausgebaut, dass man sie mit Fuhrwerken befahren konnte.

Geht man den mittelalterlichen Säumerrouten in den Alpen nach, macht man eine erstaunliche Entdeckung: Sie führen fast alle durch Gebiete, in denen Alpenromanen ihre Sonderkultur erhalten konnten, von den Rätoromanen in der Schweiz über den bis ins späte Mittelalter romanischen Vinschgau bis zu den Ladinern südlich des Pustertales. Das sind keineswegs Rückzugsgebiete, wie lange Zeit behauptet wurde, sondern Bereiche, in denen man die Bevölkerung besonders schützte, weil sie für die Infrastruktur des überregionalen Verkehrs unverzichtbar war. Auch die bis ins frühe Mittelalter nachweisbare Sonderkultur der Alpenromanen im Salzburger Raum war zum Teil durch Verkehrswege und Pässe bedingt.

Eine Schlüsselstelle für die Reise nach dem Süden war das Eisacktal: Seit die Römerstraße zerstört war, musste man unterhalb von Klausen bei Kollmann (Barbian) das Tal verlassen, um über die Hochebene des Ritten nach Süden weiterzuziehen, und kam erst wieder bei Bozen ins Tal hinunter. Erst im Jahr 1313 wurde der Grundstein für die Kardauner Brücke gelegt und 1314 von Graf Heinrich von Tirol das Privileg zur Erbauung einer Straße durch das Eisacktal ausgestellt. Diese Straße sollte von Heinrich und Kathrein Kunter in Stand gehalten werden, so dass sie den Namen Kuntersweg bekam. Aber der «Kaiserweg» über den Ritten wurde noch lange weiter begangen.

Wasserwege

Wo immer es ging, benutzte man für Reise und Warentransport die Wasserwege. Für Fahrten ins Heilige Land konnte man von Venedig bis Apulien richtige Reise-Arrangements erwerben. Der Handel im westlichen Mittelmeer war durch muslimische Seefahrer – ihre Feinde sagten Seeräuber – gestört, daher ging die überragende Bedeutung, die Marseille und die Rhone-Verbindung in der Antike und im frühen Mittelalter hatten, in der Karolingerzeit zurück. Marseille wurde von den Sarazenen in der ersten Hälfte des 9. Jahrhunderts mehrfach heimgesucht. Ab dem 10. Jahrhundert erholte sich die Stadt allmählich. Im 13. Jahrhundert wurde Marseille zu einer selbstständigen Republik, die erst 1481 mit Frankreich vereinigt wurde.

Von Narbonne aus führte zur Römerzeit die Via Aquitania über Toulouse und Bordeaux zum Atlantischen Ozean, und von dort aus ging die Fahrt per Schiff weiter, die Küste entlang nach Norden oder nach Irland und zu den Britischen Inseln. Auch Narbonne wurde gegen Ende des 8. Jahrhunderts zerstört, aber dieser Landweg blieb von größter Bedeutung. Pilger aus Britannien gingen hingegen größtenteils über die Alpen.

Auf den Routen der Küstenschifffahrt kamen am Ende der Karolingerzeit die Normannen nach Westeuropa. Die Schiffe der Nordleute konnten – im Gegensatz zu denen der islamischen Seefahrer – nicht gegen den Wind kreuzen. Erst im 14. Jahrhundert vereinten sich die Eigenschaften der mittelmeerischen und der nordischen Schiffe. In der Nordsee gibt es eine annähernd kreisförmige Strömung etwa im Uhrzeigersinn, der die frühe Schifffahrt weitgehend unterworfen war. Es gibt eine skandinavische Sage, der zufolge ein Held wegen eines schönen Mädchens an der englischen Küste ausgestiegen sei und zu seinen Kameraden sagte, sie sollten im nächsten Jahr wiederkommen; das kann mit dieser Strömung zusammenhängen, die die Seefahrer dann wieder in dieselbe Gegend gebracht hätte.

Der Ärmelkanal war für mittelalterliche Verhältnisse nicht ohne Tücken: Die relativ kleinen Schiffe waren schlechtem Wetter und den schwierigen Strömungsverhältnissen zum Teil hilflos ausgeliefert. 1120 starben z. B. wegen der eigenen und der Schiffsleute Trunkenheit beide Söhne König Heinrichs I. von England in den Fluten des Kanals.

Aber auch auf den Flüssen war die Schifffahrt nicht ungefährlich. Die Flussschiffe waren – im Gegensatz zur Römerzeit – oft nicht viel größer als Zillen (flache Kähne) und kenterten leicht. Die Sage von der Lorelei ist eine Erfindung des Romantikers Clemens Brentano aus dem Jahre 1801. Aber die Gefahr, die für die Schifffahrt auf diesem Rheinstück bestand, war schon immer bekannt. Eine Legende, aufgezeichnet von Wandalbert von Prüm († um 870), erzählt, dass der heilige Goar, ein Südfranzose, sehr gastfreundlich gewesen sei. Daher habe er auch nach seinem Tod noch großen Wert darauf gelegt, dass Reisende am Rhein bei seinem Kloster, das gegenüber dem Loreley-Felsen lag, Halt machten und beteten. Wer das nicht tat, erlitt leicht Schiffbruch. Es war im Übrigen verboten, das geweihte Altarsakrament auf einem Schiff mitzuführen, weil es zu gefährlich wäre. Schwimmen konnten die meisten Leute im Mittelalter nicht.

Das Paradies

Das Paradies ist ein Obstgarten. Selbst das eine, verbotene Obst – im hebräischen Bibeltext ist es übrigens kein Apfel, sondern eine Zitrusfrucht – hat indirekt für die Christen die allerschönste Blüte hervorgebracht (Is 11, 1), den eingeborenen Sohn Gottes. Darum heißt es in der Osternacht *oh felix culpa*, oh selige Schuld.

Das Paradies als Garten ist wundervoll symbolisiert im Klosterplan von St. Gallen (S. 114, Nr. 44 und 45), wo die Gräber am Friedhof zwischen Obstbäumen liegen. Im Zentrum steht der neue Baum des Lebens: das Kreuz. Der Legende nach wurde das Kreuz Christi aus einem Spross des Paradiesbaumes geschnitten.

Die Mächtigen und Reichen haben keinen leichten Zugang zum himmlischen Paradies. Alle kennen wohl die berühmteste Fehlübersetzung der Literaturgeschichte vom Kamel, das eher durchs Nadelöhr ginge als ein Reicher ins Himmelreich (Mt 19, 24); ursprünglich war ein dickes Seil gemeint. Auch Alexander der Große kam nicht hinein (S. 84). Schon die Kirchenväter haben aber den Reichtum differenziert gesehen, und Rather von Verona († 974) spricht offen aus: «Wer soll spenden, wenn alle betteln?»

Reiche haben ihr eigenes, irdisches Paradies. Die *joie de la cort*, eine verwunschene Stätte namens «Freude des Hofes» ist ebenfalls ein *vergier*, ein Obstgarten. In der Dichtung muss man einige gefährliche Abenteuer bestehen, ehe sich die Freude wirklich vollendet, aber dafür gibt es dort Blüten und Früchte zur gleichen Zeit. Aus einer anderen Dichtung, in der recht lebensnahe Einzelszenen verarbeitet wurden (S. 89), wissen wir, dass der Obstgarten wirklich in geeigneter Jahreszeit für Feste genutzt wurde. Vor dem Tod konnte man dann immer noch fromm werden (S. 42).

Wege zum Paradies

Das Paradies ist nicht bloß eine Vorstellung. Es ist nicht gänzlich aus der Welt. In mittelalterlichen Weltkarten liegt im Zentrum Jerusalem, und ganz oben – im Osten, denn dort steht auch der Altar in der Kirche – ist das Paradies eingezeichnet. Das heißt symbolisch, es ist in der Schöpfung gegenwärtig: seine Spitze, das Original.

Die «Natur» einer Sache ist – in der Vorstellung mittelalterlicher Gelehrter – nämlich nicht das, was wir unmittelbar wahrnehmen, denn die Umwelt ist durch den Sündenfall verdorben. Natur ist das, was dem Schöpfungswillen Gottes entspricht. «Aber frag nur die Tiere, sie lehren es dich, die Vögel des Himmels künden es dir. Rede zur Erde, sie wird dich lehren, die Fische des Meeres erzählen es dir. Wer wüsste nicht bei alledem, dass die Hand des Herrn dies gemacht hat» (Ijob 12, 7–9).

Man kann also im Buch der Natur den Willen Gottes lesen, und genau das tat Hildegard von Bingen – und setzte damit einen Anfang für die europäischen Naturwissenschaften. Denn sie wollte die Dinge nicht instrumentalisieren, sondern ihren Sinn erfassen. Ihre Heilkunst war ja nichts anderes als jenes In-die-Mitte-Rücken (S. 20), das den ursprünglichen, gottgewollten und daher gesunden Zustand wiederherstellte.

Der Garten

Die geheilte – und darum auch heilende – Natur war der Garten. Der Mensch kann sich mit Hilfe der göttlichen Gnade, sichtbar gemacht durch die Erlösungstat Christi, seelisch auf die Pilgerschaft zum Paradies begeben. Das ist die spirituelle Seite. Es gibt aber auch, wie immer im ganzheitlichen Denken des Mittelalters, den materiell-sinnlichen Aspekt. Menschen versuchen, ihre Umwelt so zu gestalten, dass diese dem Paradies näher rückt. In dem mit Bedacht gepflegten Garten vereinen sich Nutzen und Symbolik.

Vom Obstgarten war schon mehrfach die Rede, vom Kräutergarten auch (vgl. S. 65). Vogelsang, Blütenpracht und Duft werden gerühmt, aber auch die Früchte. Der Hausgarten war ein wesentlicher Teil der Nahrungsgrundlage. Für die Gesundheit war er unverzichtbar, vom Kraut bis zur Rose. Deren Duft war sehr beliebt und ihr wurden Heilkräfte zugeschrieben. Der bäuerliche Hausgarten ist/war ein letzter Reflex dieser Kultur, in der Schönheit und Gesundheit miteinander kommunizierende Gefäße sind.

Den Nutzgarten muss man übrigens, um einen prosaischeren Aspekt einzuschieben, auch bei den Löhnen berücksichtigen: Menschen der verschiedensten Stände mussten nicht ausschließlich von Geld leben, sondern hatten noch ihr Gärtchen. Außerdem bekamen sie oft Deputate von Realien wie Holz, Wein etc. Das gilt bis in die Barockzeit, wo auch höhergestelltes Personal und Künstler teilweise mit Naturalien entlohnt wurden. In spätmittelalterlichen Quellen finden sich Berichte, dass verschiedene Personen vorübergehend um eine Schankgenehmigung ansuchten, um ihre Einkünfte zu Geld zu machen.

Wie ich an den Monatsbildern des Herzogs von Berry zeigen konnte (S. 66) und im Fachwerk des Petrus de Crescentiis nachzulesen ist (S. 233), konnte die geordnete Herrschaft einen ganzen Landstrich zum Garten machen. Auch dieser Aspekt kommt bis weit in die Neuzeit in der Hausväter-Literatur, ja sogar in Illustrationen zu Rechnungsbüchern zur Geltung.

Naturkatastrophen bedeuteten dementsprechend für die Zeitgenossinnen und Zeitgenossen, dass etwas Grundlegendes aus dem Gleichgewicht geraten war. Am Beginn des 14. Jahrhunderts erschien wieder einmal der Halleysche Komet, den der Maler Giotto in Padua in ein Bild von der Anbetung der Magier malte (Capella degli Scrovegni). Die übermäßigen Regenfälle in der ersten Hälfte des 14. Jahrhunderts trafen auf eine ohnehin schon sehr belastete Umwelt. Im Sommer 1342 fielen Starkregen nach längerer Trockenheit vom Einzugsgebiet der Donau bis

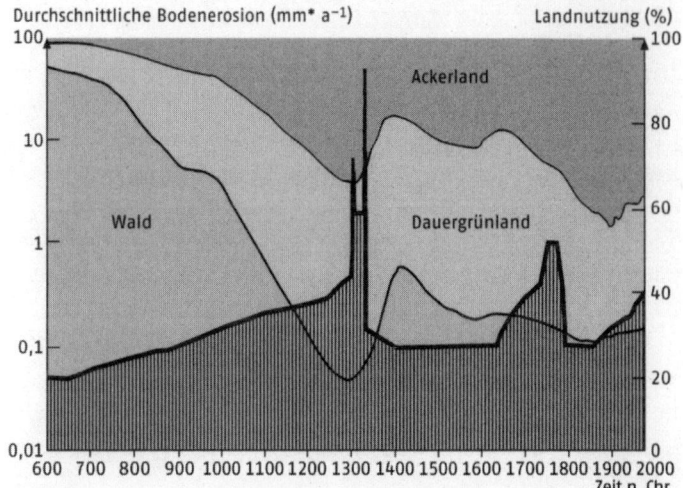

Abb. 31: Landnutzung und Erosion in Deutschland seit dem Frühmittelalter, nach Bork, Landschaften der Erde, S. 173

zur norddeutschen Küste; die Folge waren verheerende Hochwasser.

In der ersten Hälfte des 14. Jahrhunderts mussten die Menschen Hungersnöte (S. 24) und Heuschreckenschwärme (1338) erdulden. Das Erdbeben von 1348, das dem Bergsturz am Dobratsch (Villacher Alpe, Kärnten) folgte, erschütterte die Menschen auch psychisch. Im gleichen Jahr begann der schreckliche Siegeszug der Pest (S. 39 f.). Die Schlacht von Crécy 1346, bei der die französischen Ritter gegen die englischen Bogenschützen eine katastrophale Niederlage erlitten und König Johann von Böhmen fiel, war vielen damals noch in Erinnerung. Die ganze Welt war aus den Fugen geraten. Diese Zeitenwende empfanden die Menschen viel deutlicher als alle anderen, die man konventionell als das Ende des Mittelalters annimmt.

Wiedergeburt und Neue Zeit

Der Übergang von der Gotik zur Renaissance erfolgte – wie der Übergang von der Romanik zur Gotik (S. 110) – nicht synchron in ganz Europa. Wieder standen mehrere Generationen lang zwei kulturelle Ausdrucksformen zur Verfügung. Bis ins 16. Jahrhundert wurden weiter gotische Kirchen gebaut. Der spätgotischen «Donauschule» folgte unvermittelt das Frühbarock. Verschiedene Auftraggeber bedienten sich in den gleichen Regionen verschiedener Stile.

Die Schrift der Renaissance, die wir im Wesentlichen heute noch verwenden, ist eine getreue Kopie der karolingischen Minuskel (so nennt man Schriften mit Groß- und Kleinbuchstaben). Man könnte fast von einer «Mittelalterrenaissance» sprechen. Soweit Burgen erhalten sind, stammt vielfach der größte Teil ihrer Bausubstanz aus dem 14. bis 16. Jahrhundert. Die Rezeption des Ersten Mittelalters im Zweiten und darüber hinaus bestimmt, wie an den Beispielen der Burg Runkelstein (S. 70 f.) und der Manesse-Handschrift (S. 54 f.) gezeigt werden konnte, ganz wesentlich unser Mittelalterbild. Die Reformation baut nicht nur auf den Reformbewegungen des Zweiten Mittelalters auf, ihre kritische Auseinandersetzung mit der Tradition wurde zu einer Grundlage der wissenschaftlichen Historie.

In vielen Barockbauten findet man bewusst erhaltene Zitate aus dem Mittelalter, um die Kontinuität zu betonen. Obwohl nur wenige Adelsfamilien ihre Herkunft verlässlich bis ins Mittelalter zurückverfolgen konnten wie das Haus Liechtenstein oder die Welfen, war diese Epoche nicht nur Gegenstand der Historiographie der Barockzeit, sondern wurde auch im höfischen Leben immer wieder zitiert. Bei allem Respekt vor den barocken Agrarreformen blieben im einfachen Alltagsleben viele mittelalterlichen Lebensformen bis zur Industrialisierung erhalten.

Die zuerst ideologisch und dann didaktisch vereinfachte Chronologie des Hintereinander sollte in einer Gegenwart, die geprägt

Das Paradies

Abb. 32: Stift Heiligenkreuz, NÖ. Die romanische Fassade
der Kirche aus dem 12. Jahrhundert wurde sorgfältig in das Ensemble
des barocken Hofes eingepasst.

ist vom Wechselspiel vieler Kulturen, gründlich überdacht werden. So wie die moderne Genetik deutlich gemacht hat, wie viel von der bisherigen Evolution noch in uns steckt, ist die moderne Historie nicht bloß eine Rückschau, sondern auch eine Erforschung von Elementen der Gegenwart. Darüber hinaus lehrt sie Respekt vor den «Ungleichzeitigkeiten» in den Lebensformen verschiedener sozialer und ethnischer Gruppen.

Literaturhinweise

Die ausführliche Liste der Quellen und der Literatur, auf die sich dieser Band stützt und die zur erweiternden Lektüre empfohlen werden können, finden Sie unter *www.chbeck.de/go/Brunner-Kulturgeschichte-des-Mittelalters*.

Die Mediävistik hat leider nicht die große Tradition in der Kulturgeschichte wie die Altertumswissenschaften, die ja von Anfang an mit den Archäologen zusammenarbeiten mussten und daher gewohnt waren, die Brücke von den Schriftquellen bis zu den Überresten des realen Lebens zu schlagen. Bei der Auswahl wurde bewusst auch auf ältere Werke hingewiesen, auf die man vielleicht nicht mehr von selbst zugreifen würde, die aber Maßstäbe gesetzt haben.

Ein früher Klassiker der Kulturgeschichte, heute noch mit Gewinn zu lesen, ist z. B.

- HUIZINGA Johan, Herbst des Mittelalters. Studien über Lebens- und Geistesformen des 14. und 15. Jahrhunderts in Frankreich und den Niederlanden (zuerst erschienen 1919, jetzt greifbar in der Ausgabe Stuttgart 2006).

Man kann daraus auch ein wenig über die Stimmung in der Zeit nach dem Ersten Weltkrieg lernen.

Ganz anders, aber ebenfalls klassisch ist das verfassungsgeschichtliche Werk

- BRUNNER Otto, Land und Herrschaft (Darmstadt ⁵1990).

Epoche machende Werke waren und immer noch gut zu lesen sind

- GUREVIČ Aaron, Das Weltbild des mittelalterlichen Menschen (München ⁵1997, zuerst erschienen 1978) und
- GUREVIČ Aaron, Mittelalterliche Volkskultur (München ²1992, zuerst erschienen 1987).

Der russische Gelehrte stand in enger Verbindung mit den französischen Vertretern der Annales-Schule, was ihn als Dissidenten und Juden einigermaßen vor Verfolgung schützte. Diese Gruppe, benannt nach ihrer

Zeitschrift, den «Annales», steht am Anfang der Sozialgeschichte nach dem Zweiten Weltkrieg. Sehr beeindruckend ist, dass Gurevič die gegenüber unserem Empfinden ganz anderen Vorstellungen von Raum und Zeit im Mittelalter herausgearbeitet hat. Die «Volkskultur» hätte eigentlich «Volksreligion» heißen sollen, aber das ging nicht in einer Zeit, in der solche Übersetzungen zuerst in einem DDR-Verlag erscheinen mussten.

Aus der Fülle der aus der Annales-Schule hervorgegangenen Werke möchte ich hier die Aufmerksamkeit lenken auf:

- DUBY Georges, Guillaume le Maréchal oder der beste aller Ritter (Suhrkamp-Tb 2802, Frankfurt 1997).

Hier wird anhand einer Biographie aus der Zeit um 1200 ein sehr lebendiges Bild von der ritterlichen Lebenswelt gezeichnet.

- LE GOFF Jacques, Für ein anderes Mittelalter. Zeit, Arbeit und Kultur im Europa des 5.-15. Jahrhunderts (Weingarten 1987).

Er hat mit vielen seiner Werke die europäische Mediävistik geprägt, was man mit Hilfe dieses Werkes vielleicht am besten spüren kann. Eine Spezialstudie, die berühmt geworden ist, war

- LE ROY LADURIE Emmanuel, Montaillou. Ein Dorf vor dem Inquisitor 1294–1324 (Frankfurt 1980).

Aus Protokollen von Verhören angeblicher und wirklicher Ketzer aus dem Jahr 1320 wird ein sehr anschauliches Bild vom Leben im Süden Frankreichs gezeichnet.

Große Verdienste um die Kenntnis der modernen französischen Forschung in Wien und im weiteren deutschen Sprachraum hatte Michael Mitterauer, dessen letztes Buch

- MITTERAUER Michael, Warum Europa. Mittelalterliche Grundlagen eines Sonderwegs (München 2003)

im globalen Vergleich den Wurzeln des europäischen Sonderwegs nachspürt. Eine davon entdeckt er im Anbau genügsamerer Getreidesorten wie Roggen und Hafer.

Doch nun wieder zu Büchern, die einen größeren Überblick geben. Ein Glücksfall war das Erscheinen der zu einem Buch ausgearbeiteten Vorlesungen des damals noch recht jungen Forschers

- GOETZ Hans-Werner, Leben im Mittelalter. Vom 7. bis zum 13. Jahrhundert (München ⁵1994, zuerst erschienen 1986).

Das Werk ist heute noch unübertroffen. Dasselbe gilt für
- BORST Arno, Lebensformen im Mittelalter (Berlin ³2002, zuerst 1973).

Sein Buch ist zugleich eine Einführung in die Quellen, die er ausführlich verwendet.

Für eine Periode, die lange Zeit als «dunkles Jahrhundert» galt, war das Buch von
- FICHTENAU Heinrich, Lebensordnungen des 10. Jahrhunderts. Studien über Denkart und Existenz im einstigen Karolingerreich (Monographien zur Geschichte des Mittelalters 30, Stuttgart 1984, = dtv Wissenschaft 4577, München 1992)

von größter Bedeutung, das längere Zeit ein Geheimtipp blieb, bis es endlich als Taschenbuch erschien.

Sein Zeitgenosse und Kollege Alphons LHOTSKY hat sich vorrangig mit österreichischen Themen befasst, aber seine alte Aufsatzsammlung (5 Bände, Wien 1970–1976) ist heute noch lesenswert.

Große interdisziplinäre Bedeutung hatten einige grundlegende Studien von Philologen. Da ist einmal zu nennen der Romanist
- ZUMTHOR Paul, Die Stimme und die Poesie in der mittelalterlichen Gesellschaft (Forschungen zur Geschichte der älteren deutschen Literatur 18, München 1994).

Bei ihm findet man Zugänge zum praktischen Vortrag und zum Publikum.

In der Germanistik hat zunächst
- BUMKE Joachim, Höfische Kultur (München ¹⁰2002, zuerst 1986)

Grundlagenarbeit geleistet, indem er die Literatur in ihren sozialen Kontext stellte. Wir empfehlen dieses Buch auch Geschichtsstudenten. In seiner Tradition steht
- WENZEL Horst, Hören und Sehen. Schrift und Bild. Kultur und Gedächtnis im Mittelalter (München 1995).

Dieses Werk eröffnet z. B. interdisziplinär die Wahrnehmungsräume, von denen auch im vorliegenden Band ausführlich die Rede ist.

Von historischer Seite gehört zu diesem Diskurs
- ALTHOFF Gerd, Spielregeln der Politik im Mittelalter. Kommunikation und Fehde (Darmstadt 1997).

Althoff stützt sich selbstverständlich vornehmlich auf historiographische Quellen. Auch andere seiner Werke sind beachtenswert.

Sehr brauchbar sind zwei Bändchen eines Wiener Germanisten:
- REICHERT Hermann, Walther von der Vogelweide für Anfänger (Wien ³2009).
- REICHERT Hermann, Wolfram von Eschenbachs «Parzival» für Anfänger (Wien ²2007).

«Anfänger» sind in diesem Falle alle, die keine Spezialisten für mittelalterliche Germanistik sind, aber einmal das Werk dieser berühmten Dichter genauer kennenlernen wollen, indem sie dem Germanisten über die Schulter schauen, der diese Bücher ursprünglich für Anfänger unter den Studierenden konzipiert und in seinen Vorlesungen getestet hat.

Beispielgebend, obwohl nur den österreichischen Raum betreffend, ist
- KNAPP Fritz Peter, Geschichte der Literatur in Österreich, Bd. 1: Die Literatur des Früh- und Hochmittelalters in den Bistümern Passau, Salzburg, Brixen und Trient von den Anfängen bis zum Jahre 1273; Bd. 2/1 und 2/2: Die Literatur des Spätmittelalters in den Ländern Österreich, Steiermark, Kärnten, Salzburg und Tirol von 1273 bis 1439 (Graz 1994, 1999 und 2004).

Besonders ans Herz legen möchte ich aber den Leserinnen und Lesern die Lektüre der großen mittelalterlichen Dichtungen selbst, die fast alle in wohlfeilen zweisprachigen Ausgaben angeboten werden.

Zwei historische Einführungen müssen genannt werden, weil sie Pionierarbeit geleistet haben und interessierten Leserinnen und Lesern einen Überblick über die Forschungslage verschaffen können:
- LUTTER Christina – Markus REISENLEITNER, Cultural Studies. Eine Einführung (Cultural Studies 0, Wien 1998).
- WINIWARTER Verena – Martin KNOLL, Umweltgeschichte. Eine Einführung (UTB 2521, Köln/Weimar/Wien 2007).

Selbstverständlich gibt es zu den verschiedensten Teilgebieten der Kulturgeschichte vom Essen und Trinken bis zu Falknerei Sachbücher, deren Qualität stark schwankt. Leider gibt es, außer den Ausstellungskatalogen, wie z. B.
- Hildegard von Bingen 1098–1179, hg. von Hans-Jürgen KOTZUR (Mainz 1998)

kaum ein wirklich befriedigendes Buch über diese große mittelalterliche Gelehrte. Ausstellungskataloge sind zur Einführung in ein Thema fast immer zu empfehlen.

Ein teilweise beachtliches Niveau haben die verschiedenen Burgenbücher, die es zu fast allen Regionen im deutschen Sprachraum gibt.

Grundlegend, obwohl in Details umstritten (was in diesem Fall eine zusätzliche Empfehlung darstellt), ist das Standardwerk von
- Toch Michael, Die Juden im mittelalterlichen Reich (Enzyklopädie deutscher Geschichte 44, München 1998).

Toch ist in London geboren, in Wien aufgewachsen, lehrt in Israel und hat immer wieder längere Zeit in Deutschland verbracht, unter anderem in München. Sein Blick ist vorurteilsfrei und kritisch.

Den besten Überblick zur Papstgeschichte bietet
- Schimmelpfennig Bernhard, Das Papsttum. Grundzüge seiner Geschichte von der Antike bis zur Renaissance (Darmstadt ⁴1996).

Immer noch originell ist
- Southern Richard W., Kirche und Gesellschaft im Abendland des Mittelalters (Berlin 1976).

Zur Stadtgeschichte gibt es zahllose Bücher. Einen raschen Überblick kann man sich verschaffen mit
- Pitz Ernst, Europäisches Städtewesen und Bürgertum von der Spätantike bis zum hohen Mittelalter (Darmstadt 1991).

Ein besonderes Kapitel stellt die Kunstgeschichte dar. Es mangelt nicht an Literatur, vom prachtvollen Bildband bis zum inhaltsschweren Handbuch, aber die kulturhistorische Einordnung der Kunst ist meist nicht ihre Stärke. Recht brauchbar sind zwei gelungene kleine Büchlein zur Gotik, die nicht nur für Studierende der Kunstgeschichte geeignet sind:
- Camille Michael, Die Kunst der Gotik (Köln 1996).
- Nicolai Bernd, Gotik (Reclam UB 18 171, Stuttgart 2007).

Einen guten Überblick gewinnt man auch mit den beiden Bändchen zur Kunst des Mittelalters:
- Reudenbach Bruno, 1. 800-1200 (München 2008) und
- Niehr Klaus, 2. 1200-1500 (München 2009).

Viel gelernt über das Handwerk bei mittelalterlichen Bauten habe ich bei
- Binding Günther, Akiko Bernhöft und Martina Schöneborn, Der mittelalterliche Baubetrieb in zeitgenössischen Darstellungen (Stuttgart 2001).

Hier werden vor allem mittelalterliche Bilddarstellungen ausgewertet. Die Publikationen des Instituts für Realienkunde des Mittelalters und der Frühen Neuzeit sind, wie die Datenbanken des Instituts, die eine reiche Auswahl von Bildquellen bieten, über die Homepage *http://www.ima real.oeaw.ac.at/* zugänglich. Es sind vor allem hochinteressante Tagungsbände zu einzelnen Themen, die auch auf weiterführende Literatur verweisen. Von den älteren Werken sind immer noch erwähnenswert

- JARITZ Gerhard, Zwischen Augenblick und Ewigkeit. Einführung in die Alltagsgeschichte des Mittelalters (Wien 1989).
- Alltag im Spätmittelalter, hg. von Harry KÜHNEL (Graz/Wien 1984).

Abschließend möchte ich auf ein paar Klassiker der erzählenden Literatur hinweisen. Aus dem berühmten Buch von

- TUCHMANN Barbara, Der ferne Spiegel. Das dramatische 14. Jahrhundert (dtv 10060, München 1982, gebunden in der Spiegel-Edition 32, München 2010)

habe ich über den Hundertjährigen Krieg zwischen Frankreich und England mehr gelernt als aus der Fachliteratur. Die italienische Historikerin

- FUMAGALLI Mariateresa, Heloise und Abaelard (Düsseldorf 2001)

hat als Erste die Gestalt der Heloise in den Vordergrund gestellt, die bis dahin meist hinter dem dominanten Abaelard verblasste. Eine ganze Reihe von lesenswerten Büchern hat die französische Kollegin Régine PERNOUD vorgelegt, von denen ich hier stellvertretend

- PERNOUD Regine, Königin der Troubadoure. Eleonore von Aquitanien (München ¹³1995)

erwähnen möchte. Der Journalist Dieter KÜHN hat mit seinem Buch

- KÜHN Dieter, Ich Wolkenstein. Eine Biographie (Fischer Tb 19008, Frankfurt 2011)

sogar den Neid von Germanisten erweckt und hier und in anderen Werken viele Texte auf amüsante Weise neu übersetzt.

Von meinen eigenen Werken kann ich einem interessierten Laienpublikum nur wenig anbieten. Wer sich über die Genese meiner Quellenstudien informieren will, kann zur Aufsatzsammlung greifen:

- BRUNNER Karl, Umgang mit Geschichte. Gesammelte Aufsätze zu Wissenschaftstheorie, Kultur- und Umweltgeschichte (MIÖG Erg. Bd. 54, Wien/München 2009).

Leicht lesbar dürfte eine Biographie sein, die auch kulturgeschichtliche Informationen enthält.
- BRUNNER Karl, Leopold, der heilige. Ein Portrait aus dem Frühling des Mittelalters (Wien 2009).

Derzeit bereite ich ein umfangreiches wissenschaftliches Werk unter dem Arbeitstitel «Kontext der Dinge» vor, das auch alle Detailbelege enthalten wird, die in diesem Bändchen zum Tragen kamen.

Bildnachweis

Abb. 1, 2: Autor
Abb. 3: Dom zu Merseburg. Wikimedia Commons, Foto: Michail Jungierek
Abb. 4: © Ginevra Kornbluth
Abb. 5: Zeichnung Werner Hölzl, Salzburg
Abb. 6: Landesmuseum Trier. Wikimedia Commons, Foto: Stefan Kühn
Abb. 7, 9, 22: akg-images
Abb. 8: Zeichnung Beat Scheffold, Zürich
Abb. 10, 17, 24, 25, 27: Wikimedia Commons
Abb. 11: Aus Gertrud Blaschitz, Neidhartstudien, Krems 2000
Abb. 12: J. Paul Getty Museum, Los Angeles, Ms. Ludwig XV 7, fol. 129v
Abb. 13: akg-images / Hilbich
Abb. 14: Wiener Institut für Kunstgeschichte
Abb. 15: © IMAGNO/Franz Hubmann
Abb. 16: Aus dem Ausstellungskatalog Seitenstetten, Kunst und Mönchtum an der Wiege Österreichs, 1988, Nr. 31.2, S. 345
Abb. 18: Aus Eugène Viollet-le-Duc, Dictionnaire raisonné de l'architecture française du XIe aus XVIe siècle, 1856, Bd. I, S. 66, Abb. 55
Abb. 19: © Barbara Schedl
Abb. 20: ullstein-bild – The Granger Collection
Abb. 21: akg-images / Erich Lessing
Abb. 23, 26: ullstein-bild – Imagno
Abb. 28: Bayerisches Hauptstaatsarchiv, München
Abb. 29: © Universitäts- u. Landesbibliothek Tirol in Innsbruck
Abb. 30: Aus Matthias Becher, Otto der Große, München 2012, Abb. 7, S. 37
Abb. 31: Aus Hans-Rudolf Bork, Landschaften der Erde unter dem Einfluss des Menschen, Darmstadt 2006, S. 173
Abb. 32: ullstein-bild – allOver

Register

Das Register enthält alle Eigen- und Ortsnamen und zu den Sachbegriffen jene Stellen, an denen sie erklärt oder kontextualisiert werden. Begriffe, denen eigene Kapitel gewidmet wurden, scheinen hier nur auf, wenn sie auch an anderen Stellen näher besprochen werden.

A

Abaelard 50, 120, 131
Abendmahl 172
Abgaben 45, 61, 65–67, 154
Abt, Äbtissin 36, 98, 112, 120, 178
Abtreibung 35
Ackerbau 66
Adam 16f., 186
Adelheid, Frau Ottos des Großen 51
Admont 88
Advent 26, 173f., 177f.
Aeneas 76, 84, 203
Aeneas Silvius Piccolomini 165–168
Ägypten 123
Ärmelkanal 241
Ärzte, Ärztinnen 21, 35, 39, 21

Affekte 20f.
Albigenser 146, 213
Albrecht (von Scharfenberg) 77
Albrecht III. von Österreich 214
Alexander der Große 84f., 241
Alexander III., Papst 110
Allerheiligen und Allerseelen 183
Allod 45
Alm 183, 219
Alpen 60, 122, 219, 226, 232f., 239–241
Alter 18, 27, 31, 34, 40–43, 48, 80, 107, 117, 159
Ambraser Heldenbuch 80, 92
Ambrosius 21, 123, 185
Andechser 85
Andreas Capellanus 48f., 50
Andreas, Apostel 184
Aneschouwe (Anjou) 95
Annalen 132
Anselm von Canterbury 128
Antoniusfeuer 24f.
Aosta 128
Apulien 240
Aquamanile 174f.
Arbeit 22f.
Arco 211

Ardres 92
Arianer 143
Aristoteles 18, 84, 125, 175
Arme 23, 27, 58, 88, 159, 181, 188
Arme von Lyon 144
Arnold II. von Guînes 93, 202
Arnold von St. Emmeram 222
Artes Liberales 93, 99, 126
Artus 70f., 74–78, 92, 185, 195, 203
Aschermittwoch 180
Askese 21, 117f.
Assisi 145
Augsburg 211
Augustinus 16, 96, 119, 122f., 128, 130, 140–143, 184f., 187, 198, 210, 224
Ausbildung 29, 36f.
Ava 87f., 95
Avalon 74, 198
Aventüre 77, 92
Averroes 125
Avicenna 125
Avignon 189

B

Babenberger 68, 85, 90
Bäder 23, 32, 48, 51f., 70, 82, 89, 152, 155, 159, 201
Bader 39, 152
Balduin II. von Guînes 202
Balduin von Ardres 93
Bamberg 26, 96, 126, 226
Barbara 236
Barbian 240
Bart 31
Basel 163

Basilica 107
Bauern 24, 31, 38, 41, 45, 56–59, 61, 66f., 68, 90–92, 96, 155, 169, 181–184, 187, 192, 196, 204, 208, 213, 221f., 225
Baumgarten 65f.
Bayerischer Wald 230
Beatrix, Kaiserin 195
Beda Venerabilis 217f.
Begarden 119
Beginen 119
Begräbnis 43, 110, 161, 188
Beichte 88, 110, 177, 188
Belagerung 62, 147, 169, 208, 212
Benedikt von Nursia 22, 112f., 117–119, 229f.
Benediktiner 234
Beowulf 61
Bergbau 231–233
Bernhard von Clairvaux 36, 130f., 136, 141, 205, 238
Bernkastel 129
Berta von Sulzbach 85
Berthold von Regensburg 131f., 156
Beschneidung 141, 185
Bettelorden 110, 112, 118, 152
Béziers 146
Bibel 10, 16, 51, 87, 98f., 141, 144
Biblia pauperum 102
Bier 27f.
Biographien 133f.
Bischöfe 32, 95f., 98f., 106–108, 110, 119, 121, 144f., 148, 163, 169, 173, 178, 180f., 183f., 186, 189, 227f., 237

Bitttage 182
Bodensee 68, 116
Boethius 125 f.
Bogumilen 146
Böhmen 232
Bohnen 25 f.
Bologna 99
Bonaventura 145
Bordeaux 240
Boten 87, 121, 130, 160, 191, 237
Bozen 70, 82, 152, 211, 240
Bremen 157, 213
Brenner 211
Brentano, Clemens 241
Bretagne 74, 76
Briefe 48, 72, 120 f., 127, 130 f.
Britannien 217 f., 241
Brixen 129, 150, 226
Brot 25, 27, 168, 175 f., 194
Brücken 65, 148 f., 234, 240
Brügge 76
Brunnen 28, 59, 65, 150, 162
Buhurt 200
Burgen 28, 56, 61–71, 84, 89, 93–95, 147, 158, 166, 168 f., 207–209, 212, 234, 246
Bürger 25, 47, 65, 86, 112, 147 f., 151 f., 159 f., 163–169
Bürgermeister 168
Burgunder 79
Buße 88, 177, 210, 235
Byzanz 10, 85, 141, 213 f.

C

Caesarius von Heisterbach 146, 235

Calais 92
Calcidius 125
Capella degli Scrovegni 244
Cato 135
Champagne 48 f., 60
Chanukka 178
Chartres 112
Chartreuse 118
Chopinel de Meun 96
Chorbischöfe 108
Chréstien de Troyes 75–77, 82
Christi Himmelfahrt 173, 182
Christine de Pizan 17, 96 f.
Chroniken 24, 74, 89–93, 132, 164, 193
Chur 226
Cicero 122, 131, 210
Clara di Bernardino 145
Codex Falkensteinensis 210
Columban 117
Columella 135
Connacht 78
Crécy 206, 245

D

Dante Alighieri 125, 186, 208, 211
Deutscher Orden 213
Diakone 107
Dialoge 126 f.
Diätetik 23, 37
Dionysos 140
Diözesen 110, 226 f.
Dirnen 152, 160, 167
Dobratsch 245
Dominikaner 118, 128
Domschulen 37, 99, 163

Donatisten 146
Donauschule 243
Doppelklöster 119
Dörfer 57–60, 66, 103, 112, 168, 208, 214, 220, 228, 230
Dormitorium 113
Dos 41
Dreikönigstag 179
Duftraum 103
Dukus Horant 80
Dürrnberg 231

E

Edelsteine 35, 157 f.
Ehe 34, 40 f., 48–50, 81, 83, 88, 121, 160, 186 f.
Eier 66, 168
Eigenkirchen 110
Einhart 133
Einhorn 197
Einsiedler 117 f., 223–225
Eisack 150, 240
Eisen 68, 204, 218, 231 f.
El Cid 213
Elemente 13, 17, 20
Eleonore von Aquitanien 42 f., 48 f., 74 f.
Elevatio 176
Elias von Uisel 49
Elija 223
Energie 68
England 157, 202, 206, 214, 229
Epiphanie 173, 179 f.
Erben 40 f., 45, 50, 56, 188, 215, 227
Erdbeben 245
Erosion 230, 245

Erwartungsraum 101
Erzberg 231
Erzbischof, Erzdiözesen 110
Erzgebirge 231
Eugippius 150
Europäischer Sonderweg 23, 57
Eva 16 f., 94, 186

F

Fabeln 197
Fabliaux 96
Fachliteratur 135 f.
Falkensteiner Codex 210
Fälschungen 129, 138 f., 185
Faltstuhl, Faldistorium 101 f.
Farben 31, 38, 124, 157 f., 173
Fasching 180
Fasten 26, 28, 88, 173 f., 177 f., 180, 184, 210
Fastensynoden 189
Fehde 203–205, 208
Feigen 24
Fenster 102, 108, 112, 166, 219
Ferdinand I. 197
Fernpass 211
Feste 26, 46, 56, 65, 88 f., 152 f., 161, 170, 172 f., 177–184, 188, 192–198, 201, 214, 242
Festes Haus 56
Feuersbrunn 89
Firmung 186
Fische 24, 26 f., 115 f., 151, 157, 168, 208
Flandern 94, 157, 214
Fleisch 24, 96, 115 f., 149 f., 155, 158, 168, 178, 180, 194

Florenz 118
Fontenoy 205
Fontevrault 144
Forst 67, 151, 224
Franz von Assisi 32, 61, 145, 178
Franziskaner 118, 145
Freiberg 232
Fremde 88, 159, 163
Friaul 226
Friedhof 106, 116, 152, 161, 188, 208, 242
Friedrich der Schöne 206
Friedrich I. Barbarossa 132, 193, 205
Friedrich II. von Österreich 68–70, 90
Friedrich III. 139, 165, 168
Friedrich von Sonnenburg 53
Friesen 213
Friesland 233
Frühbarock 246
Fuhrwerke 153, 167, 239
Fulda 230
Fürkämpfer 203
Füssen 211

G

Galbert von Brügge 202
Gargano 235
Garten 65 f., 113–115, 149, 213, 242–244
Gautier de Coinci 52
Geburt 34 f., 161, 179, 188
Geflügel 26, 58, 63, 66, 115 f., 150, 195
Gefolgschaft 41, 46
Geld 47 f., 67, 153–56, 159, 204, 221, 244
Geleit 158
Gemüse 24 f., 115
Genua 39, 212
Geoffroy (Galfrid) von Monmouth 74
Georg 181
Gerhard Unmaze 168
Germanen 30, 140, 220 f., 236
Geschichtsschreibung 132
Gesta 132
Getreide 24–27, 40, 58, 116, 149 f., 157, 185, 200
Gewerbe 16, 149, 153, 155, 158–163
Gewürze 24, 157 f., 194
Gewürznelke 157
Ghetto 160
Gilden 159
Giotto 217, 244
Glas 68, 166
Glastonbury 74
Glendalough 225
Glocken 103, 152 f., 181, 191
Goar 241
Goslar 232
Gottesfriede 204
Gottfried von Straßburg 30, 50, 65, 81 f., 197, 217
Göttweig 95
Göttweiger Hof 70
Gozzo von Krems 71
Gozzoburg 71, 95
Gral 74–77, 85, 185
Gregor der Große 96, 112, 142

Grenoble 118
Griffel 124
Guibert de Nogent 133
Guillaume de Lorris 96
Guillaume le Maréchal 202
Gunther von Bamberg 96
Gürtel 33, 46

H
Haare 29–31
Habsburger 18, 138f.
Hainburg 69
Haithabu 58
Hallein 231
Halleyscher Komet 216, 244
Hallstatt 231
Hamburg 157, 213
Handel 33, 60f., 125, 143, 153–158, 164, 184, 212, 240
Handwerk 41, 59, 61, 69, 112f., 149, 158f., 162–164, 168
Hanse 157
Hartmann von Aue 41, 77, 195
Hastings 217
Hauenstein 64
Hausen 24, 26
Hausmacht 226
Hausväter-Literatur 244
Heerfolge 206
Heinrich der Löwe 213
Heinrich I. von England 241
Heinrich II. 226
Heinrich II. von England 49, 74
Heinrich II. von Österreich 85
Heinrich VI. 194
Heinrich von Melk 95
Heinrich von Neustadt 86
Heinrich von Tirol 240
Heinrich von Veldeke 30, 46, 84, 193, 195
Heinrich Wittenwiler 91
Heizung 68–70, 115, 166
Helena 185
Héloise 32, 37, 47, 50, 120, 131
Herkules 18
Herrenhöfe 38, 45, 61, 67
Hessenhof 71
Heuschrecken 245
Hieronymus 123, 141, 167
Hildebert von Lavardin 118
Hildebrandslied 73, 78, 84
Hildegard von Bingen 15, 17f., 24, 39, 119, 123, 128, 130, 136, 243
Hirten 59f., 224
Hocheppan 84
Hof, höfisch 21, 29, 33, 44, 47, 56, 68f., 74f., 81f., 92, 96, 137, 157, 163, 169, 172, 182, 188–195
Hofkapelle 108
Hofschule 99, 127
Hohenems 85
Holz 58, 61–63, 67f., 70, 108, 149–151, 157, 166, 195, 232, 244
Honig 28
Hopgarten (Chmel'nica, Komlóskert) 233
Hufen 222, 238
Hugo von Trimberg 24, 90
Huizinga Johan 169f., 248
Hunde 77, 196–199
Hundertjähriger Krieg 205f., 229, 253

Hunger 24, 212, 220, 245
Hussiten 144
Hüttenberg 231

I

Iglau (Jihalva) 232
Île de la Cité 149
Imker 16, 224
Inklusen 119
Inn 150
Innocenz III. 90, 144 f.
Inntal 211
Introitus 173
Investiturstreit 98, 148, 189, 227
Irland 141, 240
Isidor von Sevilla 123
Isis 36, 140
Islam 51, 85, 125, 141 f., 212

J

Jagd 67, 178, 183, 196–198, 224
Jeanne d'Arc 205
Jerusalem 98, 103, 105, 175, 180, 235, 243
Johann II. (der Gute) von Frankreich 134
Johann von Böhmen 245
Johann von Würzburg 19
Johannes der Evangelist 179, 222
Johannes der Täufer 117, 173, 179, 223
Johannes Hadlaub 55
Johannes Scotus Eriugena 127
Johannesminne 179
Jom Kippur 183
Jonas von Orléans 198

Juden 69, 141 f., 155 f., 160–163, 178, 208
Jutta von Sponheim 119

K

Kämmerer 69, 194
Kaiserchronik 89
Kamm 173
Kammer 232
Kamptal 234
Kanaltal 226
Kanonen 169, 207
Kanzleien 131, 138, 188
Kapelle 43, 63, 69 f., 108
Kapetinger 229
Karawanken 226
Kardauner Brücke 240
Karl der Große 72, 76, 83, 116, 133
Karl der Gute von Flandern 198
Karl II. der Kahle 127
Karl IV. 133, 139
Karner 106
Karren 239
Kartäuser 117 f.
Kasseler Glossen 236
Katharer 60, 143 f., 146
Katharina 236
Kathedralen 99, 107, 112
Kathedralschule 16
Katzen 26, 199 f.
Kelch 76, 175
Kelten 78, 82, 109, 140, 179, 182, 219, 220 f., 231
Ketzer 60, 127, 138, 143, 145 f.
Kevin 225

Kinder 34f., 34–38, 64, 77, 81, 88, 115, 180, 185–187
Kirchberg am Wagram 93
Kirchweih 173, 184
Kitzbühel 232
Klangraum 103, 191
Klausen 211, 240
Klausur 115, 120f.
Kleidung 13, 29, 31–36, 44, 64, 172
Kleinvieh 58, 63, 221
Klima 25, 216
Knappen 45, 194, 200, 203
Kohl s. Kraut
Koinobiten 118
Kollmann 240
Köln 60, 86, 147–149, 157, 168
Kommunion 177, 188
König Rother 85f.
Königsberg 213
Konrad der Pfaffe 83
Konrad von Fussesbrunn 89, 94
Konstantin, Kaiser 85, 129, 185
Konstantin, Kyrill 141
Konstanz 91, 107
Koran 142
Krankensalbung 188
Kraut (Kohl) 24f., 65, 150, 183
Krems a. d. Donau 69–71, 89, 94f.
Kreuzgang 113–115, 152
Krippe 178f.
Kudrun 23, 80f.
Kues 129
Kufstein 169
Kulturlandschaft 66, 93, 219, 222, 230
Kunter 240

Kurfürsten 139
Kuttenberg (Kutná Hora) 232
Kyrill 141

L
Ladiner 239
Laetare 173
Laienbrüder 31, 68, 116
Lambert, Heiliger 183
Lambert von Ardres 92, 202
Lamprecht Pfaffe 85
Landbischöfe 107f.
Landesbildung 117, 228
Landfrieden 205, 208
Landsberg 237
Landshut 92
Latein 87f., 122f., 130f., 137, 174, 192, 211
Le Goff, Jacques 9, 153
Lechfeld 223
Legenden 71, 197, 235
Lehen 45, 47f., 98, 206, 239
Leihe 57
Leitha-Gebirge 233
Leo IX. 189
Les très riches heures du Duc de Berry 58, 66
Lesekultur 72, 96
Lettner 100f.
Lichtmess 173, 179
Lichtregie 102
Limbus 185f.
Livius 15
Locus amoenus 217, 231
Lohnarbeit 159
Lorelei 241

Lübeck 148, 152, 157, 163
Ludwig der Bayer 206
Ludwig VII. 48
Lusignan 66
Luther 176
Lyon 144

M
Madagaskar 157
Magdalena 160
Magdeburg 148
Main 193
Mainz 46, 193–195, 208
Malerei 70–72, 82, 100, 158
Mandeln 24
Manessische Liederhandschrift 54 f., 246
Manuel I. 85
Margareta 236
Maria, Marienfeste 42 f., 179, 180, 182 f., 235 f.
Marie von Champagne 48 f., 75
Mark Aurel 133
Marschall 81, 194, 228
Marseille 214, 240
Martin 26, 108, 134, 177, 183
Mathilde von Quedlinburg 121
Matthäus Parisiensis 202
Matthias 183
Maut 45, 69, 158
Maximilian 38, 80, 169
Meierhof 66
Menenius Agrippa 15
Menstruation 14, 32, 161
Meran 152, 155
Meranien 86

Messdiener 173, 176
Met 28, 196
Michael 181, 183
Mieminger Plateau 211
Mikwe 161
Milchprodukte 26, 116, 180, 183, 219
Miniatur 124
Ministranten s. Messdiener
Minoriten 118
Mitgift 41, 120
Mithras 140
Mohammed 142
Montaillou 60
Monte Sant'Angelo 235
Monte Scenario 118
Montecassino 112
Montfort 69, 89
Morgengabe 41
Moses 125
Mostviertel 232
Mühldorf 206
Mühlen 22, 27, 68, 113, 116, 149–151, 158, 208, 234
Mündlichkeit 72, 96, 138, 238
Mundschenk 69, 194
Muslime 141 f.
Mutterkorn 24 f.

N
Narbonne 240
Naturkatastrophen 244
Naumburg 100 f.
Neidhart 72, 82, 90 f., 96, 169
Newcastle upon Tyne 218
Nibelungenlied 63, 78–80, 84, 187

Nikolaus Cusanus 129
Nonnberg 88, 101 f.
Nonnberger Gebetbuch 88
Nordsee 60, 241
Norikum 231
Normannen 74, 84, 202, 217, 241
Notare 69, 137, 164
Nothelfer 236

O

Oberpfalz 27
Obst 24, 28, 65, 89, 115 f., 183, 220, 242, 244
Olivenöl 180, 219
Ordal 204
Orgel 191
Ostern 26, 110, 172, 177, 180–182, 189, 242
Oswald von Wolkenstein 63–65, 214 f.
Otfrid von Weißenburg 87
Otte 58
Otto I. der Große 72, 121
Otto III. 121, 223
Otto von Freising 132, 212
Ottokar aus der Geul 193
Ottokar II. Přemysl 85, 193, 213
Ovid 30, 50

P

Padua 244
Papyrus 123
Paraklet 120
Paramente 32, 108, 145, 172 f.
Paris 16, 69, 99, 111, 149, 189
Pariser Gespräche 236

Parliament 189
Passau 33, 48, 79 f., 95, 139, 234, 237
Patene 175
Patenschaft 186
Patron 103, 110, 183, 184
Paulina von Paulinzell 119
Paulus 15, 122, 142
Pelze 33 f., 48, 95, 157, 194, 237
Pergament 28, 72 f., 96, 123 f.
Personenverband 203, 226, 228
Pest 39, 231, 245
Peter und Paul 182
Petri Kettenfeier 182
Petrus de Crescentiis 135, 151, 233, 244
Petrus Lombardus 16
Petrus von Cluny 142, 238
Petrus Waldes 144
Pfaffenschlag 58
Pfalz 189, 193, 234
Pfarren 110, 177, 230
Pfeffer 158
Pferde 45, 65, 94, 116, 166, 168, 180, 194, 201 f., 206, 209, 236, 238 f.
Pfingsten 26, 173, 181 f., 193 f.
Pfirsich 220
Pflug 155, 220 f.
Pflaster 167, 239
Philipp von Flandern 76
Pietro di Bernardone 61, 145
Pilger 76, 86, 156, 159, 212, 225, 235, 237, 241
Pilgrim von Passau 80, 139
Pius II. 165

Plantagenet 202
Plato 18, 125, 127
Plinius der Ältere 136
Pöchlarn 80
Poebene 233
Polen 230
Portale 105f., 109, 112
Predigten 21, 71, 98, 100, 110, 112, 117, 122, 128, 131f., 144f., 156, 174, 177
Predilpass 226
Presbyter 107
Prosa-Lancelot 74, 78, 90
Prudentius 101
Prunn im Altmühltal 79
Psychomachie 106
Pubertät 36f.
Pustertal 53, 71, 239

Q
Quadrivium 99

R
Raffelstettener Zollweistum 60
Rathaus 152
Rather von Verona 242
Räuber 40, 92, 224, 234, 240
Räuchergefäße 105f.
Realpräsenz 143, 176
Rechnungsbücher 48, 244
Rechte 27, 41, 45, 56, 58–60, 67, 98f., 101, 108, 132, 137–139, 147f., 151, 153f., 158f., 161–164, 168, 186f., 203–205, 208, 224–228, 230, 232, 234f.
Reconquista 212f.

Refektorium 115
Regensburg 147–149, 222
Register 137
Reichenau 113, 116, 200
Reichenhall 231
Reschenpass 211
Reutte 207
Rhein 60, 149f., 193f., 241
Rhone 240
Richter 69, 71, 106, 155, 163, 168, 201, 208,
Ried, Hans 80
Rinder 64, 157, 220f.
Ringe 33
Ritten 211, 240
Rodenegg 71
Rodrigo Diaz 213
Rodung 67, 230
Rom 76, 84, 87, 140f., 144, 147, 189, 211, 219–221, 235
Roman de la Rose 96f.
Romanen 123, 236, 239f.
Rosch ha-Schana 183
Rose 52, 65, 124, 173, 244
Rüben 24f.
Rüdiger Manesse 55
Rudolf I. von Habsburg 95
Rudolf IV. von Österreich 68, 134, 139
Rudolf von Ems 71, 85f., 89, 168
Rudolf von Rheinfelden 42
Runkelstein 70, 82, 168, 246
Ruodlieb 192

S
Säftelehre 14, 17, 22,

Sainte Chapelle 69, 185
Salerno 35, 99
Salz 154, 157, 218, 231f.
Salzburg 101, 117, 139, 147, 221, 226, 231, 240
Salzkammergut 232
Santiago 235
Sarazenen 240
Saturnalien 180
Säumer 239
Saumtiere 153, 157, 239
Schellen 33
Schiffe 149, 150, 240–242
Schmuckstücke 13, 33, 41, 158
Scholastica 119
Scholastik 125, 213
Schöngrabern 109
Schotten 127, 214
Schottenkloster Wien 69, 166, 199
Schriftlichkeit 72, 122–124, 136–139, 141, 238
Schuhe 33f.
Schulen 16, 37, 93, 99, 115, 163, 169, 236
Schwangerschaft 29, 34f.
Schwaz 232
Schweine 67, 116, 150, 178, 183, 221
Schwertleite 194
Seide 32f., 194
Seifried Helbling 95
Seiser Alm 64
Seitenstetten 69
Senn 219
Serviten 118
Severin 150

Sexualität 18, 50, 53
Siboto IV. von Falkenstein 209f.
Siena 165
Silber 153f., 218, 232
Slavonice 58
Slawen 141, 213
Sokrates 18
Söldner 207
Söller 63
Sonnenburg 53, 129
Spanien 83, 125, 212–214
Spielleute 192, 194f.
Spitäler 38, 155, 163
Sport 169
St. Denis 111, 205
St. Gallen 113–115, 200, 242
St. Paul in Jarrow 218
St. Pölten 237
St. Trudperter Hohelied 88
Stadtherr 148
Stadtrechte 69, 148
Starhemberg 69
Stedinger 213
Stifter Adalbert 100
Straßburg 163
Stricker 198
Studenten 128, 163, 167
Stufengebet 173
Sueton 133
Suger von St. Denis 111, 205
Sukkot 183
Sulpicius Severus 134

T

Table ronde (Tafelrunde) 74f.
Tacitus 132

Táin Bó Cúailnge 78
Tannhäuser 48, 69
Tanz 29, 71, 91, 181, 192, 195
Tapisserie von Bayeux 75, 216
Taufe 110, 117, 141, 185f.
Tegernsee 192
Telfs 211
Temperamente 17, 20
Territorialisierung 205, 225
Textilien 33, 38, 61, 70, 100, 119, 157, 172, 194
Theater 170
Theoderich 83
Theodora, Frau Hz. Heinrichs II. 85
Thomas von Aquin 128, 186
Thomasin von Zerklaere 90
Thüringen 71, 119
Titurel-Fragmente 77
Tjost 200f.
Toulouse 240
Toynbee, Arnold J. 216
Transsubstantiation 162, 175
Traungau 92
Trauntal 232
Trient 226, 232
Trivium 99
Trotula 35, 136
Truchsess 194
Tulln 48, 89, 95
Turmuhren 153

U

Ulrich von Etzenbach 85
Ulster 78
Umraum 105f.
Unehrliche 160
Ungarn 223, 233
Universitäten 37, 93, 99, 163, 167
Urbare 138
Urkunden 69, 137–139, 152, 156, 191
Utrecht 60

V

Varro 135
Vasari, Giorgio 110
Venedig 161, 212, 239f.
Verena von Stuben 129
Vergil 84, 125
Via Aquitania 240
Villacher Alpe 245
Vinschgau 219, 239
Vintler 168
Virgil von Salzburg 117
Viten 133f.
Vitruv 28, 67, 109, 135
Vögte 227
Vorratshaltung 23, 63, 116, 151
Vorstädte 150, 165
Vulgare 122
Vulgata 72, 141

W

Waale 219
Wace 74
Wachau 27, 94f.
Wachstäfelchen 124
Wägen 168, 239
Wald 59, 64, 68, 178, 223f., 229, 230
Waldenser 144f.

Waldviertel 95, 227
Wales 74
Wallfahrten 39, 235f.
Walther von der Vogelweide 25, 33, 43f., 47f., 51, 65, 237
Wandalbert von Prüm 241
Wandbehänge 70, 101
Wasser 17, 22, 26–28, 61, 63, 68, 113, 149–151, 157, 158, 161, 173, 175, 179, 204, 219, 230–233, 240f., 245
Weber Max 12, 117
Weide 59, 66, 150, 224
Weihnachten 28, 110, 173, 177–179
Wein 27f., 66, 116, 151, 154f., 157, 167f., 175, 179–181, 183, 194, 212, 218, 220, 222, 244
Weinviertel 89
Weitra 237
Wenzel 133
Wergeld 204
Wernher der Gärtner 91
Wetter 216
Wien 18, 48, 69, 72, 95, 149, 151, 165–168, 178, 185, 197

Wiener Neustadt 69
Wienerwald 68
Wienhausen 82
Wilhelm IX. von Aquitanien 47
Winkl 93f., 213
Witwen 40f., 107, 162
Wolfger von Passau 48, 80, 95, 237
Wolfram von Eschenbach 16, 44, 49, 72, 76f., 82, 85, 93, 190
Worms 163
Wunder 39, 89, 103, 129, 134, 235
Wurzenpass 226
Wüste 117, 223f., 229

Z

Zähringen 237
Zeiselmauer 48, 95
Zillen 241
Zips (Spiš, Szepes) 233
Zisterzienser 82, 112, 120f., 146, 227, 229f.
Znaim 237
Zünfte 163
Zürich 55, 71
Zwettl 230

Kulturgeschichte bei C.H.Beck
Eine Auswahl

Wolfgang Behringer
Kulturgeschichte des Klimas
Von der Eiszeit bis zur globalen Erwärmung
5., aktualisierte Auflage. 2010. 352 Seiten mit 44 Abbildungen. Gebunden

Klaus Bringmann
Kleine Kulturgeschichte der Antike
2011. 272 Seiten mit 45 Abbildungen und 11 Karten. Paperback
Beck'sche Reihe Band 1995

Egon Friedell
Kulturgeschichte der Neuzeit
Die Krisis der europäischen Seele von der Schwarzen Pest bis zum Ersten Weltkrieg
Mit einem Nachwort von Ulrich Weinzierl
2. Auflage. 2008. 1600 Seiten. Leinen

Neil MacGregor
Eine Geschichte der Welt in 100 Objekten
Aus dem Englischen von Waltraud Götting, Andreas Wirthensohn
und Annabel Zettel
3. Auflage. 2012. 816 Seiten mit 159 Abbildungen und 4 Karten. Gebunden

Uwe Schultz
Versailles
Die Sonne Frankreichs
2002. 192 Seiten mit 62 Abbildungen im Text, davon 40 in Farbe
sowie zwei Plänen von Versailles im Vorsatz. Leinen

Elke Stein-Hölkeskamp
Das römische Gastmahl
Eine Kulturgeschichte
2. Auflage. 2011. 364 Seiten mit 18 Abbildungen und 4 Karten. Broschiert

Verlag C.H.Beck

Das Mittelalter bei C.H.Beck
Eine Auswahl

Matthias Becher
Chlodwig I.
Der Aufstieg der Merowinger und das Ende der antiken Welt
2011. 330 Seiten mit 10 Abbildungen, 7 Karten und 4 Stammtafeln. Gebunden

Matthias Becher
Otto der Große
Kaiser und Reich. Eine Biographie
2012. 332 Seiten mit 20 Abbildungen, 2 Stammtafeln,
5 Karten und einem farbigen Vorsatz. Gebunden

Joachim Ehlers
Die Ritter
Geschichte und Kultur
2. Auflage. 2009. 123 Seiten. Mit 10 Abbildungen. Paperback
C.H.Beck Wissen in der Beck'schen Reihe Band 2392

Jacques Le Goff
Das alte Europa und die Welt der Moderne
Übersetzung von Tobias Scheffel
1996. 110 Seiten. Paperback
Beck'sche Reihe Band 1169

Bernd Schneidmüller, Stefan Weinfurter (Hrsg.)
Die deutschen Herrscher des Mittelalters
Historische Portraits von Heinrich I. bis Maximilian I. (919-1519)
2003. 624 Seiten mit 5 Abbildungen, 3 Karten und 7 Stammtafeln. Leinen

Bernd Schneidmüller
Die Kaiser des Mittelalters
Von Karl dem Großen bis Maximilian I.
3., verbesserte Auflage. 2012. 128 Seiten mit 2 Karten. Paperback
C.H.Beck Wissen in der Beck'schen Reihe Band 2398

Stefan Weinfurter
Das Reich im Mittelalter
Kleine deutsche Geschichte von 500 bis 1500
2., durchgesehene und aktualisierte Auflage. 2011. 320 Seiten mit 7 Abbildungen,
8 Karten und 8 Stammbäumen. Gebunden

Verlag C.H.Beck